CAMILLE ET PAUL

La passion Claudel

DOMINIQUE BONA

CAMILLE ET PAUL

La passion Claudel

ÉDITIONS FRANCE LOISIRS

Édition du Club France Loisirs,
avec l'autorisation des Éditions Grasset

Éditions France Loisirs,
123, boulevard de Grenelle, Paris.
www.franceloisirs.com

© Éditions Grasset & Fasquelle, 2006.
ISBN 978-2-298-00464-9

« On était les Claudel, dans la conscience tranquille et indiscutable d'une espèce de supériorité mystique. »

PAUL CLAUDEL

« Camille Claudel est à Rodin ce que Berthe Morisot est à Manet. »

OCTAVE MIRBEAU

I

LA TERRE ET LE VENT

Naissances

Camille, l'aînée, ouvre les yeux sur l'hiver. La campagne est gelée autour de Fère-en-Tardenois. Les arbres sont décharnés, les troupeaux rentrés à l'étable. Un vent glacial, méchant, qui donne des cauchemars aux enfants en âge d'entendre la voix du diable, souffle et mugit sur les toits en ardoise de la petite ville, chef-lieu du canton de l'Aisne. Rien ne peut tempérer ni apaiser ce vent quand il se déchaîne : ses colères puissantes sont aussi indissociables du pays tardenois que la terre grasse et le relief bombé. Les eaux de l'Ourcq vont bientôt geler. C'est le 8 décembre 1864, jour où les Catholiques célèbrent l'Immaculée Conception – la conception sans péché de la Vierge.

Si catholique soit-elle, par tradition plus que par conviction, la naissance de cette fille contrarie la mère : pour son anniversaire, car elle fête ses vingt-quatre ans ce même jour, elle espérait un garçon. La jeune accouchée, au lieu de se réjouir, ne cache pas sa détresse. C'est une mère inconsolable et encore en deuil qui vient de mettre au monde la petite fille : il y a quinze mois à peine, elle a perdu un fils, son premier-né, Charles-Louis. Né le 1er août 1863, il est mort le 16, le lendemain du jour consacré à la Vierge, laquelle décidément ne répond pas à ses prières. Dès le premier instant, dès le premier cri, la mère boude sa fille. Elle déçoit ses espérances. La rancune lui restera.

Le père, lui, sourit à cet enfant robuste qui apporte la vie, l'élan, à son foyer après deux longues années de mariage. Il n'en veut pas au Ciel de s'être trompé de sexe en lui envoyant une fille. Il croit d'ailleurs assez peu au Ciel et en Dieu, encore moins en la Vierge. C'est un républicain farouche, tout content d'être père, enfin, à trente-huit ans.

Le bébé sera baptisé le 25 janvier, de ce prénom androgyne, Camille, où se reflète la nostalgie d'un garçon. Cérémonie toute familiale célébrée par son grand-oncle maternel, qui est curé.

Paul, le benjamin, vient au monde en plein été : le 6 août 1868, soit un peu moins de quatre ans après Camille. Pour les Catholiques, c'est la fête de la Transfiguration qui rappelle l'état glorieux du Christ, quand il apparut à trois de ses disciples sur le mont Thabor. Le soleil brûle les champs, les prés et le jardin du presbytère de Villeneuve, où la famille accueillie par l'oncle curé – frère du père de Madame Claudel – vient de déménager, à quatre kilomètres de Fère. La mère accouche dans une chambre au premier étage qui sera bientôt suffocante de la chaleur et des parfums de la campagne, mais où l'aube maintient une relative fraîcheur. Il est quatre heures du matin. Le village dort. Les trois cloches de l'église, séparée du presbytère par une simple haie, n'ont pas encore sonné matines. Au diapason de la joie des parents, le coq entonne son premier chant, dans le poulailler.

Le voici enfin, ce fils tant attendu. Il s'appellera Paul, comme l'unique frère de Madame Claudel : un prénom lourd à porter car c'est celui d'un suicidé – Paul Cerveaux s'est noyé à vingt-trois ans dans la Marne. Deux ans à peine séparent la mort de ce jeune homme du neveu qu'il ne connaîtra pas. Comme si l'enfant devait porter la mémoire de tous leurs deuils récents, les parents attribuent à leur fils les prénoms de Charles-Louis, son petit frère mort. Est-ce pour déjouer le malheur qu'on les inverse pour lui : après Paul, il sera Louis, Charles, et puis Marie. La Vierge le protégera de ces fantômes blancs, ombres tragiques qu'on lui a offertes au berceau.

Baptisé le 11 octobre, toujours par le grand-oncle curé qui mourra l'année suivante, Paul Louis Charles Marie n'est que le second fils de ses parents, même si, d'apparence, le seul. Dans la famille, c'est le petit dernier. Tous l'appelleront très vite et pour toujours : le petit Paul. Un jouet idéal pour ses deux sœurs qui se le disputent, et surtout pour l'aînée.

Car entre Camille et Paul, s'est intercalée une deuxième fille : Louise. Née le 26 février 1866, à Fère, à deux ans d'écart de Camille et à deux ans de Paul, elle empêche le duo de fonctionner à plein. Les enfants Claudel forment un trio, où l'élément dominateur et tyrannique est féminin. Jusqu'à l'adolescence, ce seront les filles qui commanderont, sans toutefois former une coalition – elles ne s'entendent pas, ne s'entendront jamais. Mention spéciale pour Camille, de loin la plus autoritaire et la plus violente.

Baptisée du même prénom que sa mère, dont elle est l'enfant préféré, Louise va savoir jouer de cet avantage. Les deux Louise, mère et fille, nourrissent dès le premier jour un lien privilégié que le temps ne fera que confirmer : elles seront toute leur vie alliées et inséparables. Madame Claudel ne cache pas son sentiment à ses deux autres enfants, qui s'en accommodent. Ils n'ont pas le choix. Le père, dans un esprit de justice, essaie de répartir son affection entre les trois. Mais ce n'est de toute façon pas une famille démonstrative : on n'embrasse pas, on ne câline pas.

Née l'hiver, comme sa sœur, le ciel astral de Louise la définit comme un signe d'eau : Poissons d'après son zodiaque, elle devrait savoir nager à cette place difficile de cadette, prise en étau entre deux tempéraments brûlants et volcaniques. Elle ne se laissera pas écraser. A sa manière, pas toujours souple, mais déterminée, aussi têtue que les deux autres, elle protège ses eaux.

Camille, Sagittaire, et Paul, Lion, sont tous les deux des signes de feu. Le soleil les domine. Pour Paul, c'est un soleil au Midi – le soleil des étés mûrs, des moissons dorées, des plaines brûlées par le vent des steppes tardenoises. Pour Camille, c'est un soleil hivernal et déjà au déclin, qui va sombrer sur les forêts, sur les plaines. Un soleil en saison froide. Mais le feu est là, tout à l'intérieur. Un feu tour à tour nourricier et destructeur, un feu sacré qu'elle partage avec son frère Paul.

Enfances

Le feu, mais aussi la terre les rapprochent, cette terre natale qui est si peu un vert paradis. Sans charme, sans grâce, rude et austère aux yeux du promeneur venu d'autres horizons, le Tardenois s'étend entre l'Aisne et la Marne, loin des grandes voies de communication. Aux confins mal dessinés de la Champagne, de la Picardie et de l'Ile-de-France, il tient un peu de ces trois régions sans s'identifier à aucune. C'est un pays secret, rustique, fermé sur ses traditions. Relief ondulé, forêts éparses, gros labours et prés à vaches, rien d'autre à signaler que la campagne. Chef-lieu : Château-Thierry où naquit Jean de La Fontaine. La province est fière de compter aussi Jean Racine (La Ferté-Milon) parmi ses compatriotes ou encore Alexandre Dumas père (Villers-Cotterêts). Le génie de grands poètes a trouvé à s'épanouir sous ce ciel bas, devant ces champs ouverts à l'infini, que ne séparent ni haies ni murets, à peine quelques maigres boqueteaux censés ralentir les assauts furieux du vent.

Le canton de Fère peut s'enorgueillir de traces néolithiques, d'un château médiéval que fit construire Robert de Dreux et où habita un connétable, et d'une étrange coulée de roches, en plein cœur de la forêt, au lieu-dit du Geyn, une lande de sable et de bruyère avec

son lac comme une mer intérieure et sa grotte mystérieuse où vécut, dit-on, une sorcière.

Vieux pays, peuplé de paysans taciturnes, pays fier,
pays gaulois, c'est en lui que le frère et les sœurs s'enra-
cinent. Ils y sont nés, ils y ont grandi, ils y passeront
leurs vacances. Louise, qui ne s'éloignera jamais de la
maison de son enfance, y vivra presque toute sa vie et
y mourra aussi. Pour les deux autres, malgré les
voyages, les exils et les séparations, c'est le point d'an-
crage. Ils ne cesseront jamais d'y revenir, au vrai
autant qu'ils le peuvent, sinon en rêve ou en imagination. Leurs racines ne seront jamais coupées.

Leur nom, Claudel, pourrait faire d'eux des étrangers. C'est un nom des Vosges, de La Bresse exactement.
Leur père, Louis-Prosper Claudel, est un nouveau venu
dans le canton ; on sait bien qu'il n'est pas d'ici. Fonctionnaire dans l'administration de l'Enregistrement, il a
été muté à Fère en 1860, comme receveur : voilà
comment il a connu et épousé Louise-Athanaïse Cerveaux, une véritable autochtone. Le Tardenois est le
pays de la mère.

Sans remonter aux Gaulois, la famille Cerveaux est
ancienne. On peut clairement suivre sa lignée depuis le
XVIIᵉ siècle. Les laboureurs et les couvreurs d'ardoise,
les curés et les artisans y sont plus nombreux que les
seigneurs ; le père de Louise-Athanaïse, le docteur
Athanase Cerveaux, était médecin à Fère. Quant à sa
mère, Louise-Rosalie née Thierry, elle était la fille du
maire du village de Villeneuve et, comme on l'a vu, la
nièce du curé. Implantée depuis des lustres en Tardenois où elle possède désormais des terres, cette vieille
souche villageoise se pare d'une légende héroïque. Des
Cerveaux ont en effet hébergé chez eux et sauvé, au
prix de leur vie, un prêtre assermenté sous la Révolution : nul ne l'a oublié. Du côté des Thierry, la branche
maternelle qui a prospéré sous l'Empire et la Restaura-
tion, on a réussi à s'apparenter à l'aristocratie : par les

de Vertus – c'est le nom de ces seigneurs –, et par la main gauche car il s'agit d'une lignée de bâtards, on croit même descendre de Philippe d'Orléans, frère du poète fait prisonnier des Anglais à Azincourt. En somme, on remonterait presque aux Croisades ! Pour résumer la mentalité : on porte haut chez les Cerveaux. Et on chérit ses aïeux qui sont tous enterrés, tout près de la maison, derrière le mur mitoyen du verger. On emmène les enfants sur leurs tombes.

Les Claudel des Vosges n'en sont pas moins méritants, aux yeux d'un fonctionnaire de la République. Les enfants ont appris à les connaître et à les respecter, en allant passer quelques semaines par an avec leur père à Gérardmer, où l'un de leurs oncles est épicier et marchand de tabac. Paysage également sévère de montagnes moyennes : sapins et brouillards. Ils y sont de passage, en touristes pour ainsi dire. En visiteurs. Leur pays, c'est Villeneuve. Ils ne se sentiront jamais vosgiens ni bressauds. Seul Paul nourrira quelque nostalgie de ces séjours espacés et brefs, consacrés à la marche, au grand air et à regarder l'oncle débiter du géromé, le fromage géromois... Un cousin Claudel, plus tard, sera papetier à Docelles.

Claudel... Les enfants tiennent à leur nom et même ils le revendiquent. Ils n'en auront jamais d'autre. Seule Louise perdra son patronyme en épousant un Massary : elle adoptera fièrement la particule de son mari et sera enterrée ainsi, Louise de Massary. Mais Paul comme Camille resteront des Claudel. La diplomatie pour l'un et pour l'autre l'art qui, comme on le croit alors, entache la réputation d'une femme, auraient pu les inciter à se choisir des pseudonymes. Des amis, des parents y penseront pour eux : l'idée effleurera vaguement Paul, au moment de publier ses premières œuvres. Il craindra que son catholicisme affiché ne heurte ses supérieurs, les hauts fonctionnaires anticléricaux du Quai d'Orsay. Quant à

Camille, elle n'y songera jamais. C'est sous leur vrai nom, leur nom seul, ce nom hérité d'une lointaine et brumeuse province, que le frère et la sœur aînée entendent exister.

Les racines et le nom. Il y a aussi l'accent, qui est fidélité : il n'a jamais été complètement effacé, même après des années à Paris et, pour Paul, aux Affaires. Muté aux quatre coins du monde, jusqu'au Brésil et jusqu'en Chine, il l'y transportera. Encore en 1937, prononçant une conférence sur son pays – « Mon pays » –, devant le public huppé de la salle Marcelin-Berthelot, il s'excuse d'avoir encore l'accent du Tardenois mais se défend d'en rougir, ce qui peut apparaître bien sûr comme une coquetterie. « Déjà vous avez sûrement cessé de douter que ce soit un indigène du Tardenois qui vous adresse la parole... » Ce même accent du terroir, aussitôt décelé, amusera Edmond de Goncourt, chez Camille : « ce lourd parler aux lourdeurs paysannesques », note-t-il dans son Journal à la date du 8 mai 1894.

Ni le frère ni la sœur n'auront jamais honte de leurs origines. L'un comme l'autre se veulent et se disent « paysans ». Leurs deux cœurs battent ensemble, dans le même amour d'une minuscule patrie au nom évocateur d'une très ancienne France où Violaine et Cœuvres sont des villages qui, déjà, font rêver Paul, et où Camille puise ses premières mottes de glaise. Terre grasse, bonne à pétrir. On la ramasse en famille, dans la forêt, non loin de la grotte du Geyn. Armés de seaux et de pelles, Camille en tête, suivie de ses deux esclaves, Louise bougonne, qui a horreur de s'abîmer les mains, et Paul, soumis, on s'échine, plié en deux dans une odeur de mousse. Il y a là aussi la vieille bonne, toute maigre et ridée – Victoire Brunet. Elle est la fille du garde-chasse du duc de Coigny, ce qu'on ne manque jamais de rappeler dans la famille, comme si c'était à inscrire sur l'arbre généalogique ou le blason. Un jour,

Camille la prendra pour modèle. De la faucille dont
elle ne se sépare jamais, Victoire leur ouvre des noix
pour goûter.

Paul aime se percher sur les plus hautes branches du
pommier dont l'ombre est si agréable et parfumée,
l'été, dans le jardin. De là-haut, il regarde vers les
quatre horizons. Car Villeneuve, bâti sur la colline, est
un promontoire d'où rien n'échappe à la vue. Aucun
obstacle ne vient entraver le regard. Vers l'Est, Paul
aperçoit l'horizon le plus pauvre : des bergeries et des
plateaux. Au Sud, le plus sombre : la forêt de la Tour-
nelle, avec la fontaine de la Sibylle. Au Nord, s'étend
la vaste plaine qui, à travers labours et moissons, va
se perdre vers cette mer que Paul ne connaît pas mais
qu'il imagine. De ce côté-là, se trouvent Cœuvres et
Violaine, mais aussi Combernon et Belle-Fontaine,
dont les noms l'enchantent comme une litanie, et puis
Arcy-Sainte-Restitue, dont son grand-père maternel fut
maire et où se sont mariés ses parents. Ce qu'il devine
de son perchoir, mais qu'il ne voit pas, ce n'est pas
seulement la mer, lointaine en effet et encore inaccessible, mais qui l'attire irrésistiblement – il ne sait pas
qu'il sera voué un jour aux longues traversées
d'océans –, ce sont les cathédrales. Elles veillent aux
portes du pays, avec leurs pointes et leurs vitraux, leurs
portails, leurs gargouilles : Laon, Reims et Soissons.
Enfin, l'Ouest. Dans cette direction-là, c'est le mystère
de la grotte du Geyn, qui l'a toujours fasciné et dont
il fera, pour une héroïne lépreuse, le décor d'une de ses
pièces de théâtre. Mais c'est aussi la vallée de l'Ourcq,
et comme il l'écrira, « la trouée vers Paris, vers le
monde, vers la mer, vers l'avenir ! ». Il en rêve du haut
de son arbre.
Camille, elle, obsédée par la terre, les mains et la
robe salies, les ongles noirs, n'en finit pas de malaxer

l'argile et d'essayer de tirer des formes de la pâte brunâtre qui lui colle aux doigts.

Soudain, Madame Claudel sonne la cloche pour le
déjeuner. Il faut s'y présenter propre et à l'heure.
Louise, la musicienne de la famille, quitte aussitôt son
piano. Sa mère se délecte de sa nature disciplinée et de
ses bonnes dispositions. Mais elle doit rappeler Paul à
l'ordre, pour qu'il n'aille pas tomber de son arbre
moins par distraction, croit-elle, que par précipitation
– il adore manger. Il est aussi gourmand que glouton.
Evidemment, comme à tous les repas, elle va s'en
prendre à Camille. Jamais prête à l'heure, elle trouve
sa fille aînée hirsute ou négligée. Et c'est vrai, une
mèche au moins échappe à ses rubans ou lui tombe
sur le front. Quant à ses robes, souvent tachées et
déchirées, elles la feraient passer au village pour une
souillon, si la mère n'y prenait garde. Madame Claudel envoie invariablement Camille se relaver les
mains.

Les repas, préparés par la mère, sont non seulement
copieux mais excellents. Tous les Claudel ont un bon
coup de fourchette, même Camille, la plus pressée de
sortir de table et de retourner à ses libres occupations.
On pourrait penser que l'excellente nourriture, les
sauces et les ragoûts, les gâteaux et les crèmes créent
un climat chaleureux, propice aux conversations. Il
n'en est rien. A table, les Claudel se déchaînent. Leurs
chamailleries, qui commencent dès le matin et ne se
terminent qu'au soir, quand la lumière s'éteint enfin,
atteignent des sommets quand tout le monde est réuni
dans la salle à manger. Ambiance détestable. Le père,
d'humeur taciturne, ne dit rien. Ou, pour ramener le
calme, se met tout à coup en colère. La plupart des
échanges ne sont que piques, reproches ou querelles.
La famille ne connaît pas la sérénité. Paul le dira lui-
même : chez lui, on se disputait tout le temps « comme

au sein d'un conseil municipal[1] ». Et de donner des précisions : les parents entre eux, les parents avec les enfants, les deux sœurs entre elles, et plus souvent encore la mère et la sœur cadette alliées d'une même voix contre l'aînée. Pas de coups, encore que... On se pince entre filles, on se tire les cheveux. Quant à Paul, il prend des gifles de ces femelles terribles que sont ses deux sœurs. Sa mère, de son propre aveu, ne l'a jamais battu. Seuls ses regards sévères et la sécheresse de son comportement ont pu le marquer. Bien sûr, il y a de bons moments mais, au quotidien, l'atmosphère générale est aux criailleries incessantes. A la mauvaise humeur. Paul et Camille ont vécu leur enfance dans ce climat d'orage.

A Villeneuve, seuls les morts sont paisibles dans le cimetière mitoyen, ces morts dont la présence est si sensible, si puissante.

Dehors, le vent hurle souvent. Il fait tourner le coq du clocher et grincer la girouette rouillée du presbytère. Le vieux clocher, aux yeux de l'enfant rêveur, se met alors à ressembler « au mât d'un bateau qui prend le large ». Quand il pleut, et il pleut souvent, c'est à seaux. Des trombes d'eau se déversent dans un tonneau qu'on place sous la gouttière. La nuit, elle chute si fort qu'elle empêche les trois enfants de dormir. Quant aux orages, ils sont tout aussi violents, dans ce pays, que la pluie et le vent. Paul se souviendra toute sa vie des orages de son enfance. Ceux qui traversaient le ciel, à grands coups d'éclair et de tonnerre. Comme ceux, pour lui les plus éprouvants, qui résonnaient sous leur toit, pourtant à deux pas de l'église, de la statue des saints, de la Vierge et du Christ en croix.

---

1. *Conversations dans le Loir-et-Cher*, *Œuvres en prose*, Bibliothèque de la Pléiade, Gallimard, 1965. Edition établie et annotée par Jacques Petit et Charles Galpérine.

Foyer

Milieu simple. On n'est pas du tout pauvre – on possède quelques biens, des terres et des valeurs mobilières qui viennent en grande partie de l'héritage du docteur Athanase Cerveaux et de son épouse, grand-mère des enfants Claudel. On emploie même des domestiques, Victoire Brunet puis une jeune servante, Eugénie Plé. Mais on reste humble, de cette humilité qui sait être fière de son peu de ressources quand tout a été acquis rudement, à force de travail et de sacrifice. On dépense donc peu. On ne gaspille rien. On ne se montre pas généreux, encore moins prodigue. Aux enfants, on enseigne qu'un sou est un sou.

Milieu terrien, profondément enraciné dans sa province, dans son village, dans son petit jardin. On est sûr que rien au monde ne vaudra jamais ce lopin de terre tardenoise niché au coin de son église. On est passionnément chauvin.

Milieu rude et fermé. Milieu étriqué. Milieu sévère.

Milieu pourtant aimé. Dans *L'Echange*, pièce écrite à New York en 1893, il aura alors vingt-cinq ans, Paul Claudel prête au personnage de Marthe, l'épouse humiliée, ces paroles où l'on entend l'écho de sa voix : « Je me souviendrai de toi, pays d'où je suis venue ! ô terre qui produit le blé et la grappe mystique ! et l'alouette s'élève de tes champs, glorifiant Dieu.

O soleil de dix heures, et coquelicots qui brillez dans les seigles verts ! O maison de mon père, porte, four ! O doux mal ! O odeur des premières violettes qu'on cueille après la neige ! O vieux jardin où dans l'herbe mêlée de feuilles mortes les paons picorent des graines de tournesol !

Je me souviendrai de toi ici [1]. »

La même nostalgie animera Camille, au crépuscule de son existence : les seules images douces, surgies dans son asile de fous, seront celles venues de son enfance, la maison et le jardin natal. Elle n'aura de cesse de supplier qu'on l'y ramène, tout près du foyer où brûle le feu, l'hiver.

La mère cuisine, mais nourrit aussi les poules et les lapins. Elle surveille et soigne les fruits du verger, les légumes du potager, les fleurs du jardin. Elle a un œil aiguisé sur le linge, coud, ravaude, reprise à longueur de journée. Elle tricote aussi des vêtements de laine, des bonnets, des chaussettes. « Jamais un moment pour penser à elle, ni énormément aux autres [2] », dira son fils un peu durement. Du matin au soir occupée aux tâches domestiques, elle a les mains d'une femme qui ne s'épargne pas – peau sèche et ongles courts. Camille aura les mêmes mains, pour d'autres raisons, liées pourtant au travail et à la terre. Comme sa mère, elle voudra tout faire elle-même, sans déléguer à personne, comme c'est souvent le cas chez les sculpteurs ou chez les maîtresses de maison, les tâches les plus ingrates ou les plus pénibles.

Madame Claudel sait lire et écrire. Son fils est fier de son orthographe qu'il juge parfaite. Elle a reçu une

---

1. *Théâtre* I, Bibliothèque de la Pléiade, Gallimard, 1947.
2. A Henri Guillemin, dans *Le Converti Paul Claudel*, Gallimard, 1968.

instruction chez les sœurs, à Fère. Mais son univers se limite aux activités ménagères. A la veillée, quand le calme du soir s'installe, elle tisonne encore le feu ou se met à tricoter, le nez sur ses aiguilles. Elle ne raconte jamais d'histoires. Elle ne chante pas. Elle ne sait pas sourire.

Dure et distante, elle est respectée des enfants, qui la craignent. Sa modestie, comme la peine qu'elle se donne, en imposent. Aux yeux de Camille, elle incarne « le sentiment du devoir poussé à l'extrême ». Son fils dira, sans cacher son admiration, qu'il garde de sa mère « l'impression de quelqu'un à la hauteur ». Elle a fait preuve à leur égard d'un impitoyable manque de tendresse. Elle n'a ni partagé leurs jeux ni consolé leurs chagrins. Paul : « Elle ne nous embrassait jamais[1]. »

Camille, de sa prison, de son enfer, pensant sans cesse à sa « pauvre mère » qui pourtant l'y aura abandonnée, confiera à son frère qu'elle la voyait encore en rêve, « avec ses grands yeux où on lisait une douleur secrète[2] ». La froideur, la sévérité corsetée vont de pair chez elle avec la tristesse. Madame Claudel ne sait pas exprimer son amour à ses enfants, sinon peut-être à Louise – la seule des trois pour laquelle elle semble éprouver un sentiment maternel.

Cette femme farouche et secrète, cette mère pudibonde donne sa couleur au foyer. Sans doute a-t-elle été frappée trop tôt par le malheur. A trois ans, elle perd sa mère et est aussitôt envoyée dans un orphelinat ; elle en sort à sa presque majorité pour revenir chez son père qui s'est entre-temps remarié. A vingt-deux ans, elle perd son premier-né ; puis, dans des circonstances tragiques, son unique frère par lequel elle a tellement souffert (dispendieux, incontrôlable, sans

1. Henri Guillemin, *op. cit.*
2. Lettre de Camille à son frère, nov.-déc. 1938, dans la *Correspondance de Camille Claudel*, édition d'Anne Rivière et Bruno Gaudichon, Gallimard, 2003.

cesse à se quereller avec leur père, il a fallu le placer sous tutelle judiciaire ; puis, il s'est suicidé). Elle doit enfin soigner le docteur Cerveaux, atteint d'un cancer à l'estomac ; elle accompagne son effroyable agonie – les cris du malade se faisaient entendre au-delà des murs épais du presbytère. Elle oblige son fils Paul, alors âgé de treize ans, à y assister heure par heure – comme s'il fallait prendre en charge au plus tôt son poids de malheur.

Ce n'est pas d'elle en tout cas que les trois enfants tiennent leurs bizarres dispositions artistiques. Madame Claudel ne s'intéresse ni à la littérature ni à la sculpture ou au dessin. Elle n'éprouve même aucune attirance pour cette religion, chez elle toute formelle, qui inspirera à son fils ses poèmes les plus brûlants. Elle ne partage aucun des goûts ni des centres d'intérêt de ses enfants. Au moins son art culinaire, qui demeurera incomparable aux yeux de Paul Claudel, la rapproche-t-il de son fils : ils communient ensemble dans la bonne cuisine. Mais à Camille, rien ne semble la lier. Ni la passion ni la volonté de bien faire. Elle reste indifférente aux efforts de son aînée pour tirer des formes inutiles de cette bonne terre du pays qui nourrit si bien les plantes et les bêtes. Finalement, il n'y a que la musique capable de l'émouvoir : encore faut-il qu'elle tombe des doigts de sa Louise, assise bien droite à son piano. Alors, la mère se révèle, dans toute sa fierté. Bref moment de détente.

Le père, lui, incarne une certaine forme de réussite. Il a une fonction. Mieux encore, un statut. Ce n'est pas tout à fait un notable, mais au cœur de la province, dans ce milieu paysan, un fonctionnaire à l'Enregistrement est considéré. Comme l'instituteur, il exerce sa responsabilité au nom de la République. Anticlérical, très remonté contre les curés bien qu'il habite un presbytère, il a une haute idée de sa fonction qui consiste à percevoir au profit de l'Etat un droit dit d'« enregistrement » sur tous les actes juridiques tels que baux, ventes ou successions. Receveur de l'Enregistrement à la naissance des enfants, il deviendra conservateur des Hypothèques en 1876 : son plus haut poste dans l'administration.

Avec ses épais favoris et sa toque à gland sur la tête, il pose avec ses trois enfants sur une photographie. Paul sur ses genoux, le bras droit autour des épaules de Louise et du gauche ramenant contre lui Camille qui tient une poupée, il ébauche un sourire ; ses yeux sont clairs et pétillent. Est-ce d'avoir ses trois enfants autour de lui – il paraît heureux. Pourtant son fils le décrit comme « une espèce de montagnard nerveux, emporté, coléreux, fantasque, imaginatif à l'excès, ironique, amer », ce qui tendrait à prouver qu'il n'était pas d'un caractère plus commode que sa femme ni d'un abord plus amène. « Insociable et féroce », tel que le voit encore Paul, ce bourru ne contribue pas à égayer le foyer. D'humeur irritable, taciturne la plupart du temps, il forme avec la mère un couple d'autant plus redoutable qu'ils se disputent fréquemment sous les yeux des enfants.

Malgré les orages et les agacements, rien ne vaut pourtant la famille. Dans ce cercle fermé où l'on se chamaille du matin au soir, on est au moins chez soi. Avec l'Administration, la Famille est le pilier de la vie de Louis-Prosper Claudel. Elle justifie son existence. Selon son fils, cet homme intègre et dévoué aux siens abhorrait l'étranger, lequel commençait aux marches de la province, parcimonieusement élargie aux Vosges et au Champenois, au Soissonnais, à l'Aube ou à la Haute-Marne et, sur le tard, aux confins de l'Ile-de-France – jamais tout à fait à Paris. Car les caprices de l'Administration obligent ce sédentaire des plus récalcitrants à s'expatrier, à déménager sans cesse. Nommé à Bar-le-Duc (Meuse) en 1870, à Nogent-sur-Seine (Aube) en 1876, puis à Wassy-sur-Blaise (Haute-Marne) en 1879, il emmène femme et enfants à chacune de ces nouvelles affectations. On change de maison, de crèmerie ; on change de maître ou de maîtresse d'école. Mais on revient toujours à Villeneuve pour les vacances, parfois pour un dimanche. Le village ne s'éloigne que de quelques lieues.

A Bar-le-Duc, Camille, qui a six ans quand ils y emménagent et le petit Paul, deux ans, suivent en externat les cours des Sœurs de la Doctrine chrétienne. La « chère sœur Brigitte » apprend à lire à Paul, qui ne l'oubliera jamais. Et Camille fait sa première communion.

Six ans plus tard, à Nogent, les enfants ont un précepteur à domicile : Monsieur Colin. « Nous l'aimions beaucoup », dira Paul. Mais c'est un tout autre professeur qui fait son entrée au foyer de la rue Saint-Epoingt, où il va jouer un rôle capital : un professeur de sculpture... Hasard de la vie ou destin écrit dans les étoiles : Nogent est alors une pépinière de sculpteurs. Joseph Ramus, auteur d'un *Thésée vainqueur du Minotaure* (deuxième prix de Rome en 1830), y habite. Paul Dubois, plusieurs fois médaillé d'honneur aux Salons, désormais professeur à l'Ecole nationale des Beaux-Arts et bientôt membre de l'Institut, y est né et y a longtemps travaillé. C'est un de leurs élèves et compatriote, Alfred Boucher, jeune statuaire lui-même plein de promesses, qui va donner ses premières leçons à Camille. A treize ans, elle acquiert les premiers rudiments techniques de son art.

Enfin, Wassy-sur-Blaise. Camille, quinze ans, piaffe d'impatience et s'ennuie jusqu'à ce qu'elle découvre, au lieu-dit de la butte du Buisson rouge, une terre souple à souhait : un rêve à modeler. Elle en ramène des brouettes à la maison située en face de la mairie et à deux pas de l'église où Paul, sous la houlette du curé, poursuit son catéchisme et fait sa première communion.

Les valeurs sans aucune équivoque qui président au foyer sont le travail, l'effort, l'économie, une honnêteté scrupuleuse. Morale stricte et exigeante. Sens du devoir. Dévouement et sacrifice. Avec une conception aussi peu ludique de l'existence, chez les Claudel on ne s'amuse pas tous les jours. La mère croit au péché et le père à la faute. L'un et l'autre ont banni toute légèreté. On ne songe ni au plaisir – mot honteux – ni à la douceur de vivre.

Les caractères sont rudes. Les tempéraments peu tempérés. Les sentiments, qu'ils s'expriment dans la violence ou bouillonnent secrètement dans les fors intérieurs, exacerbés. Pas de mièvrerie. Pas de mollesse. Chacun est à son combat ou à ses obsessions.

Le dialogue, l'échange sont rares. Mais il y a des alliances où la tendresse court, grand fleuve ou petit ruisseau : c'est le cas des deux Louise qui s'entendent à merveille. Et aussi de Paul et de Camille qui, très vite, malgré leur écart d'âge, nouent des liens privilégiés.

Ce qui manque au foyer des Claudel, c'est la joie. « J'ai compris très tôt que la vie était un drame[1] », dira Paul songeant à la tristesse des maisons de son enfance. Aucune espèce d'insouciance ne lève jamais la chape d'un monde où même les enfants sont graves.

---

1. Confidence à Louis Gillet, citée par Gérald Antoine dans *Paul Claudel ou l'enfer du génie*, Robert Laffont, 1988.

Vocations

Médecin, curé, fonctionnaire ou boutiquier et, dans un lointain passé, laboureur aux champs... On ne compte pas d'artistes dans la famille. L'art, cet à-côté de la vie, ce superflu, cette frivolité, n'y a jamais eu sa place. Or, très tôt, non seulement les trois enfants expriment des dons artistiques – Camille pour la sculpture, Louise pour la musique et Paul pour la littérature – mais deux d'entre eux entendent les développer avec le plus grand sérieux, ce sérieux qui préside à toutes les intentions familiales.

Inattendues mais vrillées au corps, à l'être tout entier, pour Paul comme pour Camille leurs vocations s'expriment avec force dès avant l'adolescence.

Le désir d'évasion compte sans doute pour une grande part dans cette aspiration. La terre rude, la famille austère : comment ne pas avoir envie d'échapper à leur emprise, même aimée, même chère, dont la nostalgie se déclarera plus tard, quand ils auront vécu de longues années coupés de leurs racines. L'exil – diplomatique pour l'un, psychiatrique pour l'autre – pourra seul embellir une réalité qui a été pénible à vivre et la parer des couleurs idéalisées d'un paradis perdu. Mais de douze à dix-sept ans, comment supporter tant de contraintes, ce décor gris et ces mines sévères, cet univers tout replié sur lui-même, sinon en prenant la fuite ? Louise, plus casanière et aussi mieux aimée, prisonnière de l'amour de sa mère, ne songe pas à s'échapper. La musique restera pour elle un agrément de la vie. Elle jouera du piano avec finesse et sensibilité, sans toutefois s'affranchir de l'amateurisme. Pour Camille, comme pour Paul, la vocation ressemble à une fugue et l'art, à ses débuts, au choix délibéré d'une autre route, loin des balises familiales.

Camille s'évade dans les formes imaginaires qu'elle tire de la glaise – un matériau qu'elle s'est approprié par hasard, avec un instinct très sûr de ce qu'elle aime et un féroce appétit. Elle aurait pu dessiner ou aquareller, mais c'est pétrir qui lui plaît, plonger ses mains dans cette matière à la fois molle et rebelle, qu'elle caresse et malaxe mais contre laquelle elle doit lutter aussi. Sa force physique, son tempérament sensuel et son goût des défis y trouvent un adversaire à sa mesure. C'est sa compagne des bons et des mauvais jours, cette terre tardenoise avec laquelle elle entretient une relation presque humaine, d'amitié, d'amour. Camille aime la terre, moins comme une paysanne que comme une amoureuse. Elle lui permet, sans prendre la poudre d'escampette, d'être là sans y être, d'habiter une autre planète, libre et secrète.

Paul, perché « sur la plus haute fourche du vieil arbre dans le vent », rêve lui aussi d'autres horizons. Toute son enfance, il la passe à chercher à voir au-delà des frontières de sa courte province la promesse d'un monde inconnu, plus excitant ou plus aventureux. Nord, sud, est, ouest... Il a longtemps tourné sur lui-même, sensible à tous les vents, comme la girouette du toit.

Sa toute première vocation, c'est la marche. Le goût ne lui en passera jamais. Il adore marcher, avec ou sans but, juste pour mettre un pied devant l'autre, sortir du jardin, sortir du village, et s'éloigner à grands pas. Il passe des heures en randonnées. Sauf lorsque sa sœur Camille l'oblige à des sur-place pour ramasser sa fichue terre, il laisse les filles derrière lui et s'en va seul à travers champs et labours, par les petits sentiers de campagne jusqu'au cœur des forêts, au creux des vallées, au sommet des vallons. Infatigable, il puise dans ces promenades solitaires accomplies avec la même énergie féroce que Camille met à pétrir sa terre, un oxygène. Une libération. Les idées lui viennent, les projets se bousculent, rien ne lui paraît plus impossible ou hors d'atteinte : la marche décuple ses forces et donne des ailes à son imagination.

Mais il trouve vite une autre échappatoire, tout aussi efficace et plus facile à pratiquer. Quand la lecture entre dans sa vie, elle ne le lâche plus. Venant à concurrencer la marche ou plutôt s'équilibrant avec elle, elle ouvre les frontières, agrandit l'espace, enflamme l'horizon.

C'est Camille qui lui donne ses premiers livres à lire : tous ceux qu'elle a lus et aimés avant lui, puisqu'elle est l'aînée. Camille est une lectrice aussi fanatique qu'éclectique ; elle a puisé la première dans la bibliothèque familiale, au hasard et sans guide, des romans, des récits de voyages et même la Bible, qu'elle lui passe ensuite, quand elle veut bien se montrer gentille. La lecture sera toujours entre le frère et la sœur un solide ciment.

A Villeneuve, il y a en fait deux bibliothèques. Celle du père, dont il se montre fier, compte des classiques latins et grecs sous reliures, Homère, Salluste, Plutarque ou Cicéron. Mais il y a aussi, plus variée et plus attirante, la bibliothèque qu'a laissée à sa mort le grand-oncle curé. Ils y ont trouvé l'œuvre complète de Jules Verne entre une *Vie des saints* d'Alban Butler et un *Tour du monde* d'Edouard Charton – livres qui entretiennent leurs désirs adolescents de voyages et d'aventures. Pendant que Camille travaille dans son

« atelier » – à Villeneuve, les parents lui ont permis d'aménager une des chambres du premier étage qui ouvre sur le jardin –, Paul lit ou rêve dans le grenier à foin. Il y écrira un jour *L'Annonce faite à Marie*. Car, bientôt, c'est un cahier qui accompagne ou remplace le livre : il commence à écrire des textes personnels au même âge et avec la même passion que d'autres petits garçons jouent aux soldats de plomb. Il adore noircir des pages blanches. Les histoires qu'il invente ou met en scène, il les lit à ses sœurs ou à ses parents, essayant sur l'auditoire familial ses capacités à retenir l'attention, à charmer ou à étonner avec de simples mots.

Tandis que sa sœur montre les figures encore mouillées de son rêve ou celles qui représentent, en accentuant leurs traits, les personnes vivantes qui s'agitent autour d'elles, Paul s'exerce au modelé des phrases et des images. L'un et l'autre s'entraînent et s'entraident, sans conseil ni guide, avec pour seuls critiques Louise ou leurs parents et, plus sûrement, les regards qu'ils s'échangent. Leur fraternité dépasse largement les simples liens du sang. C'est leur vocation qui les lie.

Ils vibrent à l'unisson pour s'inventer un ailleurs plus conforme à leurs rêves ou à leur ambition. « Qu'elle fasse trembler les familles chez qui se déclare cet affreux malheur, le pire qu'elles puissent appréhender, qui est une vocation artistique[1] », écrira Paul un jour, après avoir pris la mesure de toutes les souffrances et de tous les périls qu'elle aura suscités.

En attendant, elle les rapproche. Elle les unit. Dans l'enfance, Paul et Camille partagent l'ennui quotidien. Mais ils partagent aussi cette passion dormante qui cherche à voir le jour.

---

1. *Ma sœur Camille*, 1951, dans *Œuvres en prose, op. cit.*

Le paysage nourrit leurs chimères. Jusqu'à l'adolescence ils n'iront jamais au-delà des Vosges mais le périmètre de la région les marquera fortement. Les forêts, les brouillards, les orages et le ciel gris, comme aussi sans nul doute l'atmosphère agitée et maussade de leur foyer, ont donné à chacun la même vision tempétueuse du monde. Dans les personnages tourmentés de leurs créations, se reflète une même sensibilité – un même souffle aussi et une grande force. Comme si le Tardenois avait définitivement inscrit en eux ses gènes et sa couleur, ils sont l'un et l'autre rudes et mystérieux dans leur art. Simples et démesurés, comme cette terre, comme ce ciel de leur enfance. C'est autour de la grotte du Geyn surtout, là où Camille a toujours aimé aller chercher sa glaise, qu'on peut effleurer leur alliance. Là-bas, les rochers sont cassés, depuis l'ère néolithique ; ils ont pris des formes monstrueuses. Ils semblent hurler, prier, supplier. Pas étonnant si les enfants ont peur, si les adultes même hésitent à explorer leurs failles et leurs grottes. C'est une vision de cauchemar, ce Geyn où des sorcières et des lépreuses ont trouvé refuge. Même le lac est sinistre, avec ses eaux sans transparence où le soleil a fini par se noyer. Le ciel a disparu sous le faîte épais des arbres géants. Paysage ravagé, tout juste bon à abriter des exclus, des errants, ce Geyn d'apocalypse nourrit le frère et la sœur. Contrairement à la plupart des gens, ils n'en ont pas peur. Ils aiment s'y promener ensemble, s'exaltant de son inquiétant labyrinthe, qui a fini par leur devenir familier. Le Geyn est leur territoire. Les parents ne s'y aventurent pas. Seule la vieille servante Victoire les accompagne, armée de sa faucille, mais elle y est aussi à l'aise qu'eux deux ; d'ailleurs elle ressemble aux roches, elle a l'air d'un vieux spectre. Le Geyn a gravé de son empreinte leur sensibilité, leur imagination d'artistes ; il réapparaîtra sous des formes diverses, dans les livres du frère, dans les sculptures de la sœur,

comme s'il était impossible d'effacer, malgré les origi-
nalités flagrantes, tant d'années vécues en commun
dans les mêmes affres des tourments intérieurs.

Corps suppliciés, tordus, implorants, sculptés par
Camille. Phrases houleuses, violentes et torturées de
Paul où souffle un semblable déchaînement.

Et puis ces cloches, dans le théâtre, qui ne cessent
de sonner, comme dans leur enfance quand elles ryth-
maient les jours et les grands événements du village.
Cloches de *L'Annonce* et cloches de *L'Otage*, cloches
d'église ou de paquebot, tous ces carillons éparpillés
chantent la fidélité à l'enfance – musique et obsession.
Sombres décors de Paul Claudel où, quand le soleil ne
brûle pas au zénith, à Coûfontaine comme à Villeneuve, il tonne, il pleut, il vente. Dans la scène 2 de
L'Otage, mais ce n'est qu'un exemple parmi tant
d'autres pièces, à de multiples détails d'un lourd climat
d'orage, on est vraiment chez soi : « La pluie flaquée
avec violence ruisselle sur les carreaux. De grands
arbres dont les branches touchent presque les fenêtres
assombrissent la pièce. On entend par intervalles le cri
âpre d'une girouette rouillée. »

Chez le frère et la sœur, c'est rarement le calme, ou
bien un calme d'après tempête.

Au moment d'affronter leurs vocations respectives
– qu'au village on juge extravagantes – et de s'élancer
vers leur destin d'artistes, les deux adolescents
trouvent un allié inattendu : leur père. Alors que le mot
« artiste » inspire à Madame Claudel de la méfiance et
un vague mépris car elle l'associe à des images de
bohème, de misère et de tire-au-flanc, Louis-Prosper
Claudel, que son métier de fonctionnaire aurait dû
porter à désirer pour ses enfants des situations plus

solides et plus rentables que l'art, va encourager leur double vocation.

Très tôt, il évalue leurs capacités. Pour Paul, son style, son inspiration parlent d'eux-mêmes : le fils possède d'évidentes qualités littéraires qui impressionnent le père. Il est sûr de son exceptionnel talent. Seul l'inquiète le caractère de Paul – cette puissante propension au rêve qu'il prend pour de la paresse. Pour Camille, dont les modelages le laissent plus étonné qu'admiratif, en tout cas incertain, il a consulté Alfred Boucher et se fie à son jugement. Or, celui-ci est plus qu'encourageant. Alors, après mûre réflexion et sans plus jamais revenir sur sa décision, il s'engage aux côtés de ses enfants. Il sera leur plus fidèle soutien.

Leur avenir – des plus hasardeux, surtout celui de Camille – sera sa folie. Sa danseuse. Il paie leurs études, il épaule leurs débuts, il répond toujours à leurs appels. Paul s'émancipe vite. Quatre ans d'études après le baccalauréat, il est parfaitement autonome. Camille puise elle, sans limite, dans la générosité paternelle. Louis-Prosper Claudel lui vient en aide comme il le peut, à toutes les étapes, jusque dans l'échec et les pires détresses. Financièrement, affectivement aussi, il ne lui fait jamais défaut, trop conscient de la fragilité de sa fille aînée et de l'extrême difficulté de la carrière qu'elle a choisie. Il écrit même à un haut fonctionnaire aux Beaux-Arts, pour réclamer qu'on lui paie des sculptures qu'elle a réalisées et fait livrer. A la fin il ne se pose même plus la question de son talent. Il pourvoit aux besoins, sans aucun commentaire. Et c'est sa mort qui enverra Camille en enfer.

Ce père aimant, ce père solide et sûr que leur adolescence leur a révélé et que l'avenir ne pourra pas démentir, Camille l'appelle « le chêne de Villeneuve ».

Sans lui, rien n'aurait été possible.

Couleur des yeux

Les yeux du frère et de la sœur sont bleus.

Ceux de Paul d'un bleu pâle, avec des nuances d'acier selon Marcel Jouhandeau : « des yeux d'acier qui ne regardaient personne ». Physiquement, c'est ce qu'il a de mieux, ces yeux d'azur (pour les bons jours). Petit et corpulent, court sur pattes, avec une grosse tête sans cou qui a frappé Paul Morand, il souffre d'un complexe d'infériorité. Il ne se sent pas beau. Il a même peur d'être laid. De ce point de vue, la nature l'a beaucoup moins gâté que sa sœur.

« Peut-être que vous n'êtes pas assez grand. Je ne vous trouve pas beau », dira Ysé, l'héroïne du *Partage de midi*, à l'homme qui l'aime, Mesa.

Camille, elle, a des yeux bleu foncé, « de ce bleu foncé si rare à rencontrer ailleurs que dans les romans[1] ». Presque violets. Couleur de raisin ou de mûre. Ce sont pour Paul « des yeux magnifiques ». Avec un front « superbe », toujours d'après son frère, et le nez des Claudel – nez puissant, à la romaine –, il dira qu'ils lui donnent « un air impressionnant de courage, de franchise, de supériorité, de gaieté ». Ils comptent pour beaucoup dans la beauté de Camille,

---

1. *Ma sœur Camille, op. cit.*

autant que la bouche sensuelle, mais peut-être « plus fière encore que sensuelle », et la masse des cheveux auburn qui, lorsqu'elle les dénoue, lui tombent jusqu'au bas des reins. Camille est une belle fille, à la campagne on dit une belle plante : solide et bien en chair.

Trait particulier : elle boite. D'un déhanchement léger, comme si elle avait perdu un soulier. Cela ne la rend nullement infirme : elle marche avec rapidité.

La plupart des témoignages concordent : chez Camille, c'est le regard qui retient. Edmond de Goncourt lui trouve « de beaux yeux », comme Jules Renard et comme le père de Paul Morand. Une journaliste, admiratrice de son talent de sculpteur, les aura pourtant vus verts, ces yeux de Camille que Paul a décrits bleu marine. Après les avoir jugés « magnifiques » (elle aussi), elle a cru bon de préciser qu'ils lui étaient apparus « d'un vert pâle qui évoque les jeunes pousses des forêts ». Etrange... Soit que Gabrielle Reval, auteur d'un article sur Camille Claudel paru dans *Foemina* en 1903, ait eu un problème de vue, une crise de daltonisme, soit qu'elle ait capté un de ces changements dont le regard de Camille est familier, elle a enregistré l'une de leurs nuances. Car les yeux de Camille, dont le bleu de mer profonde est la couleur dominante, reflètent son état intérieur. Le vert a pu être la couleur des années de bonheur et de sensualité. Un jour, hélas, son frère en sera le témoin, ils seront tout à fait noirs.

Les yeux de la sœur seront ceux des femmes émouvantes et tristes que va créer son frère au théâtre.

Violaine, la lépreuse (*L'Annonce faite à Marie*), donnera ses yeux bleus à un enfant qui les avait noirs, quand il ressuscite.

Pensée, l'aveugle (*Le Père humilié*), a les siens

« d'un bleu pur et presque noir. Comme le raisin en sa
saison ».

« Est-ce que mes yeux sont beaux ? » demande Pensée. A quoi sa mère lui répond : « Les autres reçoivent
la lumière, mais les tiens la donnent. »

L'héroïne du *Pain dur*, Lumîr, aura les mêmes
« grands yeux bleus » : « Quels yeux ! lui dira Turelure
le Roi. Quand vous les tenez baissés tout est si fermé
qu'on dirait que vous n'êtes plus là. Et le plus souvent,
ils sont fixes et tranquilles comme ceux d'un enfant
(...) Mais quand ils noircissent et se chargent de furie
et qu'on voit l'âme là-dedans qui brûle... Ce sont de
ces yeux-là sans doute qu'il est épris. »

Pour Paul, rien n'est si beau que les yeux de Camille.

Débuts

Elle commence à modeler dès l'âge de six ans.
Lui, à écrire (de petits poèmes ou des historiettes),
dès qu'il sait tenir un porte-plume et composer des
phrases – à six ou sept ans ! Elle reçoit ses premières leçons de sculpture à treize
ans, mais ce n'est pourtant pas une débutante : à
Nogent, il a suffi à son professeur – sculpteur émérite
lui-même – d'un seul coup d'œil sur son travail pour
s'en convaincre. Il a affaire à forte partie.
Treize ans : c'est l'âge auquel Paul, qui pose pour sa
sœur, compose de son côté sa première pièce de
théâtre.
Tous deux précoces. Tous deux obstinés, ils consa-
crent leur temps libre, leurs vacances et une grande
part de leurs rêves à leurs passions parallèles.

Camille sculpte d'abord des têtes d'hommes, d'après
des livres d'Histoire. Il paraît qu'il y eut des César et
des Napoléon Ier. Seul un Bismarck nous est parvenu :
une tête en terre crue et pleine où la trace des doigts
menus est encore visible. Retrouvée en 1986 dans un
local administratif de Wassy-sur-Blaise où Camille
venait pétrir la glaise qu'elle rapportait du Buisson

rouge, elle se trouve aujourd'hui à la mairie de la petite ville, mais elle n'est pas signée. Les spécialistes s'accordent pour la lui attribuer dans sa quinzième année[1]. Camille sculpte aussi des figures mythologiques : une Diane en plâtre, probablement de 1881, a été conservée à Villeneuve. Elle est de facture classique mais déjà bien rythmée.

Sa première œuvre marquante est un *Paul Claudel à treize ans*. Daté de 1881, l'année de leur départ pour Paris, ce buste en bronze est signé sur l'épaule gauche (C. Claudel) et témoigne d'une grande maîtrise. Les leçons d'Alfred Boucher ont porté. Le visage, l'expression du modèle sont ceux d'un très jeune enfant. Camille a parfaitement saisi le caractère de son frère : c'est pour elle un Romain. Est-ce le nez bourbon – le profil des Claudel – qui a inspiré à Camille ce travail à l'antique ou la conscience que Paul, à treize ans, a déjà beaucoup d'ambition et, comme elle, le goût des défis ? Les épaules prises dans ce qui doit être une toge, il apparaît sérieux et fier, avec un air concentré et une moue boudeuse. Un petit César dans l'âge tendre, qui rêve de ses futures couronnes de laurier. De ses yeux vides de statue, il regarde encore sa sœur.

Fixé sur un piédouche en marbre rouge, ce premier bronze préfigure un autre buste de Paul Claudel, que Camille réalisera en 1884 : *Jeune Romain ou mon frère à seize ans*, chef-d'œuvre encore en devenir. Le sculpteur et son modèle auront alors mûri. Mais dès ses dix-sept ans, quand Paul en a treize, le premier buste est là pour en témoigner, Camille est une artiste accomplie.

D'ailleurs elle l'expose à son premier salon en 1887 et, curieusement, ce sont un frère et une sœur qui s'en portent acquéreurs : la baronne Nathanaël de Rothschild et son frère le baron Alphonse – de sorte

---

1. *L'Œuvre de Camille Claudel*, catalogue raisonné, par Reine-Marie Paris et Arnaud de La Chapelle, Adam Biro, 1990.

qu'il y a une véritable correspondance entre l'artiste, son modèle et ses premiers clients. Les Rothschild font tirer en bronze, par Gruet, leur fondeur attitré, le plâtre du *Paul Claudel à treize ans*, aujourd'hui disparu. De même que celui du *Jeune Romain ou mon frère à seize ans*, également leur propriété. Quelques années plus tard, autour de 1900, ces généreux mécènes offriront leurs précieuses acquisitions à divers musées, le premier buste à celui de Châteauroux, le second dont ils auront fait tirer plusieurs exemplaires, à ceux de Toulon, Avignon et Tourcoing, où ces portraits en bronze de Paul par Camille sont peut-être encore regardés par des frères et des sœurs, comme eux mystérieusement liés.

Treize ans : c'est l'âge de la création pour Paul. Car en 1881, il rédige sa première pièce de théâtre et l'envoie un an plus tard, soit en 1882 (ou 1883, la date n'est pas sûre) au théâtre de l'Odéon, dans l'espoir qu'elle y sera jouée. Elle y dormira aux archives pendant des années, fidèle en cela à son titre car cette Belle au Bois dormant, qui inaugure secrètement une œuvre immense, s'appelle *L'Endormie*.

Le décor n'a pas dû dépayser la famille Claudel. En effet la scène est censée représenter « un éboulis de roches au milieu desquelles se voit l'entrée d'une grotte » – le Geyn ! –, sauf que Paul y a rajouté la mer, cette mer qu'il ne connaît pas et qui est l'obsession de son enfance. L'argument est bref : le coup de foudre malheureux d'un très jeune poète pour une nymphe des eaux. La pièce plus brève encore : un seul acte. A peine dix-huit pages dans la Pléiade (contre quatre cent quarante-six pour *Le Soulier de satin* !). Il y a là des faunes et des faunesses, une Volpilla-la-Chèvre et un Danse-la-Nuit – créatures fabuleuses, tout droit sorties d'un conte de Shakespeare ou de la mythologie. On chante, on se bouscule, on s'injurie, on gueule, comme dans une assemblée de sorcières ou une communauté d'ivrognes, au cœur de la nuit. Le poète, que personne ne prend au sérieux parce qu'il n'a pas encore de barbe, s'éprend de ce qu'il croit être la Femme même : la quintessence du charme, une nymphe à la chevelure rouge et aux yeux verts, endormie. Elle s'appelle Galaxaure. Mais quand il entre dans la grotte où elle repose, il découvre la réalité et tombe de son nuage : la nymphe est un monstre gonflé, énorme et dégoûtant. Et en plus, elle ronfle ! Fatale illusion. « Une femme ! ce n'est pas une femme, c'est une bedaine, c'est un tonneau enterré dans le sable, une baleine pâmée, une quille de navire retournée par le vent ! »

La pièce a beau être courte et le sujet peu développé, la prose est déjà très belle. Surtout, elle possède déjà son caractère : puissante, procédant par vagues et par remous, elle s'apparente à de la poésie. Tout le théâtre de Paul Claudel est, ou plutôt sera, de la poésie.

« Les feuilles immobiles comme des oiseaux engourdis, les bêtes des bois, Tout dort, et les rayons de la lune balaient déjà l'air d'une lumière oblique. »

Les images s'y bousculent, souvent inattendues ou insolites, toujours sensuelles. Le poète a des sens dont il entend faire usage : « Oh ! réveille-toi ! que tes mains saisissent mon corps... Oh ! appuie tes lèvres sur mon cou...

O Nymphe, Nymphe, Nymphe de la mer ! écoute-moi, ma petite Nymphe ! o ma mouette, o mon poisson doré [1] ! »

On imagine les parents Claudel écoutant ces répliques, et surtout Camille, attentive, recueillie, mais prête à se moquer, toujours tellement taquine. A Villeneuve, la famille a eu la primeur de ce coup d'essai, où – les parents, les sœurs s'en sont-ils alors doutés ? – se dévoile déjà une main de maître.

---

1. *Théâtre* I, *op. cit.*

L'écho de René et de Lucile

De même que leur pays sauvage avec ses tempêtes et son vent incessant fait penser à une Bretagne sans la mer et les rochers du Geyn aux menhirs et aux dolmens bretons, le couple de Paul et de Camille n'est pas sans évoquer celui qu'ont formé un siècle avant eux Chateaubriand et sa sœur Lucile.

A Combourg comme à Villeneuve, le frère et la sœur ont reçu une éducation austère dans une atmosphère oppressante, même si leurs milieux diffèrent. Ils ont été proches tout au long d'une enfance parcourue d'orages, où le rêve occupait la plus grande place. Comme Camille, Lucile est l'aînée de quatre ans. Elle a pris son petit frère sous sa coupe et lui donne ses premiers livres à lire, orientant ainsi sa vocation. Dans l'enfance, comme Camille, elle domine. Elle gardera longtemps son ascendant.

Très douée elle aussi, même si elle ne développera pas ses talents littéraires, elle a de la vie une conscience artistique. Elle aime la mettre en scène, la modeler à sa guise. Hypersensible, nerveuse, imaginative, elle est jalouse et excessive. Comme Camille là encore, elle a le goût du malheur. Elle mourra folle, après des démêlés amoureux avec l'écrivain Chênedollé qui n'aura pas compris grand-chose à ses tourments ; dans la passion, elle perdra ses derniers repères.

La sœur de l'auteur du *Génie du christianisme*, comme celle de l'auteur de *L'Annonce faite à Marie*, ces deux écrivains ultra-catholiques, connaissent une fin tragique. Loin de leur frère chéri et sans qu'aucun membre de leur famille assiste à leurs funérailles, elles seront enterrées l'une et l'autre dans une fosse commune.

François-René : « Lucile était grande et d'une beauté remarquable, mais sérieuse. Son visage pâle était accompagné de longs cheveux noirs ; elle attachait souvent au ciel ou promenait autour d'elle des regards pleins de tristesse ou de feu. Sa démarche, sa voix, son sourire, sa physionomie avaient quelque chose de souffrant. (…) Elle ressemblait à un Génie funèbre[1]. »

Paul : « Je la revois, cette superbe jeune fille, dans l'éclat triomphal de la beauté et du génie, et dans l'ascendant, souvent cruel, qu'elle exerça sur mes jeunes années. (…) Quelqu'un qui a reçu beaucoup[2]. »

Même chaleur dans le souvenir. Même admiration. Même terreur. L'un et l'autre, dans l'enfance, se sont sentis dépassés par ce qu'ils appellent le génie de leur sœur.

Pour chacun des deux écrivains, dont les mères sont des femmes au foyer, lointaines ou effacées, leur sœur est la première image de la Femme : image qui tout à la fois les attire et les effraie. Ils aiment leur sœur et ils la redoutent. Sublime et monstrueuse, elle leur fait un peu peur. Car elle incarne l'excès et la violence – sa démesure leur paraît bien au-delà de la leur. Sans

---

1. *Mémoires d'outre-tombe*, Bibliothèque de la Pléiade, Gallimard, 1951.
2. *Ma sœur Camille*, op. cit.

doute leur vie amoureuse sera-t-elle influencée par ce premier rapport de forces et par l'équilibre périlleux qu'il leur laisse deviner dans l'amour entre la fascination et le malheur.

Lucile a toujours les yeux levés vers le ciel. Ceux de Camille, si souvent penchés vers la terre, se plantent droit dans le regard des autres. Curieux et même scrutateurs, ils semblent voir au-delà des êtres. Lucile est plus rêveuse, plus lunaire. Camille plus sensuelle et plus active. Mais il y a de la sorcière en elles deux. Elles aiment passionnément la nature et elles ont élu chacune un lieu de prédilection, que les gens évitent, un de ces lieux si étranges qu'on peut les croire enchantés. Pour Camille c'est son Geyn, au milieu de la forêt. Et pour Lucile, « l'embranchement de deux routes champêtres, marqué d'une croix de pierre et d'un peuplier » – carrefour où sont sans doute venus prier des druides avant elle.

François-René : « Dans les bruyères armoricaines, elle n'était qu'une solitaire avantagée de beauté, de génie et de malheur. »

Paul a utilisé exactement les mêmes mots pour définir sa sœur : beauté, génie, malheur.

Les biographes les plus sérieux de Chateaubriand et de Claudel ont évoqué pour l'un et l'autre écrivain d'éventuelles relations incestueuses avec leur sœur, sans toutefois apporter de preuve – lettre ou document – à ce qui reste dans les deux cas une hypothèse. Jusqu'où le frère et la sœur, dans chacun des deux couples, se sont-ils aimés ? Y a-t-il eu dans leur histoire des gestes ambigus, des baisers, des attouchements ?

Si la question a été posée, le mystère n'a jamais été élucidé.

La seule certitude, c'est l'existence d'un lien fraternel très fort et très étroit. Dans les deux cas, la sœur est une dominatrice. Par l'âge mais aussi par le caractère, elle marche devant. Des traumatismes d'enfant – pour Lucile comme pour Camille, l'absence d'amour maternel – entraînent chez elles un déséquilibre que, plus tard, à l'âge adulte, la perte d'un autre amour aggravera jusqu'à la psychose, de manière tragique et irréversible dans les deux cas. Les analyses des psychanalystes sont sur ce point convaincantes : chez le frère, dans ce double rapport privilégié et exceptionnel, « la fixation sur la mère s'est produite sous forme d'une fixation sur la sœur[1] ». Laquelle, « tangible et intangible » ainsi que la définit joliment un analyste claudélien[2], occupe longtemps, au moins jusqu'à la maturité, la première place dans son cœur.

Les deux sœurs s'y entendent pour fasciner leur frère, qui subissent l'un et l'autre leur force d'attraction. On les sent d'abord dépendants, inférieurs en puissance. La Femme, à les en croire, exerce son mauvais génie. Ils rêvent l'un et l'autre de s'affranchir de son emprise. Ils le pourront peu à peu, en prenant de l'âge et en voyageant, souvent très loin, en Amérique ou en Chine, où leurs ambassades – car ils seront tous deux ambassadeurs – les conduiront. Ils connaîtront d'autres amours. Mais leur sœur aura fixé pour eux ce stéréotype d'une féminité dangereuse, liée tout à la fois au Ciel et à l'Enfer, au meilleur et au pire, au charme et à l'horreur.

Dans les deux cas, pour Claudel comme pour Chateaubriand, la sœur aimée, la sœur préférée est une

---

1. Jacques Madaule, *Le Drame de Paul Claudel*, Desclée de Brouwer, 1951.
2. François Varillon, *Claudel devant Dieu*, Desclée de Brouwer, 1967.

réprouvée. Victime du monde mais victime aussi de sa nature indomptable, elle est le jouet de ses démons. A un certain moment, après avoir dansé sur le fil de leur vie, elles plongent l'une et l'autre dans la catastrophe – l'empire du Mal, aux yeux des écrivains catholiques.

« Infâme, réprouvée, réprouvée dans ton âme et ta chair », écrira Paul un jour de son héroïne lépreuse, cloîtrée dans une grotte où personne n'ose venir la voir[1].

« Ni ma mère ne m'aime, ni ma sœur », pleure Violaine, « et pourtant je ne leur ai fait aucun mal. »

De même que Lucile est Velléda ou Cynodocée, mais surtout l'Amélie de René, Camille a inspiré les deux héroïnes de *L'Annonce faite à Marie* : à la fois Mara la noire : jalouse et vindicative. Mais aussi la blonde et pure Violaine. L'une victime et l'autre bourreau. Comme si la vérité chez la femme était à chercher dans l'impossible union de violents contraires.

Son frère l'a pressenti : le tempérament de Camille est plutôt celui de Mara, mais son destin tragique sera celui de Violaine.

Les deux écrivains écriront chacun sur leur sœur, à la fin de leur vie. Chateaubriand dans les *Mémoires d'outre-tombe* et Claudel dans un court texte qui lui est dédié, *Ma sœur Camille* (1951, il aura alors soixante-seize ans). Les deux femmes seront mortes depuis longtemps. Chacun aura voulu s'acquitter d'un hommage. Ecrire sur leur sœur, en vantant ses qualités, son génie, les soulage sans doute d'un lourd sentiment de culpabilité. Car cette sœur chérie, qu'ils ont crue forte et qui n'était que trop fragile, ils n'ont pas pu la sauver ni même la protéger d'elle-même.

Sans doute la folie de Camille, comme celle de

---

1. *L'Annonce faite à Marie.*

Lucile, était-elle impossible à affronter. Ils ne se sont pas sentis de taille à lutter. Très occupés l'un et l'autre par leur vie, par leur Œuvre, ils se sont finalement protégés contre elles. Ils ont eu les meilleurs arguments pour les abandonner dans le scandale et le malheur : honneurs, grandeurs, responsabilités.

Ni la charité chrétienne ni l'amour le plus simple n'ont pu leur permettre d'assister à leurs derniers instants. Ils ont fui l'un et l'autre devant leur agonie. Camille, plus seule encore que Lucile, dans l'attente de ce visiteur qui ne venait pas, retenu aux antipodes par ses obligations professionnelles ou à quelques kilomètres d'elle, par la peur terrible de la revoir. Camille qui pourtant l'en supplie.

Mais l'heure n'est pas encore à la folie ni aux malheurs irréparables. Encore moins aux jugements. C'est le printemps, en 1881, et Camille s'élance main dans la main avec Paul vers un avenir plein de promesses. Elle a dix-sept ans, lui pas tout à fait treize, et elle vient d'arracher à leur père l'autorisation de « monter » à Paris.

II

LA VILLE ET LA MER

Le rendez-vous de Paris

On déménage. Il vaudrait mieux dire : on s'exile. Après quelques débats houleux en famille, on décide de quitter le village, le canton, la province, pour la grande inconnue : Paris. La voie obligée pour réussir. Le père est depuis longtemps convaincu que ses enfants méritent mieux que des études moyennes, dans des établissements de second ordre en Champagne ou en Franche-Comté, sans parler du Tardenois. Il veut les inscrire dans les filières de l'excellence, selon leur spécialité. Et ainsi leur donner toutes leurs chances.

De Wassy-sur-Blaise, on choisit d'abord le lycée. Puis l'atelier. Pour Paul, ce sera Louis-le-Grand – le plus réputé, le plus prestigieux des lycées parisiens. Le lycée de l'élite. Situé au cœur du quartier Latin, rue Saint-Jacques, c'est une couveuse de futurs grands hommes. Camille, qui ne peut prétendre entrer aux Beaux-Arts, fermés aux femmes jusqu'en 1897, ira suivre des cours à l'atelier Colarossi, rue de la Grande-Chaumière. Dans le quartier du Montparnasse, cet atelier privé qui a pris la relève du vieil atelier Suisse où ont été formés nombre d'Impressionnistes lui a été recommandé par Alfred Boucher. On y accepte les femmes sans exiger d'elles le tarif exorbitant que demandent d'autres écoles (le double de celui des hommes). La sculpture y est largement à l'honneur, son fondateur Filippo Colarossi, étant lui-même sculpteur.

A Paris, ni Paul ni Camille ne sont pensionnaires, ce qui aurait pourtant été la solution la plus simple. Louis-Prosper Claudel se méfie des mirages de la grande ville, où il voit un univers à hauts risques, et n'envisage pas de les y abandonner sans chaperon. En attendant qu'un nouveau poste le rapproche de la capitale, il décide que sa femme les y accompagnera. Elle vit donc avec eux, continue à préparer leurs repas, à s'occuper de leur linge ; elle peut contrôler leurs mouvements. La jeune bonne, Eugénie Plé, est elle aussi du voyage. Le foyer se déplace, voilà tout. La cellule familiale demeure. C'est ce qui est le plus important aux yeux des parents Claudel : continuer à serrer les liens. Le changement le plus radical dans ce dispositif, après la brutale transplantation dans un décor urbain qui les dépayse, c'est l'absence du père. A Paris, l'élément féminin va se renforcer. La mère, la bonne, Camille et Louise... Paul sera le seul homme de la maisonnée, à charge pour lui de se montrer à la hauteur.

Le père continue de veiller pourtant sur les siens. Il ne relâche pas sa vigilance. Il exige d'être tenu au courant des moindres détails de la vie des « Parisiens ». Les notes de Paul au lycée le concernent au plus haut point. Elles ne le satisfont pas toujours – il lui cite sans cesse en exemple de meilleurs élèves. Il est plus indulgent avec Camille. Il a décidé qu'il rejoindrait sa femme et ses enfants à Paris aussi souvent qu'il le pourrait, mais son travail le retient loin d'eux. Ce sont les vacances qui les réunissent à Wassy ou à Villeneuve. Le père a sévèrement mis en garde sa nichée : Paris, c'est bon pour le travail, pour les études, certainement pas pour y folâtrer sans rien faire. Pas question pour les jeunes gens d'envisager la ville comme une fête. Dernière consigne : Paris coûte cher, beaucoup plus

cher que la province. On y mènera donc une vie strictement économe. Les voilà prévenus : pas de folies à
leur programme !

En avril 1881, alors que débute le dernier trimestre
scolaire, les enfants Claudel déboulent dans leur école
respective. Paul pour la fin de la troisième, dans une
classe de soixante élèves à Louis-le-Grand : une espèce
d'électrochoc. Et Camille, dans son atelier, propulsée
pour la première fois de sa vie au milieu d'un troupeau
de filles en blouses de peintres et priée de dessiner le
modèle vivant qui pose sous ses yeux.
La vie des Claudel s'organise rive gauche. Ils habi-
teront toujours de ce côté-là de la Seine. Pour être le
plus près possible du lieu de travail des enfants, la
mère loue un appartement au 135, boulevard du
Montparnasse, quatrième étage (sans ascenseur bien
sûr). Camille est à deux pas de la rue de la Grande-
Chaumière, Paul peut aller à pied à son lycée. Le loyer
est modeste, comme le logis. Quant au quartier, il n'a
pas encore le prestige que lui apporteront les années
folles – lorsque, après la guerre de 14, les artistes y
déferleront. A la fin du XIXe siècle, c'est un quartier
populaire d'ouvriers, d'artisans, et l'on y vit comme
dans un village. Entre les immeubles, des poules
picorent dans les jardinets qui entourent des maison-
nettes. Des canards viennent se dandiner sur les pavés.
On entend des bruits de marteaux, des ronflements de
métiers. Des odeurs de terre et de fumier signalent que
la campagne n'a pas déserté cet arrondissement parisien. Profitant de l'existence de baraquements vétustes
ou de granges qui se louent à prix modiques, de nombreux ateliers ont élu domicile dans le quartier,
notamment rue Campagne-Première ou près du carre-

four Vavin. Ils attirent une bohème qui fréquente les cafés, les brasseries du coin et ce qu'on appelle alors « les bals-jardins » – juste à côté de l'atelier Colarossi, on danse la polka et le cancan à ciel ouvert, au bastringue de La Grande Chaumière. Cela a de quoi affoler Madame Claudel.

A Paris, il lui faut se passer très vite des services de la jeune bonne. Camille a réquisitionné sa chambre pour y installer un atelier d'appoint. Furieuse d'être reléguée dans une soupente, au dernier étage sous le toit, Eugénie a fait sa malle et s'en est retournée vivre à Villeneuve... Madame Claudel, à juste titre, reproche le départ de la bonne à sa fille Camille : un reproche de plus, une rancune de plus, qui alourdit la liste.

Au bout d'un an à peine, on déménage à deux pas de la précédente adresse, au 111, rue Notre-Dame-des-Champs. Même quartier, où les nouveaux citadins se rassurent d'entendre l'écho du mot « champs », même atmosphère au parfum campagnard, quoiqu'on se rapproche du jardin du Luxembourg où les immeubles sont plus cossus. Le logis des Claudel est toujours modeste et le restera – les émoluments de fonctionnaire de Louis-Prosper ne permettent pas autre chose.

Cette même année, Camille, délaissant l'atelier Colarossi, trouve un autre endroit où travailler en petit comité, au 117 de cette même rue Notre-Dame-des-Champs. Pour une fois, Madame Claudel peut se féliciter du choix : sur le même trottoir et à quelques numéros, elle garde un œil sur Camille.

Celle-ci s'est liée, rue de la Grande-Chaumière, avec des étudiantes anglaises – Amy Singer et Emily Fawcett – venues en France pour y exercer plus librement leur art. Dans la puritaine Angleterre, la majorité des ateliers et notamment la Royal Academy leur refusent l'accès au modèle vivant nu. Elles s'associent pour louer cette vaste pièce éclairée de hautes fenêtres, qui sera leur atelier. Dans quelques mois, une autre amie, Jessie Lipscomb, les rejoint. C'est une étudiante brillante, médaillée de la Queen's Prize (1882) et de la National Silver Medal (1883). Elle prend pension chez les Claudel où elle loue une chambre pour 200 francs par mois et devient l'inséparable compagne de Camille. Celle-ci se rendra plusieurs fois en Angleterre, à l'invitation de ses amies.

Les jeunes filles apportent leur matériel : une table pour dessiner, des feuilles, des crayons, des boîtes de couleurs, mais surtout de la terre, un tour, un tabouret, des selles... Elles accrochent aux murs des tentures sans valeur mais d'un bel effet qui donnent à ce lieu sans âme un vague air d'Orient. Quelques chaises, un samovar pour le thé et plusieurs cendriers – elles se sont mises à fumer. Un vrai décor d'artistes. Avec l'accord de Madame Claudel, elles ont même loué un piano qui servira à Louise. La cadette de la famille peut ainsi s'exercer pendant qu'elles dessinent ou modèlent. Et puis on s'accorde de bons moments de récréation : on boit du thé, on fume, on discute... La vie devient très agréable. On n'est pas encore assez riche pour payer des modèles mais on est sûr que le temps viendra. En attendant, Louise accepte de poser pour Camille, qui va bientôt sculpter la tête de sa sœur. Nez retroussé, belles lèvres ourlées, la sœur cadette est une compagne effrontée et rieuse.

Mais Paul reste le modèle préféré : Camille le sculptera à plusieurs reprises, avec ce visage à la fois rêveur et grave, ce visage fermé qui est celui de son adolescence.

Alfred Boucher vient tous les vendredis contrôler le travail et les progrès de la petite bande. Il donne des conseils. Sa présence fidèle rassure Madame Claudel, parce que, lui au moins, elle le connaît bien. Les filles sont sous contrôle. Camille s'échappe quelquefois, mais c'est pour aller au Louvre observer les chefs-d'œuvre avec Jessie, Amy ou Emily. Les musées font partie de leur programme d'études ; Camille en revient exaltée. Plus excitée encore qu'à l'accoutumée.

Elle a tout de suite aimé Paris : son agitation, ses lumières, et cet oxygène qu'aucune campagne, si pure, si belle, ne lui offrira jamais – la liberté qu'on y respire. Paris l'émerveille et la stimule. Paris l'enivre. Elle ne se lasse pas de parcourir la capitale à pied, de sa démarche rapide et vaguement déhanchée.

Pour Paul, qui n'est pas du tout un citadin et n'aimera jamais que les grands espaces purs, la campagne ou la mer, Paris c'est tout le contraire : du gris, du sale, le bagne et l'enfermement. Ne cherchons pas la nuance. Il trouve que les immeubles sont entassés et laids, qu'il y a trop de bruit, trop de gens. Il a horreur de la promiscuité que lui imposent à la fois le lycée (les classes sont bondées) et l'appartement (on y vit les uns sur les autres). Des années et des années plus tard, il en voudra encore à Paris du poids qu'il a fait peser sur son adolescence.

A aucun moment, il n'aura envie de dire comme Rastignac : « A nous deux, maintenant ! » A peine arrivé à Paris, il ne pense qu'à s'échapper. Alors qu'il a tant rêvé de quitter son village et de voyager, il se prend de nostalgie pour les champs, les forêts, la fontaine. Il voudrait entendre sonner les cloches de Villeneuve et regrimper à son arbre préféré pour se chercher un autre horizon que cette triste capitale qu'il appelle « la Ville maudite ».

Alors que Camille l'adore, il se met, et pour long-temps, à la « haïr ». Déception cruelle de la première rencontre. Paris ne répond pas à son attente. Il y souffre et s'y sent malheureux. Il évoquera son sentiment d'« abomination » et d'« exécration » et : « jusqu'au fond de ma substance, celui d'une séparation radicale » [1].

---

1. *Paul Claudel interroge l'Apocalypse*, *Œuvres complètes*, tome XXV, Gallimard, 1950-1986.

L'adolescent bourru
et la jeune fille incandescente

Le lycée, si prestigieux soit-il, n'éblouit pas Paul et c'est peu dire. Quand il ne déteste pas ses professeurs, il les méprise. Ses camarades n'ont pas droit à plus d'indulgence. Il souffre d'être dans le troupeau ; les liens de camaraderie l'exaspèrent. « Personne moins que moi n'a supporté la camaraderie. Personne n'a plus souffert du collège et de la grande ville[1]. »

Il devra pourtant supporter le joug du « bahut » durant quatre ans et demi, de son entrée en fin de troisième, à Pâques 1881, jusqu'à son baccalauréat, en 1885. Quatre ans et demi qui, pour Camille, marquent à l'opposé l'ouverture de la cage. Et l'envol. En contrepoint des lamentations fraternelles, c'est le moment de l'épanouissement.

Les professeurs de Louis-le-Grand, qui auraient dû apporter au jeune provincial leurs lumières, contribuent, à l'en croire, à refermer sur lui cette chape de plomb dont il ne cesse de se plaindre. Aucun ne trouvera grâce à ses yeux. Jusqu'en classe de philosophie, où l'adolescence en général commence à refouler ses aigreurs et ses fureurs, il continuera à les trouver exé-

---

1. *Conversations du jeudi*, dans *Œuvres en prose, op. cit.*

crables. Il les appelle des « pions », des « cuistres », des « professeurs de tristesse ». Ni Gaspard, ni Bernage, en rhétorique (c'est-à-dire en première), à peine moins Burdeau, en classe de philosophie, ce même Georges Burdeau « pareil à un dieu gréco-asiatique, avec sa face de marbre encadrée d'une barbe noire [1] », qui fut le professeur de Maurice Barrès à Nancy (et que Barrès n'aimait pas davantage…), ne lui inspirent la moindre admiration.

A Louis-le-Grand, Paul Claudel est un élève rebelle. Un rebelle encore bougon et de mauvaise humeur, qui ne sort de son apathie que pour afficher son désaccord. Il déteste l'enseignement qu'on lui donne ; autant la pédagogie – ce qu'il appelle « les ornières de la routine et de la tradition », qui ne laissent place à aucune discussion, encore moins au dialogue – que les dogmes professés au lycée. Le kantisme, comme le positivisme ou le scientisme, très à la mode dans ces années quatre-vingt, déclenchent chez lui une formidable allergie. Presque toujours silencieux, il prend souvent Burdeau, qui est un kantiste militant, à partie. Il a avec lui « des discussions rapides et flamboyantes comme des passes d'armes qui laissaient les deux adversaires frémissants et irrités », témoigne un de ses camarades de classe, Léon Daudet [2]. Quand le professeur évoque brillamment Héraclite ou Empédocle, les charmes et les beautés de la philosophie grecque, l'élève s'émeut, il peut même écouter, ébloui et en silence. De ces premiers cours à Louis-le-Grand, qui ne furent donc pas tous désastreux, date sa passion pour la poésie grecque. Mais dès que Kant est cité, Claudel se fâche ; il n'est pas plus indulgent, alors, que Barrès, auquel sans le savoir il ressemble, par le même rejet du modèle imposé. Barrès, qui écrira un portrait à charge de Bur-

---

1. *Introduction au Livre de Ruth.*
2. *Fantômes et vivants*, Nouvelle Librairie Nationale, 1914.

deau dans *Les Déracinés* (sous le nom de Paul Bouteiller), fut comme lui un élève insoumis. Et un rebelle à l'enseignement laïque républicain.

Dès son entrée au lycée, Claudel refuse de se conformer. Il tient à ses convictions profondes et à sa différence innée. Très jeune, il sait ce qui lui plaît, ce qui lui parle, ce qui le guide. Esprit critique et contestataire, il aime choisir ce qui est bon pour lui. Il avouera « une répulsion décidée à l'égard des aliments littéraires[1] » qui lui étaient présentés au lycée. Et une volonté de fer pour protéger son identité.

Le kantisme représente tout ce qu'il déteste et détestera toujours : à la raison pure il préfère l'intuition, à toute réflexion la flamme.

Or, la Raison froide et sévère règne sur Paris comme sur la France de ces années d'adolescence. Elle a pris pour Paul le visage même de la République – cette République en gibus de Jules Grévy et Jules Ferry avec sa foi laïque, sa religion de la science et son endoctrinement que colportent ses nouveaux prêtres, les professeurs. C'est ce visage que Paul se met à haïr, d'instinct, comme celui d'un ennemi. Pour lui, avant même de savoir l'exprimer clairement, la Raison est une limitation, une réduction de l'esprit. Un carcan. Il refuse donc, avec l'énergie d'un condamné décidé à vendre très cher sa peau, d'étudier ces philosophes nuisibles qui, de Kant à Auguste Comte, voudraient le convaincre que l'homme est tout entier intelligence et raisonnement. Puissance de la Raison.

Autour de lui, l'époque semble se liguer pour le ral-

1. *Mémoires improvisés*, recueillis par Jean Amrouche, Gallimard, 1954.

lier à ce credo. Le roman est réaliste et naturaliste, avec *Germinal*. L'Histoire et la Critique, de même que la Philosophie, sont positivistes avec Taine ou Renan. Le théâtre ne sait plus mettre en scène que des comédies de mœurs à la Victorien Sardou ou des drames sinistres à la Henry Becque, fondés les uns et les autres sur une réalité objective, l'observation d'une société dont l'art se veut la copie fidèle. Partout on lui rebat les oreilles avec des mots qui l'exaspèrent, « réalité », « réel » qui n'est jamais trop réel, « science » et « scientifique », « raison » et « raisonnable », « raisonnement », pour conclure à une supériorité de l'intelligence sur toutes les autres qualités de l'humain.

Même la poésie se met de la partie. Les Parnassiens s'appliquent à la tailler comme du marbre, non pas celui que sculptera bientôt Camille car, passé entre ses mains, il deviendra une matière brûlante et volcanique, mais un marbre lisse et froid dont la perfection le glace.

Baudelaire seul trouve grâce à ses yeux, avant que Rimbaud ne vienne à son tour l'éblouir. Pour modèle, pour guide, il préfère à tous les auteurs du programme, avalisés par l'Ecole de la République, le poète rebelle et mis au ban des *Fleurs du mal* que déteste Gustave Lanson. En attendant de découvrir *Les Illuminations*, il en lit et relit les poèmes avec délectation. Baudelaire est son frère en révolte, au sein du lycée. Il aime particulièrement ce vers : « La musique me prend comme une mer. »

S'il refuse presque toutes les idoles de la République, y compris Victor Hugo, dont il juge l'art « vide et caverneux [1] », il déteste plus que tout la figure de philosophe obèse par laquelle on entend le remplacer, pour guider et inspirer les foules : Ernest Renan. Cet ancien séminariste, capable de définir Jésus comme un

---

1. *Journal* II, Bibliothèque de la Pléiade, Gallimard, 1968. Texte établi par François Varillon et Jacques Petit.

« personnage remarquable » et coupable à ses yeux de ne croire en rien d'autre qu'en « l'avenir de la Science » (Science avec une majuscule, hélas), devient immédiatement sa tête de Turc. Car il incarne à ses yeux l'époque agnostique où, plongé malgré lui, il refuse de se laisser noyer.

Elève inégal, souvent en difficulté dans les matières qui l'indiffèrent et contraint, à force d'esprit rebelle, de redoubler sa classe de rhétorique (ce qui a affolé son père), Paul obtient cependant d'excellentes notes en français. Premier Prix du « discours français » en première et de nouveau l'année suivante, en classe de philosophie, il se distingue enfin du troupeau. Dans la compétition des talents de Louis-le-Grand, ce Premier Prix est une performance. Il souligne la clarté et la fermeté de sa plume. Le petit paysan mal dégrossi qui n'est pas tout à fait un Petit Chose, mais n'a pas assez d'argent pour aller dans les cafés ni encore au théâtre, balourd – « un gars trapu, au front de taureau, au profil dur, avec un accent champenois » selon son jeune condisciple, Camille Mauclair (le futur critique d'art du *Mercure de France*) – peut damer le pion à tous les Parisiens et aux meilleurs élèves de la classe. Quand il écrit, il est étonnant, à la fois brillant et profond. Alors, il s'allège, il s'envole. Il domine.

Et il a beaucoup de mérite. Car, à Louis-le-Grand, il n'est pas le seul élève doué en « discours français ». Parmi ses condisciples, on compte Léon Daudet (né en 1867), le futur polémiste de *L'Action française*, l'auteur à venir des *Morticoles*, du *Stupide XIXᵉ siècle* et de nombreux *Souvenirs* à l'ironie mordante grâce auxquels nous n'ignorons plus rien de ses contemporains capitaux. Jovial et sanguin, tout aussi porté au rire qu'à la colère, ce Méridional, dont le père est le célèbre auteur des *Lettres de mon moulin* et du *Petit Chose*, justement, partage avec Paul (sans même parler de l'esprit rebelle et compulsif) un bon coup de fourchette. Et un péché : la gourmandise... Camarades de classe, Claudel et Daudet ne sont pas amis, à proprement parler. Claudel est sans doute trop farouche, il songe trop à fuir l'univers carcéral du lycée pour y rien construire, fût-ce un début d'amitié.

Autre condisciple, Romain Rolland. Né en 1866, le futur auteur de *Jean-Christophe*, roman en dix volumes, futur Prix Nobel de Littérature (en 1915), est une personnalité silencieuse et harmonieuse, sauf pour la voix qui est en train de muer (Claudel s'en souviendra). Rolland possède autant de réserve que Daudet de panache. C'est un fin musicien qui emmène Paul, le dimanche après-midi, aux concerts Lamoureux. Il le convertit à Beethoven et à Wagner, lui ouvrant ainsi les portes d'un monde qu'il ignore, « à la fois merveilleux et mélancolique ». La musique allemande lui apparaît comme « un refuge où (lui) serait dispensé l'oubli du bagne scientifique[1] ». A la maison, Louise n'a jamais joué du Wagner ni du Beethoven.

Mais, à Louis-le-Grand, il y a aussi Marcel Schwob. Son immense et précoce culture, de même qu'un étonnant don pour les langues (il lit Kant, Goethe et Homère dans le texte) distinguent ce Lion d'août 1867. Fluet, de santé fragile, Schwob qui vit pour lors en pension chez son oncle, bibliothécaire à l'Institut, écrira le magnifique *Roi au masque d'or* et le *Livre de Monelle* que Claudel admirera. De tous les jeunes gens connus au lycée, il sera le plus proche et le plus aimé. Il mourra malheureusement à trente-sept ans : « J'ai perdu en lui

---

1. Cité par Gérald Antoine, *Paul Claudel ou l'enfer du génie*, *op. cit.*

un véritable maître, mon meilleur ami, écrira Paul.
J'avais senti près de la sienne, grandir ma sensibilité,
comme un rameau aurait éprouvé qu'il se développait
sur un autre rameau [1]. »

La sensibilité de Schwob, mêlée à celles de Rolland
et de Daudet, les dominant peut-être, accuse autour de
Paul l'univers sombre et hostile du lycée dont il se sent
prisonnier. A ses professeurs, il n'a pas de mal à préfé-
rer ses camarades de classe.

Dernière touche au tableau des premiers de la classe,
Joseph Bédier. Né la même année que Camille, de loin
le plus âgé, ce khâgneux qui a quelques années
d'avance et s'est lié au groupe par Marcel Schwob,
nourrit déjà une passion pour le Moyen Age. Il étonnera un jour l'Université par ses révélations sur *Les
Légendes épiques* ou sa libre adaptation du *Roman de
Tristan et Iseult* : c'est un futur Académicien français
et un futur administrateur du Collège de France.

La concurrence est rude. Et Claudel, au milieu de
ces brillants élèves, figure parmi les plus jeunes.

Mais ce n'est pas tout. Puisqu'on en est à énumérer
les futures sommités qui entourent Claudel sur les
bancs du lycée, honneur au prestigieux aîné qui devrait
être pour eux tous un maître et un modèle.

A la distribution des prix de fin d'année, le 3 août
1883 (l'année où Paul redouble sa rhétorique), c'est
Ernest Renan, l'auteur de *La Vie de Jésus* (1863) et
d'une *Histoire des origines du christianisme* (1863-
1883) – alors en pleine gloire – qui est en effet chargé
de remettre leurs diplômes aux élèves et de prononcer
le discours de clôture de l'année scolaire. Devant cet
Académicien, professeur au Collège de France,
commandeur de la Légion d'honneur (il sera bientôt

---

1. Préface au *François Villon* de Marcel Schwob (dans le *Supplément aux Œuvres complètes* de Paul Claudel III, L'Age d'Homme,
1990-1997).

promu Grand Officier), dont l'aura ne peut alors être comparée qu'à celle de Victor Hugo, Claudel ne cède pas à l'admiration. C'est même tout le contraire ! Il n'aura pas de mots assez durs par la suite pour fustiger Renan. Car le philosophe, esprit sceptique et séduisant, représente ce qu'il exècre particulièrement au lycée : le triomphe de l'esprit positif et scientiste. Ce dinosaure qui pèse sur les lettres françaises n'est selon lui qu'un « mauvais maître », opinion qu'il partage avec Daudet.

Claudel : « Il me dégoûtait avec sa tête de porc, sa couenne et les piquants de ses sourcils jaunes. » (Au moment de la remise du diplôme, Renan avait probablement dû l'embrasser.) « Un porc monstrueux et triomphant, tout décoré de fleurs de papier et de jolis rubans roses. » (Les rubans roses désignent-ils ses décorations, sa rosette ?) Les années de lycée, pour lui obscures et contraignantes, se concentrent sur ce portrait abominable, symbole de son refus, de sa souffrance et de sa haine (à peine) rentrée.

« Trompé, asphyxié, empoisonné », tel qu'il se décrira lui-même en repensant à sa jeunesse contrariée, il ne respire qu'aux vacances, quand il retrouve son père et la campagne et parcourt à grandes foulées les territoires perdus de l'enfance, autour de Villeneuve, où ses rêves semblent s'être enlisés. Tandis que Camille piaffe, s'ennuie et ne pense qu'à revenir vers son atelier, ses musées, ses amies, il nourrit sa colère et son insatisfaction en se récitant tout haut, comme au théâtre, sur les routes de campagne, des pages entières de *Salammbô*.

Pour Claudel, Paris n'est qu'une Babylone. Il charge le mot d'ondes négatives, d'horreur et de méfiance.

Peut-être aussi de peur. Babylone est un lieu de perdition. Si talentueux, si exceptionnels soient-ils, ses amis de lycée n'y peuvent rien changer. Il croit qu'il va y laisser son âme.

« Quant à moi, Ville maudite, l'œil que j'ai fixé sur toi, de ce parapet du pont d'Austerlitz où le voisinage du Jardin des Plantes procure un peu de solitude et de silence, c'est un regard d'abomination et d'exécration. » Loin de se confondre avec le héros balzacien, il ne formule qu'un seul vœu : « partir ! » Quitter ce monde hideux. Fuir cette Babylone. Ce qu'il résume, dans son langage exalté et poétique, par :

« Déchirer autour de moi cette affreuse prison madréporique ! »

Pour se sauver, c'est chez lui déjà une habitude, il en appelle à ce qu'il n'a encore jamais vu, à ce qu'il ne connaît toujours pas : la mer. Elle seule a le pouvoir de le rendre à ses rêves. Elle seule peut le purifier en le tirant au moins métaphoriquement du cloaque.

« Ce désir de l'Océan ! Quelque chose de désespérément à la mesure de mes poumons[1] ! »

Sans ce recours aux vagues imaginaires, à l'immensité bleue de la surface et des profondeurs marines, il n'aurait de son propre aveu jamais pu supporter l'exil parisien.

Pour Camille au contraire, qui parle souvent à travers son frère, dans son Journal et dans ses souvenirs, cette Babylone qu'elle a aimée dès le premier jour exerce sur elle une puissante attraction. Paris la libère, Paris lui ouvre des portes.

---

1. *Paul Claudel interroge l'Apocalypse, op. cit.*

Ses amies d'atelier n'ont pas le talent, sans parler de
génie, des amis de Paul. Mais elle est heureuse en leur
compagnie. Elle n'a longtemps qu'un unique professeur – elle a confiance en son enseignement. Alfred
Boucher parti pour l'Italie, en 1882, elle en aura un
second, qui restera le dernier : Auguste Rodin. Il lui
ouvrira tout un monde de passions où se conjuguent
le bonheur et la souffrance. Comme son frère, pourtant, elle ne se reconnaît pas de maître. Même si elle
subit l'influence d'Alfred Boucher et restera marquée
par le « florentinisme » de son premier professeur,
dans les formes lisses et rondes et la lumière de ses
œuvres, même si plus tard la main de Rodin se fera
sentir dans le réalisme et la puissance adoptés de son
inspiration, son tempérament la rend rétive aux enseignements. Ce qu'elle cherche, comme Paul, c'est sa
vérité personnelle. Et non à gober tout crus les pré-
ceptes d'une école.

Un couple fusionnel

Avant que leurs destinées jusqu'ici soudées ne se séparent, le frère et la sœur forment un couple. A Paris, leurs liens se sont approfondis et resserrés. « Les Claudel » – ainsi apparaissent-ils à ceux qui les fréquentent – semblent ne plus pouvoir se passer l'un de l'autre. Même s'ils sont loin de s'accorder sur tout, ils entretiennent une relation d'amour. Ils se soutiennent, ils s'encouragent, en un mot ils s'aiment – complices et solidaires face au reste du monde et d'abord devant leurs parents.

Le père absent, qui ne les rejoint que les dimanches, la mère, sèche et tendue comme un ressort, la deuxième sœur falote, trop prompte à se conformer à ce que dit leur mère, Paul et Camille ont constitué chez eux au fil des années un noyau de résistance. Dans l'appartement familial où leurs chambres sont contiguës, où les repas se prennent traditionnellement à la même heure – à partir de l'automne 1885, au 31, boulevard du Port-Royal qui sera leur dernière adresse parisienne commune (sixième étage sans ascenseur) –, l'atmosphère est toujours aussi froide et belliqueuse. Peut-être même pire qu'à Villeneuve, car la mère déteste sa vie à Paris et rend ses deux enfants responsables de cet exil. C'est pour Camille et pour

Paul, et pour eux seulement, qu'elle est venue habiter ici, par esprit de sacrifice, sinon elle rejoindrait sa campagne, son cher village dont elle est privée par leur faute... Même silencieuse, la mère est le reproche incarné. Les deux jeunes gens affrontent quotidiennement le regard amer et dur qui a déjà tellement blessé leur enfance mais qui continue de creuser une plaie, impossible à cicatriser. A leur foyer parisien, l'amour, s'il n'était entre eux, manque cruellement. Il manque plus encore qu'à Villeneuve où les escapades dans les champs et dans les forêts rendaient la vie familiale moins oppressante. Aussi ont-ils construit cet îlot. Comme une compensation à la carence de tendresse maternelle, leurs relations fraternelles, des plus intenses, leur sont devenues essentielles.

Quand le monde extérieur leur paraît hostile, ils savent qu'ils peuvent s'accrocher, s'amarrer l'un à l'autre.

Leur union n'est pas parfaite, loin de là. Mais elle est fusionnelle. Ils n'en sont pas à la discuter, à la mettre en question. Au contraire : elle est indispensable à leur équilibre encore si fragile. Paul puise une part de sa force en Camille car, quoique ironique et moqueuse, elle est aussi et pour longtemps son seul amour. Les psychanalystes auront beau jeu d'analyser le transfert œdipien, de la mère distante et desséchée, revêche à tout élan, à la sœur, brûlante compagne de jeux et de galères. Avec cette sœur, n'était son fichu caractère, il partagerait tout. Camille, de son côté, sait que Paul est un allié – le plus sûr, peut-être le seul.

Les Claudel passent ensemble, comme leur père l'a souhaité, toutes leurs vacances, à Villeneuve, dans le paysage d'enfance où le frère et la sœur retrouvent les paysages qu'ils aiment et qu'ils aimeront toujours : des forêts avec de grands arbres sombres et des rochers. Paul en fera le décor de son théâtre. Ils éprouvent le même désir d'échapper au carcan familial, aux contraintes auxquelles on les assigne. Ils rêvent l'un et l'autre de fuir l'univers restreint des leurs. Et ils se montrent impatients de s'affranchir. Obligés d'obéir, ils règlent encore leurs vies en fonction des strictes habitudes de la famille mais nourrissent les mêmes espérances de s'épanouir, de donner libre cours à leurs vocations. Et d'être enfin eux-mêmes. Comme Claudel l'écrira bientôt dans *Tête d'or* (sa première pièce publiée) : « Que je grandisse dans mon unité ! »

Tout au long des années 1880-1890, dans leurs premiers pas d'adultes et jusqu'en 1895 ou 1896, ils sont encore deux. Leur couple paraît indissociable. Comme si de communier dans un désir fou de liberté les liait plus que tout.

En 1886, le frère (dix-huit ans) et la sœur (vingt-deux ans) voyagent en tête à tête. Délaissant leur campagne natale, ils partent en croisière pour quelques jours à l'île de Wight. Camille dessine et Paul écrit. Moments de bonheur. Paul voudrait publier ses impressions de touriste sous le pseudonyme de Paul Servan – le texte restera longtemps dans un tiroir.

Ils récidivent une autre année : cette fois, à Guernesey. Les îles séduisent le frère et la sœur – Camille y a des correspondants anglais ; quant à Paul, tous les prétextes sont bons pour voyager en mer. On sait peu de chose de cette double escapade, sinon qu'elle reste exceptionnelle dans leur histoire. Sans doute avaient-ils besoin d'être ensemble, loin de leur famille et de leurs milieux respectifs. Paul l'a souvent rappelé, les conversations ne leur ont jamais manqué.

Echanges. Inviolable intimité.

Aucun rival à l'horizon. Aucun ami ne peut mettre en péril l'unité du couple Claudel. Ni Marcel Schwob, distingué par Paul comme son « meilleur ami », auquel il confie ses premiers textes et son ambition d'écrire, ni Jessie Lipscomb, la « sœur » anglaise avec laquelle Camille partage la frénésie de sculpter, n'entrent en compétition avec cette relation privilégiée. Car le frère et la sœur se comprennent mutuellement, d'instinct. Artistes l'un et l'autre, inquiets et même tourmentés au moment d'exprimer leur vision personnelle, ils mesurent le fossé qui les sépare du commun des mortels – l'orgueil, ce signe distinctif des Claudel, ne leur fait défaut ni à l'un ni à l'autre. Unis par la même ambition qui leur dicte de suivre leur chemin et aucun autre, ils peuvent mesurer l'ampleur et la difficulté de ce qui les attend. Ils se savent pareillement passionnés, animés d'une égale et torturante énergie.

Paul : « Je suis comme ma sœur Camille, d'un caractère violent et orgueilleux et peu sociable. Sauvage, comme on dit [1]. »

Relation privilégiée ? Faite de heurts et de caresses, d'ironie et de mots doux, tumultueuse comme ils le sont eux-mêmes, elle est leur principale ressource. Privée de son frère – son dernier recours – Camille sombrera un jour. Quant à Paul, la figure de sa sœur hantera tout ce qu'il va écrire. Les héroïnes de ses drames et de ses poèmes n'auront pas seulement la couleur de ses yeux ou la force singulière de son caractère mais, de manière prophétique, elles préfigurent aussi, avec des années d'avance, la tragédie de sa destinée. Camille, dès les premiers textes qui vont jaillir de la plume de Paul, incarne la femme rebelle et damnée. Héroïne claudélienne avant même que son frère n'en invente le type à

---

1. Lettre de Paul Claudel à Henri Guillemin du 31 août 1954, dans *Le Converti Paul Claudel, op. cit.*

son image, il la sait malheureuse et démesurée, implorante et géniale. Il lui offrira la couronne de la Princesse dans *Tête d'or*.

Les liens sont profonds. De l'ordre de l'inconscient et de la poésie.

Deux asociaux
chez le poète des quintessences

A Paris, ils fréquentent les mêmes cercles, les mêmes salons. On les verra ensemble chez Mallarmé ou chez Edmond de Goncourt. Aussi peu mondains l'un que l'autre, bruts de décoffrage, ils se tiennent mutuellement compagnie dans ces aréopages où, nullement intimidés mais assurés de leur différence, ils ne passent pas inaperçus. Paul se fait remarquer par ses airs taciturnes et Camille par son franc-parler.

Camille devait être vraiment très belle car Paul Valéry est ébloui, chez Mallarmé, par ses « admirables bras nus ». Et Jules Renard, autre familier du salon du poète, ne voit que ses « yeux immenses » dans un « visage poudré ». Il note aussi « son air enfantin ».

Physiquement, par l'allure et par le caractère, par un air de famille qui leur donne le sceau Claudel, le frère et la sœur se ressemblent.

L'allure, d'abord. Elle ne laisse rien apparaître de leurs sensibilités exacerbées d'artistes. Il y a en eux, au premier regard, quelque chose d'épais, de rustre. La beauté de Camille n'y change rien. Jules Renard a beau se laisser captiver par sa beauté, il est frappé par « les lourdeurs paysannesques » de son langage : comme Paul, elle a l'accent de la campagne. Mais la lourdeur n'est pas seulement dans sa manière de parler : elle tient à sa présence et à son comportement. À toute sa façon d'être. Bien qu'elle aime les jolies toilettes, achète des magazines de mode et échange même à cette époque avec ses amies anglaises des échantillons de tissu ou des croquis pour des robes, Camille n'est ni coquette, ni vraiment raffinée. Chez elle, la nature est la plus forte.

« Lourdaud, pataud, rustaud » : voilà comment Paul se décrit lui-même. Son comportement gauche et paysan le gêne en société car il en a pleinement conscience, mais il ne fait rien pour en changer. Pas plus que son accent, il ne va parisianiser ses manières. Et il ne changera pas davantage en Amérique ou en Chine où vont bientôt le mener ses postes de consul de France. Comme sa sœur, tout d'une pièce, il est ce qu'il est et tient à le rester. Rugueux, épais, plus encore que Camille, il manque de charme et de souplesse : autant dire de dispositions pour être un futur diplomate.

Dans le monde parisien subtil et policé, leur différence éclate. Au moins le frère et la sœur s'y font-ils remarquer. Aucune fadeur ne les signale. Ni aucune patine. Ils se montrent à peine bien élevés. Le snobisme et le dandysme ne risquent pas de les affecter. Paris n'aura sur eux, du point de vue du polissage des mœurs, aucune influence : ils sortiront intacts de cette sphère sophistiquée.

Les voici donc ensemble chez Mallarmé, près de la gare Saint-Lazare, au 89, rue de Rome. Le poète reçoit tous les mardis chez lui, au quatrième étage, des poètes, des romanciers, des peintres, des musiciens, venus débattre avec lui d'art et de poésie, ou simplement l'écouter parler. Dans cet appartement modeste de style petit-bourgeois, qu'illumine le fameux tableau de Manet représentant leur hôte, règne une atmosphère d'extrême raffinement. Elle tient à la lumière, tamisée et douce. Aux nuages volatils de fumée des innombrables cigarettes qu'on roule avec le tabac du maître de maison. Elle tient aux paroles qui s'envolent vers les cimaises : étranges, musicales. Elle tient enfin à la personnalité de Mallarmé : cet homme mince et brun, sans signe physique particulier, frileux, qui couvre souvent ses épaules d'un plaid et aime se tenir près du poêle de faïence où chauffe un bon feu, possède des dons cachés. Son langage est sibyllin : incompréhensible au premier abord pour un néophyte, il s'apparente aux discours des oracles. Si obscur puisse-t-il paraître, il éclaire avec sûreté les aspects les plus mystérieux d'un monde ou d'une vie. Il projette invariablement sa lumière, souvent il irradie. Les poètes les plus doués parmi l'assistance – Henri de Régnier, Pierre Louÿs, Paul Valéry ou Marcel Schwob – ont trouvé en Mallarmé un guide à leur mesure. Un Maître, au sens vénérable que l'on donne à ce mot.

Piètre professeur d'anglais au lycée Fontanes (aujourd'hui Condorcet) puis à Janson-de-Sailly, chahuté par ses élèves – il n'a pas le charisme de Burdeau ! –, il exerce au contraire une immense aura sur les poètes. Il les stimule, il dégage des forces. Il les entraîne aussi à ne pas se satisfaire des simples apparences, de cette réalité dont on leur ressasse partout l'écrasante primauté – pour percevoir les faces cachées ou souterraines de l'existence, tout ce qui vibre ou bouillonne à l'intérieur de soi. Freud n'est pas encore connu. Bergson se prépare à étonner son auditoire. Proust travaille à sa *Recherche du temps perdu*. Mais Mallarmé, le premier, invite à voir « au-delà », toujours plus loin et plus profond dans le mystère.

Paul, sans doute introduit par Schwob, a envoyé des poèmes (qu'il reniera plus tard) à l'auteur de *Brise marine* et du *Tombeau d'Edgar Poe*.

Atmosphère recueillie, comme il convient chez un mage. Atmosphère quasi religieuse, quoiqu'on soit entre laïques. Atmosphère d'hyper-raffinement où retentissent des vers à la fois gracieux et torturés, tels le *sonnet du Cygne* :

> « *Tout son col secouera cette blanche agonie*
> *Par l'espace infligée à l'oiseau qui le nie,*
> *Mais non l'horreur du sol où le plumage est pris.* »

Chez Mallarmé, le frère et la sœur détonnent. Non qu'ils ne puissent capter le charme envoûtant de cette poésie ni les ondes sensibles d'une conversation où chacun apporte ses ombres et ses lumières. Camille ne se contente pas, comme l'épouse et la fille du poète, de distribuer des sourires ou de proposer de (maigres) petits fours. Sa présence se remarque. Elle est là pour ce qu'elle est : un créateur parmi d'autres. On ignore malheureusement, faute de témoignages, si elle a pris part aux débats, si elle s'est jetée à sa manière impromptue et souvent brutale dans la conversation, ou si elle s'est contentée d'écouter les hommes se donner la réplique, en restant en silence – prostrée comme elle sait si bien l'être, laissant son clair regard se poser de l'un à l'autre, admirateur peut-être, plus sûrement amusé ou narquois. En société, pas plus qu'en famille, son ironie ne lui fait défaut.

Paul, lui, a une attitude de repli. Il n'est pas du tout aguerri aux mœurs mallarméennes. La plupart du temps silencieux, il paraît bougon. Il reste sur le petit canapé, l'œil éteint, et ne répond que « par monosyllabes, à peine quelques mots [1] » quand le Maître l'interroge. On

---

1. Selon Albert Mockel, *Propos de littérature*, Mercure de France, 1894.

ne sait pas s'il écoute avec intensité ou s'il ressasse de mauvaises pensées. En tout cas, il est là. Fidèle au poste, pendant plusieurs années (de 1887 à 1895). Vis-à-vis de Mallarmé, il garde sa distance. « Vie gâchée à la recherche d'une chimère de beauté », écrira-t-il un jour. Gêné par la préciosité ? Ou par l'absence de Dieu – il l'écrira aussi. Ou par sa propre incapacité à exprimer à voix haute ce qui le hante et le tourmente – ses pulsions de poète, pris au piège d'un enseignement, fût-il le plus brillant, le plus subtil de tous ?

Mallarmé, à ses yeux « le résumé exquis d'une race urbaine et d'une société courtoise en qui ne passe que l'esprit », lui fait ressentir jusqu'à l'agacement sa vraie différence. « Le caractère parisien dont notre maître Mallarmé était un parfait représentant, cette douée ironie, cette fleur d'une civilisation usée, m'était étranger et vaguement irritant[1]. » Le poète symboliste, dont l'esprit est la quintessence du raffinement, paraît tout à l'opposé des Claudel frère et sœur – personnalités volcaniques et telluriques. Ils ne sont pas brossés à l'art de la conversation. Leurs créations ne font que souligner la différence de leurs natures artistiques : alors que Mallarmé, poète rare, est happé par le silence et semble se dissoudre dans la page blanche, alors que le silence est peut-être le sommet de son art, les Claudel œuvrent dans la générosité et l'abondance. La stérilité, ce démon de Mallarmé qui finira par l'emporter, ne menace en rien ces deux ogres, aussi physiques et sensuels que Mallarmé peut paraître éthéré.

Paul et Camille Claudel sont deux indépendants. Ils tiennent l'un et l'autre, plus que tout, à leur liberté

---

1. Lettre à Daniel Halévy de décembre 1932, citée par Gérald Antoine, *op. cit.*

d'être et d'exister. Et à leur liberté d'expression. Aussi se méfient-ils des « maîtres » : ils tiennent à garder leur personnalité dans l'apprentissage. La voir se dissoudre, même dans l'admiration, leur serait odieux. Ce sont deux rebelles, difficiles à apprivoiser.

Ils ont en commun le tempérament sombre et violent des Claudel, inscrit dans leurs gènes : Paul et Camille sont deux éruptifs. Leur expression fermée, plutôt maussade, ne s'éclaire que dans la colère ou les éclats de la passion.

Le frère parle peu, mais c'est un faux silencieux. Le plus souvent muet, à remâcher en famille et en société (pas seulement chez Mallarmé) on ne sait quelles idées, dès qu'il se met à parler, il devient torrentueux. Il déverse un flot de phrases bouillonnantes, qu'il ne parvient pas toujours à ordonner, sur un auditoire sidéré qui, lorsqu'il n'y est pas habitué, peut s'en irriter. Léon Daudet a retenu de ces heures plutôt rares où jaillit le Verbe claudélien le « regard de feu » et le « débit précipité » [1]. Romain Rolland, lui, note chez son camarade une certaine « incohérence ». Les propos de Claudel sont souvent décousus, ils manquent de liant. La plupart du temps exagérés, Rolland les dira « énormes ». Pas plus que Camille, Paul n'est un adepte de la nuance. C'est même étonnant de constater à quel point le frère et la sœur sont abrupts : jamais modérés, ils se montrent tantôt brûlants et tantôt éteints, aux extrêmes.

Romain Rolland parlant de Paul : « D'une personnalité violente et d'une susceptibilité passionnée jusqu'à la boursouflure, gonflée comme ses joues, lorsqu'il commet quelque énorme assertion : on dirait un jeune Triton qui souffle dans sa conque [2]. »

Il le voit tout d'une pièce, sensuel, brutal, impulsif :

---

1. *Fantômes et vivants, op. cit.*
2. *Le Cloître de la rue d'Ulm.*

« Il ne se donne pas la peine de raisonner, c'est absurde selon lui (…). Seuls existent à ses yeux la Nature, l'Instinct, la Sensation, l'Amour, le Désir, la Passion, la Flamme, la Vie, mais nettoyés de la pensée qui n'est qu'un champignon. »

Même impulsivité chez la sœur. Si Camille n'a pas le talent de son frère pour jouer avec les mots et les images, elle n'a comme lui aucune pudeur à affirmer tout haut ce qu'elle pense. Quitte à choquer ou à blesser son interlocuteur, elle pratique volontiers la provocation dans les rapports humains. Quand elle a quelque chose à dire, rien ne la retient. Son frère lui reconnaît « une ironie destructrice », bien différente de l'« ironie douée » de Mallarmé, et « un don féroce de raillerie ».

Paul peut s'en offenser, quand il n'est pas d'accord. La tolérance ne fait pas partie des qualités des Claudel. Jules Renard raconte un dîner dont il fut le témoin amusé. Il était à table, au milieu d'une nombreuse compagnie, dont le frère et la sœur Claudel. A brûle-pourpoint, Camille déclare qu'elle hait la musique !

« Elle le dit tout haut comme elle le pense et son frère rage, le nez dans son assiette, et on sent ses mains se contracter de colère et ses jambes trembler sous la table [1]. » Le frère et la sœur ne sont pas des exemples de sérénité. La violence est leur univers.

Elle doit être si forte chez Camille, que son frère peut la juger « effroyable ». « Elle avait une violence effroyable de caractère », pourra-t-il écrire, comme s'il en était lui-même dépourvu, ajoutant aussitôt – car il admire sa sœur – qu'elle était cependant « d'une beauté et d'une énergie extraordinaires ». Il la décrira « hargneuse et autoritaire comme nous tous » : il se reconnaît en elle dans les débordements et les exagérations, la bile et la mauvaise humeur, qui sont chez les Claudel des signes de reconnaissance.

---

1. *Journal* de Jules Renard, Bibliothèque de la Pléiade, 1986.

Paul a peur de sa sœur aînée. Il redoute les jugements, surtout les reparties de cette reine du sarcasme.
En comparaison, il paraît faible et doux. Il reste pour
elle le petit frère ; ses grandes études, son savoir, ses
diplômes ne l'intimident en rien.

Elle n'a peur de personne. C'est une force, Camille ;
une force en mouvement. Elle n'hésite pas une seconde
à la croisée des chemins. Tout comme son frère, elle
demande rarement un conseil et n'écoute que sa voix
intérieure. Il y a en elle, comme en lui, un noyau dur :
la conviction d'être ce que l'on est pour toujours.
Comme Paul, c'est l'instinct qui guide Camille. Elle ne
raisonne jamais. Sa volonté – une volonté de fer – est
au service de cet instinct tout-puissant.

Pareillement têtus, véritables monolithes, le frère et la
sœur déconcertent. Très peu de gens ont sur eux une
influence : Rodin, Dieu ou Rimbaud, il faut chercher
très haut, jusqu'au Ciel, leurs guides providentiels. Si on
s'en tient à l'apparence, aux impressions des uns et des
autres, on voit deux êtres farouches, attachés à leur
indépendance et à leur vérité profonde. Une vérité qu'ils
ne vont ni monnayer ni entreprendre de nuancer.

Lorsque Camille annonce qu'elle quitte l'atelier Colarossi pour travailler la sculpture sous sa propre houlette
avec trois amies anglaises, ses parents, dont elle a usé la
résistance, la laissent faire. Il en sera de même lorsqu'elle
leur annonce en 1885 qu'elle abandonne ce cocon de
jeunes filles pour le Dépôt des Marbres – rue de l'Université, l'atelier de Rodin ! Ni le père ni la mère ne sont
de taille à s'opposer à sa volonté.

Cette année-là est une épreuve pour les parents
Claudel : car lorsque Paul avertit son père, stupéfait et
déçu, qu'il ne préparera pas Normale Supérieure

malgré ses bonnes dispositions pour les lettres et ses excellents résultats en français, rien non plus ne pourra le faire changer d'avis. A l'automne, il s'inscrit à Sciences-Po.

Il explique à son père qu'il ne veut pas s'encaserner. La classe de khâgne au lycée le rebute ; l'école de la rue d'Ulm ne le fait pas rêver. Il laissera la place à d'autres... Surtout, il ne souhaite pas s'engager dans l'enseignement – il n'en a que trop souffert. Il souhaite trouver un métier honorable qui lui permette de gagner sa vie mais aussi de voyager : voir du pays et traverser les mers. C'est pourquoi il a décidé de devenir diplomate. La Carrière lui apparaît comme une garantie de grands départs. « Fuir ! Là-bas, fuir ! » Le poème de Mallarmé aurait pu alors lui servir de devise. Car il rêve de s'en aller, n'importe où, pourvu que ce soit ailleurs.

Trois ans rue Saint-Guillaume, des études moyennes, un mémoire de dernière année publié dans les annales de l'école (« L'impôt sur le thé en Angleterre ») et un concours d'entrée brillamment réussi aux Affaires étrangères : reçu premier en 1889, son vœu est sur le point d'être exaucé. La France en pleine expansion coloniale, à Madagascar, au Congo, au Tonkin, Paul saura profiter de cette occasion. C'est peut-être la seule qualité qu'il reconnaisse à la IIIᵉ République – cette politique expansionniste répond à son appétit de découvrir les contrées les plus lointaines et les plus exotiques. Tamatave, Diégo-Suarez, Brazzaville, Hanoï, la baie d'Halong... Sa curiosité n'a d'égale qu'un dévorant désir de partir.

L'univers l'attend : c'est tout ce qui l'intéresse.

Ces deux génies qu'anime une perpétuelle flamme sont aussi des forcenés au travail. Leur passion mobilise une énergie qui, sans elle, aurait pu tourner à vide. Rage de lire et d'écrire. Rage de sculpter. Paul et Camille sont deux bûcheurs. Ils peuvent consacrer des jours, des nuits, à leur création et ne se donnent pas à moitié. Etrangers à tout amateurisme, à tout dilettantisme, ils n'entendent le métier qu'en professionnels. Mais ils y mettent une inhabituelle ardeur. Il y a en eux quelque chose du paysan à sa charrue ou du bûcheron à son arbre. Ils vont souffrir et ahaner en cadence, chacun absorbé par sa tâche.

Travail forcené donc. De leur arrivée à Paris jusqu'à 1890, Camille produit une part importante de son œuvre. Une vingtaine de sculptures, une bonne dizaine de portraits – sans compter, bien sûr le travail qu'elle fournit pour Rodin, puisqu'elle devient un de ses principaux collaborateurs. Elle participe à l'élaboration des *Bourgeois de Calais* en réalisant des pieds, des mains, peut-être davantage, pour ce monument, l'un des chefs-d'œuvre de Rodin.

Du buste de son frère à treize ans à l'une de ses plus belles sculptures, *Sakountala* ou *L'Abandon*, elle a créé *La Vieille Hélène* (d'après le visage émacié de sa vieille servante, Victoire Brunet), une *Tête de Louise*, une tête de son amie Jessie (*Tête de Jessie Lipscomb*), le magnifique buste de Paul à seize ans, sans doute remanié à dix-huit ou vingt ans, mais aussi des têtes de femmes anonymes, comme celle « aux yeux clos » qui dégage tant de mystère, des têtes d'hommes, en particulier le puissant et poétique « Giganti » (du nom d'un modèle italien qui posait dans l'atelier de Rodin), enfin des bustes : des femmes tordues, penchées, pliées, à genoux, qui témoignent de sa force au moins autant que de sa sensualité.

Création intense et dynamique, placée sous le signe de la passion.

Création en pleine lumière car Camille expose très tôt, dès qu'elle a dix-neuf ans, en 1883, et ce sans répit pendant toutes ces années et au-delà. Présente au Salon des Artistes français en 1885, 1886, 1887, 1888 et 1889, elle optera ensuite pour le Salon de la Société nationale des Beaux-Arts (SNBA) où elle exposera avec la même assiduité. Cela suppose régularité et acharnement. De sa part un grand courage : elle ne compte pas les heures consacrées à la sculpture. Ce serait peine perdue, sa vie et son travail ne font qu'un.

Paul, pendant ce temps, explore les auteurs grecs et latins. Il traduit l'*Orestie* d'Eschyle (une traduction que Marcel Schwob l'encourage à publier), ce qui ne l'empêche pas de s'intéresser aussi au Moyen-Age et à la Renaissance, au classicisme, au romantisme et au post-romantisme, au Parnasse et au symbolisme... Shakespeare, Dante, Goethe, Baudelaire, Dostoïevski n'ont plus de secrets pour lui. Il lit Flaubert, Keats, Edgar Poe... On ne sait pas ce qu'il ne lit pas. Ces mêmes années où Camille entame son œuvre à corps perdu, il dévore la littérature universelle. Son appétit de lectures ne connaît pas de limites.

« Le seul moyen d'être une vraie source, c'est d'avaler et de digérer l'Océan. »

En 1890, paraît *Tête d'or*, à la Librairie de l'Art indépendant que dirige Edmond Bailly (ami de Mallarmé et principal éditeur des poètes symbolistes). Pudeur ? Crainte d'offenser les diplomates du Quai d'Orsay, pointilleux sur la vocation de leurs futurs ambassadeurs ? Il ne l'a pas signé.

La critique passe à côté de ce drame (est-ce parce

qu'il est anonyme ?) et l'ignore superbement – aucun article ne vient en commenter le lyrisme échevelé. Mais Maeterlinck, auquel Claudel l'a envoyé, lui écrit : « Vous êtes entré dans ma maison comme une horrible tempête ! J'ai parcouru bien des littératures, mais je ne me souviens pas d'avoir lu livre plus extraordinaire et plus déroutant que le vôtre. Je crois Léviathan dans ma chambre ! » Le même jour, le vénéré poète (symbo-liste) de *La Princesse Maleine*, bientôt de *Pelléas et Mélisande*, écrit à son ami et compatriote belge Albert Mockel, fondateur de la revue *La Wallonie* et mallar-méen convaincu : « C'est l'œuvre d'un fou furieux ou du plus prodigieux génie qui ait jamais existé[1]. »

Simon Agnel, dit Tête d'or à cause de sa chevelure éclatante, est un grand chef barbare. Passion, folie, déchaînement : le personnage doit bien des traits à son auteur. Nourri à un feu poétique, dont les excès peuvent surprendre sinon dérouter, le drame met en scène des sentiments et des tensions extrêmes, dans un jet verbal incandescent. Style flamboyant, délirant, incantatoire. On le dira barbare. L'art claudélien ne sera jamais mallarméen. Pas de demi-mesure ni de demi-teinte.

> « *Au nom de la mer !*
> *Par la tragique naissance de cette journée,*
> *Par l'orage, (...)*
> *Par le ressentiment du tonnerre et le poumon sulfu-reux de la foudre rose !*
> *Par l'attelage des vents qui traînent leur roule sur la masse bondissante des mugissantes forêts !*
> *Par l'hiver,*
> *Du vent qui courbe les arbres, chasse les mondes de nuages, crible de sable les fanes brûlées des pommes de terre, et de la neige aveuglante (...)*

---

1. *Cahiers Paul Claudel* I, Gallimard, 1959.

Par la violence de l'incendie et de l'inondation irrésis-
tible !
Par le tourbillon ! par le silence !
Et par toutes les choses terribles !
A la fin, vous qui êtes là, ne reconnaîtrez-vous pas
qui je suis ? »

La grande prose lyrique, la prose claudélienne est à
l'œuvre dans ces stances de *Tête d'or.*

Paul, à ses débuts de créateur, est plus bouillonnant
que Camille.

La folie est dans son camp. Elle sous-tend le sujet de
la pièce, en venant hanter et torturer le prince barbare
qui lui donne son nom. Mais elle est plus encore : le
tissu même de l'œuvre, dans le désordre et l'enflure,
comme dans les images qu'on imagine sorties de la cer-
velle d'un fou furieux (selon Maeterlinck), illogiques
et bien dignes en tout cas de dérouter des esprits
concrets ou positifs comme Renan.

Au point que Marcel Schwob, un peu effrayé quand
même (« saisi tout à fait » selon ses propres mots), se met
à reconsidérer la personnalité de son ancien camarade de
classe. Schwob possède le plâtre du *Paul Claudel à seize*
ans. L'a-t-il acheté ? Ou Camille le lui a-t-elle donné ? A
moins qu'il ne le tienne de Paul directement, auquel l'aurait offert sa sœur ? Un beau matin, sans doute après avoir
beaucoup réfléchi sur les vers de *Tête d'or,* il le repeint
entièrement à l'or fin ! Posé sur le marbre de sa cheminée,
le buste brille comme un lingot. C'est que son ami Claudel
se confond désormais pour lui avec ce prince, mort en
adorant le soleil :

« O Soleil ! Toi, mon
Seul amour ! ô gouffre et feu ! ô abîme ! ô sang, sang !
O
Porte ! Or ! Or ! Absorbe-moi, Colère ! »

A la fois romain et barbare, volontaire et dément, tenace et poétique, tel son héros il cumule des inspirations contraires et, pour le caractère, en dehors de Camille, cet ami aussi original qu'exaspérant ne craint pas les comparaisons.

Être poète pour échapper à l'ordre

Etre poète, c'est ne ressembler à personne... En laissant parler la voix de l'ombre, qu'il ne contrôle pas d'abord, cet élan furieux, torrentueux, où se révèle l'âme, quel dieu, quel démon le commande ?

En quête d'un monde qui effacerait l'autre, plus pur, plus beau, surtout plus vrai, il y a chez Paul Claudel ce don étrange pour échapper à l'ordre contraignant des choses, à l'écran plat et gris de la réalité.

La poésie, en vers ou en prose, est pour lui un état de nature, constitutif de la personne. Liée à la magie de l'enfance (Baudelaire la définit déjà comme « l'enfance retrouvée à volonté »), elle récuse la logique cartésienne pour établir la sienne, logique musicale ou intérieure qui tient au rythme et à la phrase, à la puissance harmonieuse ou entrechoquée des mots. En somme, elle abolit un ordre pour en créer un nouveau, que règle une autre horloge ou un autre horloger. Tout élan ou spiritualité, elle répond selon Claudel à une nécessité d'inventer, d'imaginer, de transfigurer.

« Le poète est l'homme qui parle à la place de tout de qui se tait autour de lui », écrira-t-il plus tard à propos de Verlaine.

« Dès le début, le poète a le sentiment de sa vocation, il est conscient de ce qu'il a à dire et de tout ce que la vie, pour alimenter ce cri obscur qui s'éveille en lui, va lui fournir de matière et d'occasion[1]. »

Contrairement à Valéry qui ne veut pas croire à l'« inspiration », ce don du Ciel ou de l'Enfer, Claudel qui s'est pris lui-même comme champ d'investigation est persuadé que la main du poète traduit non seulement le monde qu'il porte en lui mais le souffle qui le taraude, mélange indissociable (en termes valéryens) d'*animus* et d'*anima*. L'esprit (*animus*) n'est rien sans le corps ni ces deux-là sans l'âme (*anima*) qui commande tout. « En effet, c'est comme si du dehors tout à coup une haleine soufflait sur les dons latents pour en tirer lumière et efficacité, amorçait en quelque sorte notre capacité verbale[2]. » Il parlera dans ce même texte, écrit à sa maturité, de « poussée de l'âme » et d'« impulsion du désir », l'œuvre d'art – peinture, sculpture, musique ou littérature – étant pour lui « le résultat de la collaboration de l'imagination avec le désir ».

Définition fiévreuse et sensuelle qui permet de mieux comprendre, à l'aube de sa création, un poète qui n'est déjà plus en herbe puisqu'il vient de produire, sinon de signer, sa première pièce. Coup de génie selon les uns, de folie selon d'autres, elle témoigne en tout cas d'un style. Inspiré, rythmé, à la fois « concupiscible » et « irascible »[3], selon ses propres mots, il inquiète beaucoup ses amis. Mais une main de poète orchestre ce tumulte avec la plus grande lucidité selon cette logique connue de lui seul : il voit dans la nuit et entend dans le silence ce que nous ne voyons ni n'entendons.

Que serait cette main de poète sans la vision qui

---

1. *Paul Verlaine, poète de la nature et poète chrétien*, conférence de 1935, reprise dans les *Œuvres en prose, op. cit.*
2. *Lettre à l'abbé Bremond sur l'inspiration poétique*, 1927, reprise dans le même volume.
3. *Ibid.*

l'habite ? Que serait-elle surtout sans la sensibilité qui lui donne sa couleur et son relief ? Quant au travail des mots qui permet de mettre au jour cette réalité venue de l'obscur, c'est tout l'art qu'il a choisi. Modeler, pétrir, lisser, polir les mots, les extraire du langage brut comme d'une motte de glaise pour leur donner un sens, une lumière, comment ne pas le comparer, cet art, à celui du sculpteur qui lutte lui aussi avec l'informe ? Ainsi qu'il l'écrira au sujet de Rimbaud, Claudel, le silencieux quasi autiste des mardis de Mallarmé, croit que « le poète trouve expression non plus en cherchant les mots mais au contraire en se mettant dans un état de silence et en faisant passer sur lui la nature, les espèces sensibles qui accrochent et qui tirent[1] ».

Dans leur effort surhumain pour donner un visage à ce qui n'en a pas, une voix au silence et un corps à la nuit, le frère et la sœur se ressemblent. Ils suivent un chemin parallèle, également marginal. Ils vont y mener un même combat contre la matière, toujours trop molle et trop réelle, qui oppose à ces deux fougueux une résistance obstinée mais ne leur fait pas peur. Au nom de quoi se battraient-ils l'un et l'autre sinon pour « cette idée vive et forte, quoique d'abord et forcément imparfaite et confuse[2] » qui donne un sens à leurs vies : l'appel de la poésie. La vocation première de l'art.

« Ce n'est pas de fuir qu'il s'agit, mais de trouver[3]. »

---

1. *Arthur Rimbaud*, préface aux *Œuvres complètes*, Mercure de France, 1912.
2. *Lettre à l'abbé Bremond*, op. cit.
3. *Arthur Rimbaud*, préface aux *Œuvres complètes*.

Quand le diable veille
à la porte de l'enfer

Etre sculpteur, est-ce que ce n'est pas au fond le même idéal d'échapper à la norme pour exprimer la vérité qu'on porte en soi à l'état inconscient, vérité contenue jusqu'à l'exaspération ?

Parlons d'abord des mains.

Comme l'écrira Paul, la sculpture naît du « besoin de toucher » : « avant même qu'il sache voir, l'enfant brandit ses petites mains grouillantes[1] ». Pétrir, masser, malaxer la terre est le premier élan. C'est aussi le travail créateur. Le dessin, chez Camille, ne précède pas l'acte du modelage, par lequel elle traduit aussitôt ce qu'elle veut représenter. Le dessin est, littéralement, dans la terre avec laquelle ses mains sont sans cesse en contact. Terre que Paul appelle « maternelle » parce qu'elle est souple et douce comme un sein et se réchauffe sous les doigts qui s'enfoncent voluptueusement, parfois rageusement dans sa chair molle. Ils laissent leurs traces non seulement dans les esquisses ou lors du travail en cours mais dans les œuvres les plus achevées. Il suffit de regarder de près n'importe

---

1. *Camille Claudel statuaire*, texte de 1905, repris dans les *Œuvres en prose*, *op. cit.*

quelle sculpture de Camille : l'empreinte des doigts y
est toujours visible. Avant même la signature, avant
toute impression d'ensemble, et bien qu'elle aime polir
et lisser ses terres, ce sont eux que l'on voit d'abord,
ces doigts agiles et sensuels, ces doigts puissants de
Camille.

Pour modeler la terre, tous les doigts sont requis,
surtout le pouce droit, mais le reste de la main travaille
aussi. La paume lisse ou aplatit ; quant au coussinet, à
la naissance du poignet, il permet de tasser, de
compacter. Et puis, les ongles que les sculpteurs gardent aussi effilés que ceux des guitaristes ; ils tracent
le sillon à la commissure des lèvres ou la ride au coin
des paupières. Il y a, bien sûr, d'autres outils : l'ébau-
choir, principalement, mais aussi les mirettes, le fil
d'acier, les râpes et l'os de mouton... Camille y aura
recours pour compléter le travail des mains, qui restent
l'outil premier, l'outil essentiel.

Après les mains de l'artiste, le corps.

Sculpter suppose de la force et une bonne santé.
Les muscles des bras, dont Valéry admirait la beauté
chez Camille, sont révélateurs. Pas de bras mous chez
les sculpteurs. Mais ceux du corps entier sont également sollicités car, loin de se tenir assis immobile à
son écritoire ou à son chevalet comme l'écrivain ou le
peintre, le sculpteur est sans cesse en mouvement. Il
avance, il recule, pour juger des effets, mais surtout
il tourne comme un derviche autour de son bloc de
terre. Posé sur la selle, celui-ci prend forme peu à peu
au cours d'une espèce de ballet. L'artiste, debout
devant sa sculpture, passe d'un profil à l'autre, de la
face au dos, bouge sans relâche, sans s'accorder de
repos, pour tirer un sens de cette matière brunâtre, qui
ressemble au début à un empilement de galettes et
sèche si vite qu'on doit la tenir humide au repos, sous
des linges mouillés.

Paul Valéry, qui se prêtera au jeu de poser pour le

sculpteur Renée Vautier, note que son travail « l'engage dans une sorte d'enveloppement de son œuvre, comparable à une modulation incessante... La séance tient du mouvement des planètes et de la danse... Danse : mais danse, qui, différant de la danse ordinaire, eût un but – un ouvrage achevé qu'elle laisserait après soi[1] ».

La sculpture est un art qui requiert du tonus, qualité que Camille possède à revendre. Chacun dans sa famille, et Paul en particulier, connaissait son « énergie extraordinaire ». Elle avait une force peu répandue chez les femmes. Une force physique qui lui a permis d'aller au bout de ses projets dans la voie difficile qu'elle a choisie, mais que complétait – est-ce utile de le préciser ? – une volonté tout aussi extraordinaire, capable de vaincre ses propres limites. Sans cette force, elle n'aurait jamais pu tailler le marbre – un exercice où elle va exceller, jouant du marteau et du ciseau avec la même dextérité que des doigts –, ni s'attaquer à des sujets de hautes dimensions, parfois plus grands que nature.

Les muscles mais aussi les nerfs, la volonté et la puissance définissent Camille artiste. Dans le monde viril de la sculpture où peu de femmes s'imposent, elle lutte d'égal à égal.

Reste à parler du souffle, ce don mystérieux sans lequel aucun artiste n'existe et qu'elle possède aussi : l'*anima* du créateur, pour reprendre le mot latin cher à son frère, l'habite tout entière. Quelque chose en elle, jailli d'on ne sait quelles profondeurs, d'infinies latences, guide ses mains et anime ses sculptures.

Manuel et physique au départ, l'art de sculpter dévoile le monde imaginaire et secret de l'artiste, ce que Paul Claudel appelle « cette chambre intérieure où

---

1. *Mon buste* de Paul Valéry, dans *Pièces sur l'art*, Gallimard, 1934.

le poète abrite ses rêves interdits ». Du bloc d'argile naissent un visage, un corps, qui chez sa sœur gardent un indéniable mystère.

Paul : « Camille Claudel est le premier ouvrier de cette sculpture intérieure [1]. »

Les yeux creusés, absents ou clos, frappent le spectateur étonné de ressentir ce contraste entre la puissance évidente de l'exécution où restent les empreintes violentes des doigts ou du ciseau et la douceur d'un modelage qui a lissé amoureusement des parties du buste ou du corps – une nuque, un sein, une épaule – et laissé dans la motte, encore présente jusque dans les bronzes successifs, d'autres éléments – ventre, jambe... –, pour mieux graver le souvenir du jaillissement, qui est la naissance de l'art.

Définissant l'œuvre de sa sœur comme « l'art du monde le plus animé et le plus spirituel », Paul remarque qu'« un groupe de Camille Claudel est toujours creux et rempli du souffle qui l'a inspiré [2] ». L'énergie physique, l'énergie spirituelle ainsi unifiées, surgit cette empreinte que son frère appelle « un art d'allégresse ingénue ».

En août 1905, dans la revue d'art *L'Occident*, Paul écrit un article de plusieurs pages intitulé « Camille Claudel statuaire ». C'est un hommage sincère et passionné, à la mesure du sentiment qu'il éprouve. « Une œuvre de Camille Claudel dans le milieu de l'appartement est, par sa seule forme, de même que ces roches curieuses que collectionnent les Chinois, une espèce de monument de la pensée intérieure, la touffe d'un thème proposé à tous les rêves. » Il dira même, haussant le ton, que « la demeure est pénétrée de son incantation ».

Parlant d'elle qui n'est pas seulement sa sœur mais un sculpteur – une artiste indépendante et farouche –, quel frère aura fait preuve de plus d'admiration ?

---

1. *Camille Claudel statuaire, op. cit.*
2. *Ibid.*

Camille : la rencontre avec Vulcain

Soudain, un dieu Vulcain qu'elle n'attendait pas entre dans la vie de Camille.

Cheveux drus, blonds (très Tête d'or), avec la barbe assortie et tirant sur le roux, des yeux bleu vif injectés de sang, un nez énorme – Paul, peu indulgent envers le personnage, verra dans ce nez « une trompe de sanglier » –, Auguste Rodin n'est pas un Adonis. Tout le contraire même. Trapu, massif, avec « une démarche roulante sur les hanches » d'après son ami l'écrivain Camille Mauclair, il évoque plutôt le dieu forgeron, laid et boiteux, dont il possède la force physique et les pouvoirs démiurgiques – les liens avec la terre et le feu. Tous ceux qui l'ont connu en témoignent : cet homme timide en société, « d'une anxiété maladive » selon Mauclair, économe de ses gestes et de ses paroles, portant lorgnon, car il est myope, et doté d'une voix très douce, quasi féminine, qui contraste avec sa carrure athlétique, a un charisme hors du commun. Sa seule présence captive.

Camille Mauclair : « Peu à peu sa timidité fait place à une autorité tranquille et singulière. Une immense énergie émane de ses gestes sobres et mesurés[1]. »

---

1. *Auguste Rodin*, La Renaissance du Livre, 1918.

Léon Daudet, qui l'a également fréquenté : « Quand il plaçait son mot, c'était à voix basse, comme une confidence ; mais un grand et fort tourbillon flottait autour de lui[1]. »

En 1882, date de leur probable première rencontre, Rodin a quarante-deux ans. Camille en aura dix-huit en décembre.

Vingt-quatre ans les séparent – Rodin est né la même année que Madame Claudel, en 1840.

Camille est une belle jeune fille et, au travail de ses mains, Rodin a vite décelé des dons exceptionnels. Elle n'a encore rien exposé sinon dans l'atelier qu'elle partage avec d'autres jeunes filles.

Lui est un sculpteur renommé ; leur rencontre coïncide avec une flambée de sa notoriété. Ses débuts ont été longs et difficiles. Il a connu jusque-là – c'est lui qui l'avoue – « tous les ennuis de la pauvreté ». Il lui arrive encore de sortir dans le monde avec un col et des poignets en papier.

Ce qui rapproche ces deux êtres, en apparence si différents, c'est évidemment, d'abord, une passion commune : leur art qui prime tout ce qu'ils peuvent vivre. Ils vont très vite comprendre qu'ils abordent la sculpture de la même manière, intuitive et instinctive : ils sont venus à elle par un amour physique, éperdu, de la terre.

Ce sont deux êtres d'une immense sensibilité et d'une égale sensualité. Leurs origines sociales peuvent contribuer aussi à les rapprocher : Camille reste une paysanne, attachée à son milieu campagnard. Si Rodin est un pur citadin, né et formé à Paris, il n'a jamais

---

1. *Fantômes et vivants*, op. cit.

renié ses origines modestes. « C'est un homme aux traits de peuple », écrit Edmond de Goncourt. Son père, garçon de bureau à la Préfecture de la Seine, a fini sa carrière comme inspecteur de police municipale. Seule différence avec Camille, le foyer où Rodin a grandi respirait l'entente et la paix. Son père, quoique diminué mentalement, a longtemps vécu avec lui.

Conséquence de leur enfance, leur allure à tous deux est simple, directe, sans presque aucun vernis social. Mais ce qui les unit profondément, c'est un lien plus secret, plus intime : le couple qu'ils forment ou ont formé l'un et l'autre avec leur âme sœur. Pour Camille, on le sait, c'est Paul, toujours présent et toujours très proche, qui remplit ce rôle qu'elle pense irremplaçable. Rodin, lui, a aimé passionnément sa sœur Maria, de deux ans son aînée, et il continue de ressentir le chagrin de sa disparition. Maria, qui a été la première à l'encourager sur la voie de l'art, à croire avec une étonnante conviction à son avenir d'artiste, est morte à vingt-quatre ans (en 1862) d'un chagrin d'amour. Novice au couvent du Saint-Enfant-Jésus, elle n'a pas eu le temps de prononcer ses vœux, laissant le souvenir d'une jeune fille modeste et douce, pieuse et sans péché – une jeune fille Violaine, avant la lettre. Pour Rodin, l'âme sœur est désormais au Ciel et l'y attend. A moins que ce catholique, qui a failli lui aussi entrer au couvent avant de s'éloigner de Dieu et de ne plus croire qu'en l'amour humain et en la sculpture, n'envisage une réincarnation possible. L'âme sœur pourrait-elle prendre un autre visage de femme ? Un visage également jeune, ardent et confiant.

Quant à ce qui sépare ces deux êtres qui s'avancent l'un vers l'autre, c'est peut-être moins évident. L'âge ? La maturité de Camille étonne ses proches, de même que le cœur d'enfant de Rodin. La sensibilité ? Sûrement pas. Elle les rapprocherait plutôt. Camille peut se montrer « virile » dans le travail (les mots force ou puissance valent aussi pour elle) de même que Rodin peut déployer des trésors de tendresse ou de délicatesse. Leur statut, en revanche, marque un fossé entre eux. Rodin, dès qu'il frappe à la porte de Camille, est le professeur. Il restera le Maître. Elle l'appelle « Monsieur Rodin ».

« Mademoiselle Camille » est d'abord une élève – aux yeux de Rodin, elle le restera, même s'il lui reconnaît le plus grand talent, allant un jour jusqu'à dire : « je lui ai montré où trouver de l'or, mais l'or qu'elle trouve est bien à elle. »

Ce statut initial, qui a prévalu à leur première rencontre, s'est comme gravé dans la pierre. Il n'évoluera pas. Monsieur Rodin et Mademoiselle Camille, malgré leurs liens et malgré l'évolution de leur histoire, s'en tiendront à ce premier rapport de forces où Rodin trouve à l'évidence de quoi se rassurer, tandis que Camille, incapable de distinguer le professeur de l'homme, s'en désespérera au point de rejeter un jour le Maître – à la fois l'ami, le protecteur, l'amant et peut-être même le frère. Ce qui ne pouvait échapper à Paul.

La rencontre a lieu à l'atelier de Camille, rue Notre-Dame-des-Champs. Alfred Boucher, médaillé au Salon de 1881, a reçu une bourse pour aller travailler pendant un an en Italie. Il a donc demandé à Rodin de le remplacer auprès de ses élèves – ce que le sculpteur accepte aussitôt. D'une part, parce qu'il n'en est pas encore à négliger le modeste salaire qu'il va recevoir. Mais aussi parce qu'il a une dette envers Boucher.

Le premier professeur de Camille a en effet sauvé Rodin d'un scandale qui a gravement compromis sa carrière et aurait pu y mettre un terme définitif. En

1877, tout heureux d'être enfin distingué par le jury d'un Salon, Rodin expose à Bruxelles une magnifique sculpture d'homme nu, en plâtre. Elle ne porte pas de titre, ce qui agace les critiques et les organisateurs, sûrs de voir là une provocation. Ils voudraient un commentaire ou au moins une explication à ce personnage sans vêtement et sans symbole, dont les seuls attributs sont ceux que lui a donnés la nature. Ni dieu, ni personnage historique, cet homme « aussi nu que la vie » (selon Rainer Maria Rilke) dérange les usages. Ses muscles vibrent comme s'il était vivant, irrigué de sang. Il choque. Faute de reconnaître une technique, une virtuosité, sans même évoquer le génie, on accuse aussitôt Rodin d'être un tricheur, un falsificateur ! Personne ne pouvant croire que l'artiste a réussi à modeler avec une pareille exactitude l'anatomie de son modèle – Auguste Neyt, un soldat de vingt-deux ans –, le bruit court au Salon que Rodin a « surmoulé » son modèle – c'est-à-dire qu'il l'aurait moulé sur nature. Comme un peintre maladroit s'acquitterait de son portrait par le décalque d'une photographie ! La sculpture, exposée l'année suivante à Paris – cette fois, Rodin lui a trouvé un titre, *L'Age d'airain* –, précédée par les persiflages de Bruxelles, déclenche un scandale inouï. L'Ecole des Beaux-Arts, craignant de distinguer un escroc, annule la commande qu'elle avait pourtant passée et Rodin, à plus de trente-cinq ans, bafoué, sali, doit retourner à la Manufacture de Sèvres pour échapper à la misère qui menace sa vie.

C'est alors que le destin intervient. Un destin où Camille, sans le savoir, a déjà sa part.

Etabli à Nogent-sur-Seine où il est devenu le professeur de Camille, Alfred Boucher vient souvent à Paris. Il y fréquente de nombreux artistes et de nombreux ateliers. Chez André Laoust, sculpteur originaire de Douai, il voit un jour travailler un homme à la barbe rousse – un homme qu'il ne connaît pas. Impressionné

par « la sûreté et la rapidité étourdissantes » avec lesquelles cet artiste modèle la glaise pour lui donner « la
forme de têtes, de membres potelés d'enfants » [1], il l'interroge, lui demande son nom et découvre qu'il s'agit
du scandaleux auteur de *L'Age d'airain*. Pour Boucher,
il ne peut plus y avoir de doute : le talent de Rodin
vient d'éclater à ses yeux. Indigné qu'on puisse accuser
un tel artiste d'imposture, il décide de lancer une campagne pour rétablir la justice et la vérité.

Il entreprend d'abord Paul Dubois, son compatriote
nogentais qui fut son professeur aux Beaux-Arts et
s'est illustré par de nombreuses sculptures que lui
commandent l'Etat ou les municipalités, comme la
Jeanne d'Arc de Reims, le groupe de *La Charité* de
Châlons-sur-Marne ou le *Connétable Anne de Mont-
morency* de Chantilly. Une des sommités de l'époque
dans le monde des arts, membre de l'Institut depuis
1876, cet ancien directeur de l'Ecole nationale des
Beaux-Arts a beaucoup d'influence. Dès que Boucher
parvient à le persuader du bien-fondé de sa démarche,
Dubois rallie à la cause de Rodin d'autres artistes
importants et influents de l'époque que la postérité a
balayés de sa mémoire : Henri Chapu (auteur fameux
de la *Jeanne d'Arc* de Melun ou de *L'Art mécanique*
du tribunal de commerce de la Seine), Eugène Dela-
planche (spécialiste de sujets religieux) ou Antonin
Mercié (dont le *Gloria Victis* de la cour de l'Hôtel de
Ville ou le *Napoléon* de la colonne Vendôme), sculpteurs plusieurs fois médaillés du Salon, prix de Rome
ou membres de l'Institut, et à la fin, Edmond Turquet,
le directeur des Beaux-Arts en personne. Echanges de
lettres, articles dans la presse. Finalement, Rodin est
lavé des soupçons qui pesaient sur lui et Turquet, en

---

1. Judith Cladel, *Rodin : sa vie glorieuse, sa vie inconnue*, Grasset,
1936.

1880, achète le plâtre de *L'Age d'airain* et en commande le bronze.

De ces luttes, dont Boucher a pris la tête, de ces querelles âpres et de cette victoire arrachée à la force du poignet, il est impossible que Camille Claudel n'ait rien su. D'autant que Boucher admire Rodin et, quoique son talent paraisse timide et sage en comparaison de la force et de l'expressivité de l'artiste au secours duquel il est accouru, il travaille sur cette même voie de l'observation, de la vérité, de la vie. Rodin n'a pas d'autre credo.

Lorsque la jeune fille, encore sous la tutelle de Boucher, vient à Paris, son professeur lui présente aussitôt l'homme en lequel il a le plus confiance : Paul Dubois. Il attend beaucoup de son jugement, dont il espère qu'il corroborera le sien. Or, lorsque Dubois passe en revue les sculptures en terre de Camille, stupéfait, il ne prononce qu'une seule phrase : « Mais vous avez pris des leçons avec Rodin ! »

La ressemblance est-elle déjà si criante, révélant un lien obscur et souterrain qui fait soudain surface, avant toute rencontre préalable, avant tout contact, tout échange ?

Ou bien le nom même devait-il être prononcé, comme dans les légendes anciennes où il déclenche à lui seul, car il est tabou, un destin, un drame, en tout cas une histoire ?

Véridique ou imaginée ensuite par des exégètes convaincus de l'étroitesse et de la profondeur des liens des deux protagonistes, la phrase de Dubois, ou imputée à Dubois, prend tout son sens à la veille de la rencontre de Rodin et de Camille. Comme si, passant par Boucher, par Dubois, un mystérieux apparentement de leur art avait noué leurs destins, avant même qu'ils en fussent conscients.

Drôle de professeur... Celui qu'a choisi Alfred Boucher pour le remplacer au pied levé auprès de ses élèves n'a jamais eu la vocation d'enseigner et ne possède pas le moindre diplôme pour faire valoir ce titre. La bohème a eu jusque-là, pour lui, plus de poids que l'Académie. Refusé trois fois à l'Ecole nationale des Beaux-Arts qui lui a fermé la porte, il n'a jamais décroché la moindre médaille au Salon, où il a toujours eu beaucoup de mal à faire accepter ses sculptures, la première d'entre elles étant son *Homme au nez cassé*, au Salon de 1875. Rodin n'est pas un autodidacte – il a étudié à la Petite Ecole, nom qu'on donne alors aux Arts décoratifs, située rue de l'Ecole-de-Médecine. Au lieu de la prestigieuse voie académique qui semble si bien réussir à Boucher, il a suivi l'humble filière des artisans d'art. Il a fabriqué des objets pour la Manufacture de Sèvres et travaillé pour des entrepreneurs de sculpture décorative comme Legrain ou Cruchet, réalisant par exemple les masques du décor de l'Exposition universelle en 1878 – ce qui ne rend évidemment pas justice à sa puissance de création. Il a aussi prêté son talent à des artistes célèbres, comme Albert Carrier-Belleuse qui, s'étant aperçu de son exceptionnel savoir-faire, l'a longtemps employé comme « assistant » et, dans la tradition des grands ateliers de sculpture depuis Michel-Ange, signait sans scrupule son travail à sa place.

Rodin a retenu la leçon. Il est persuadé que rien ne vaut l'apprentissage, bien supérieur selon lui aux vastes et fumeuses théories d'écoles ou à l'enseignement sclérosé des Beaux-Arts. A un critique qui lui reproche un jour son anticonformisme, il répond qu'il est « justement le contraire de l'Ecole et de l'Académie ».

Rodin est un homme simple et dru, qui ne s'encombre pas de littérature. Il aime beaucoup les poètes, surtout Musset et Baudelaire, se déplace partout avec des recueils de poèmes dans les poches mais pour lui aucune lecture ne vaudra jamais le grand livre de la Nature. S'il lit Dante, au moment même où il s'apprête à découvrir Camille, c'est afin de trouver des idées pour la *Porte de l'Enfer* – l'Etat lui en a passé la commande en 1880. Dante va lui inspirer toutes les figures de ce futur et imposant chef-d'œuvre, qui restera en chantier jusqu'à sa mort.

Chez ce Scorpion, la sensualité prime tout. Il ne pense que glaise en main ou devant un bloc de pierre ou de marbre. Le moins intellectuel, le moins cérébral des artistes, ce qu'il enseigne avant tout par sa seule présence, cette présence qui fait naître autour de lui « un grand et fort tourbillon », c'est son prodigieux amour de la vie. De même qu'une énergie sans commune mesure. L'un de ses amis, Gustave Coquiot, le décrit comme « un fou furieux de travail[1] ».

Son savoir-faire étant par ailleurs incomparable – il suffit de l'observer –, il n'a pas grand-chose à expliquer : il y perdrait son temps, ce temps si précieux à son œuvre et qui lui paraît toujours manquer. Aussi Rodin est-il un homme pressé. A ses jeunes élèves, il se contente de répéter comme une litanie ce qu'il appelle la méthode des profils, c'est-à-dire comment travailler les quatre profils à la fois en tournant en permanence autour de la statue sans en négliger aucun, de manière à en assurer l'unité. Pour le reste, il ne croit qu'au métier, autrement dit au travail inlassable, avec sa part de doutes, de tâtonnements et ses indispensables échecs.

Ce pragmatique absorbé par ses tâches de titan n'impose rien. En observateur du réel, acharné à rendre les détails vrais des êtres et des choses nues, il ne donne presque aucun conseil, laissant ses élèves se débrouiller comme ils peuvent. Le tri se fait tout seul,

1. Gustave Coquiot, *Le Vrai Rodin*, Jules Tallandier, 1913.

dans le regard d'un maître aussi libéral qu'intraitable. Pour juger du talent d'un de ses collaborateurs, il lui suffit d'un simple coup d'œil. Il le dira lui-même : « Je ne juge jamais que lorsque mon œil a vu les choses. »

Aucun doute là-dessus : le sculpteur du *Penseur* (conçu comme une des figures de la *Porte de l'Enfer* puis détaché et exposé séparément) fait beaucoup plus confiance à son regard et à ses mains qu'à son cerveau, à ses sensations et son instinct qu'à son raisonnement. Cela au moins aurait dû enthousiasmer Paul Claudel. Mais il n'aime pas ce rival qui, il le sait, est en train de le supplanter auprès de sa sœur. S'il peut apprécier son art dionysiaque, son paganisme le choque.

C'est donc, malgré sa trajectoire atypique et même sulfureuse (le scandale de *L'Age d'airain* a laissé des traces), un sculpteur renommé mais encore « très discuté » selon le mot de Léon Daudet (« il était encore très discuté, principalement par les gens qui n'y entendent rien[1] »), qui prend la place de Boucher.

Lorsqu'il accepte d'aller enseigner son art aux jeunes filles de la rue Notre-Dame-des-Champs – et Dieu sait si à cette époque l'apprentissage des jeunes filles n'apparaissait pas comme une priorité –, Rodin est en pleine effervescence : la *Porte de l'Enfer* l'occupe tout entier. L'Etat la destine au futur Musée des arts décoratifs, qui ne verra jamais le jour mais devait remplacer la Cour des Comptes incendiée pendant la Commune, là où se trouve aujourd'hui le Musée d'Orsay. Son projet, de loin le plus ambitieux (il y travaillera jusqu'à son dernier souffle), l'obsède et le tracasse. Il y revient

1. *Fantômes et vivants*, *op. cit.*

sans cesse, toujours insatisfait. Après les dessins qui ont accompagné ses lectures répétées de *La Divine Comédie*, après trois maquettes de cire noire où il a ébauché, en les modifiant de l'une à l'autre, l'organisation des deux vantaux, il en vient à la réalisation des figures. *Le Penseur, Le Baiser* ou *Ugolin*, qui vont en faire partie, sont conçus à l'époque où Rodin rencontre Camille. « *La Porte de l'Enfer* est remplie de chefs-d'œuvre », dira Antoine Bourdelle. Un jour, ces figures s'émanciperont. Rodin les détachera de sa *Porte* pour leur donner une seconde vie, un autre destin. Mais pour le moment, elles le tourmentent et lui demandent beaucoup d'efforts. Ainsi en est-il d'une *Cariatide à la pierre*, au mouvement souple et ondulé malgré le poids qui l'écrase, de même qu'une *Petite Eve*, un *Homme qui tombe* et un *Enfant prodigue*. Quand Camille fait la connaissance de Rodin, son art est encore en pleine gestation.

On parle cependant beaucoup de lui. Il commence à s'imposer parmi les bienheureux artistes qui reçoivent des commandes de l'Etat ou des municipalités. Alors que le Salon de 1883 a encore boudé son *Saint Jean-Baptiste*, exposé certes, mais dans une salle mal éclairée au fin fond d'une travée lugubre, de nombreuses personnalités lui commandent leur buste : Antonin Proust, le ministre des Beaux-Arts, ami des Impressionnistes, Pierre Puvis de Chavannes, le peintre des fresques de la Sorbonne, de l'Hôtel de Ville ou du musée de Lyon, l'écrivain Octave Mirbeau, les sculpteurs Albert Carrier-Belleuse ou Jules Dalou (qui fut son camarade de classe à la Petite Ecole), le peintre Jean-Paul Laurens ou encore des dames de la bonne société nationale ou étrangère, que leurs maris veulent exposer sur leur cheminée. Lorsqu'il accepte de surcroît la tâche de pédagogue que lui confie Boucher, Rodin est débordé. Pour lui les jours n'ont pas assez d'heures.

En 1883, les proches de Victor Hugo lui demandent de réaliser un buste du poète, qui deviendra quelques années plus tard le *Monument à Victor Hugo* du Panthéon. Rodin prend quelques esquisses du modèle encore vivant mais à son grand regret, Hugo refuse de poser. « Je m'en suis tiré comme j'ai pu », dira Rodin. En 1884, Omer Dewavrin, le maire de Calais, qui tient à commémorer la remise des clefs de la ville aux Anglais pendant la guerre de Cent Ans, lui passe commande d'un *Bourgeois de Calais* – que Rodin changera (pour le même prix, précise-t-il !) en groupe de six *Bourgeois*, plus grands que nature. Ce sculpteur aime le monumental. Le petit est rarement sa mesure.

C'est donc avec ce bourreau de travail que Camille et Jessie ont rendez-vous. Il les a averties : il n'aura pas beaucoup de temps à leur consacrer. « Je ne fais pas d'élèves mais je prends des praticiens. » Au lieu de leur donner des cours de sculpture rue Notre-Dame-des-Champs, il leur propose de venir à son atelier, d'abord pour regarder comment il s'y prend avec la terre, l'exemple étant pour lui le meilleur des enseignements, mais aussi pour sculpter elles-mêmes sous sa direction. Elles apprendront « sur le tas ». Rodin n'a-t-il pas appris exactement de la même façon, « en travaillant chez les autres » comme il le répète souvent, non sans fierté, précisant : « Ceux qui ont été pauvres comme moi, n'ayant ni secours d'Etat, ni pension, ont travaillé chez tout le monde. » Employées chez lui, comme au temps de Michel-Ange, elles prépareront ses plâtres et, si elles s'en montrent capables, il leur laissera sculpter un jour des pieds et des mains – immense faveur accordée aux meilleurs.

Au Dépôt des Marbres, un formidable spectacle attend Camille et Jessie. Situé à deux pas de la Seine, au 112, rue de l'Université, ce gigantesque local où l'Etat entrepose ses réserves de marbre ainsi que les innombrables statues qu'il achète mais dont il ne sait souvent que faire, a de quoi étonner des jeunes filles habituées à des ateliers de proportions plus modestes. Des croûtes et des chefs-d'œuvre croupissent pêle-mêle dans cette caverne d'Ali Baba dont Rodin occupe plusieurs centaines de mètres carrés. L'Etat les a mis à sa disposition pour qu'il puisse y travailler confortablement à sa *Porte de l'Enfer*.

L'atelier de Rodin, sur la porte duquel trône la lettre M (comme Maître !) est aussi vaste et encombré qu'un hall de gare et tout aussi bruyant. Des hommes en blouse, une casquette ou un bonnet sur les cheveux, s'agitent en tous sens dans une poussière de plâtre grise qui macule le sol, les murs, les visages. Des draps mouillés couvrent la plupart des sculptures, comme des suaires. On se déplace au milieu de fantômes blancs qui, posés sur des selles, dominent de leur haute taille le peuple commun des mortels. Des morceaux de corps épars, des têtes et des jambes, des bustes décapités, d'immenses pieds sans jambes, traînent çà et là, au milieu d'un désordre que la couleur des plâtres, d'une blancheur inouïe, a l'air d'éclairer. Le blanc saute aux yeux dans l'atelier de Rodin. D'autant que la lumière du jour pénètre à flots dans l'immense pièce, par de larges et hautes fenêtres vitrées.

Tout au fond du Dépôt, se trouve un échafaudage en bois de six mètres de haut – les deux jeunes filles en connaîtront bientôt la mesure exacte. Des figures en plâtre, éparpillées sur les divers paliers où l'on accède par des échelles, semblent perdues sur cet étrange support qu'elles ne parviennent pas à meubler. Sur le sommet, comme des anges sur le toit d'une crèche, trois figures courbées veillent sur le monument.

Rodin les appelle *Trois ombres*. Un beau matin, il leur a fait couper la main droite : ces trois ombres ont chacune un bras qui se termine en moignon.

L'inachèvement, la disgrâce même du projet ont de quoi surprendre. C'est le chantier de *La Porte de l'Enfer*. Il faut un œil d'artiste, capable de deviner un ensemble dans une ébauche, pour y admirer le génie du Maître. Camille et Jessie se seront sûrement interrogées devant ce monument, tout en devenir, où parmi des hauts et des bas-reliefs se profilent déjà les principales figures de l'Œuvre.

Les jeunes filles sont reçues par le chef d'atelier : François Pompon. Né en 1855, ce sculpteur animalier encore inconnu du public est un des principaux praticiens de Rodin, mais il assume aussi à l'atelier l'orchestration et la distribution du travail.

Car des dizaines de personnes travaillent pour Rodin, selon une hiérarchie inspirée de la Renaissance italienne ou du Grand Siècle flamand et reprise par les sculpteurs contemporains, quand ils en ont les moyens. L'atelier compte de nombreux salariés et quelques stagiaires... Il y a là des commis, jeunes garçons musclés qui transportent des sacs de lourde glaise, parfois à l'aide de brouettes. Il y a des assistants qui « gâchent » le plâtre, technique qui demande une main subtile pour doser l'eau et obtenir le matériau idéal (ce pour quoi Camille et Jessie ont d'abord été engagées). D'autres, armés de compas, prennent des mesures. Tout en haut de la hiérarchie, les praticiens ont seuls le privilège de tailler le marbre, qu'on ne confie jamais qu'à des artistes confirmés. La répartition du travail est sévèrement réglée. Ainsi pour devenir praticien faut-il avoir fait ses preuves. Rodin n'emploie dans ce rôle capital que les meilleurs ciseaux : à diverses périodes, François Pompon, Jules Desbois, Lucien Schnegg, Antoine Bourdelle ou Aristide Maillol. Et Camille, seule femme parmi eux.

Il y a enfin les modèles : des hommes et des femmes. Rodin inscrit leur nom dans un agenda, avec la date et les heures de leurs séances de pose. Est-ce parce qu'il a le culte de Michel-Ange, beaucoup sont italiens. Pignatelli, le paysan des Abruzzes qui lui a inspiré son *Saint Jean-Baptiste*, continue de poser à l'époque où Camille entre au Dépôt des Marbres. Il y a aussi les sœurs Abbruzzesi, Adèle et Anna. Adèle sera notamment la belle *Femme accroupie*.

Les jeunes filles vont devoir apprivoiser ce monde d'hommes où la femme, en tenue d'Eve, est d'abord, moyennant salaire, un corps soumis et malléable.

Il y a, ou il y aura bientôt, dans l'entourage de Rodin, d'autres élèves de leur sexe, telles Thérèse Caillaux, Ottilie Mac Laren ou Sigrid of Forselles... Aucune n'acquerra jamais auprès le lui le rôle qu'il assignera bientôt à Camille, ce statut non plus d'assistant, mais de praticien.

Rivales dans l'apprentissage, sous les yeux de celui qui les a choisies, les jauge et les juge et daigne parfois leur donner un conseil rapide, les jeunes filles ne bénéficient d'aucun privilège. Ni d'aucun égard. Chez Rodin, quel que soit son sexe, il faut apprendre vite. Les élèves ne sont pas seulement des apprenties, elles participent au chantier, elles font partie de l'organisation de la ruche. D'abord au bas de l'échelle, libre à elles d'en franchir rapidement les échelons dès qu'elles auront prouvé ce dont elles sont capables. Quant à œuvrer pour soi, il les y encourage mais elles devront pour cela surajouter des heures à un emploi du temps déjà très lourd. Ce qu'elles n'hésiteront pas à faire puisqu'elles exposeront, les unes et les autres, des pièces personnelles aux Salons, indiquant sur leur fiche d'identité « élève de M. Rodin » et pour Camille, dès 1883, « élève de MM. Rodin, Boucher et Dubois », selon un ordre décroissant d'influences.

Le Maître, lui, quand il ne circule pas dans l'atelier pour corriger un geste ou lancer une idée, modifier un détail, s'attaquer à une structure, dessine et modèle. Il s'installe alors dans un coin protégé par de grands draps en manière de paravents, qui l'abritent des courants d'air et des regards. Comme il gèle en hiver, il se tient près du poêle, surtout utile à ses modèles dans le froid insidieux du Dépôt. Rodin, faut-il le rappeler ?, ne sculpte que les corps nus. Ses statues habillées ou simplement drapées d'une étoffe ne le sont que dans une étape ultérieure, une fois le nu achevé. « J'ai l'habitude, dit-il, de faire d'abord sans vêtements mes enfants de pierre. » Le vêtu, posé en quelque sorte sur le nu, n'efface ni la charpente ni le dessin des muscles, ni les cuisses, ni les seins, ni le ventre, toujours visibles et obsédants sous les plis du vêtement. L'anatomie reste le vrai travail de Rodin – son culte. Il s'en explique d'un mot : « La Nature, c'est la vie. »

Et la terre, cette terre glaiseuse et brune que Camille allait chercher il n'y a pas si longtemps au Buisson rouge près de Wassy-sur-Blaise, puis sous les remparts de Paris, est pour lui le roi des matériaux.

Jamais Rodin ne taille lui-même le marbre ou la pierre.

C'est la terre à laquelle il donne des formes qui serviront ensuite de modèles aux tailleurs. Les mains du sculpteur, d'une force et d'une agilité exceptionnelles, ont frappé tous les témoins de son travail. Rodin en viendra plus tard à les « surmouler » pour figurer « la Main de Dieu » dans l'une de ses sculptures les plus célèbres.

La terre, que Camille devait se donner jusqu'alors tant de mal pour se procurer, on la trouve à profusion chez Rodin. De même d'ailleurs que toutes sortes de qualités de pierre ou de marbre, soigneusement classées selon leur provenance ou leur couleur. Pierre blanche, grise, dure ou tendre, qu'on attaque au burin, au poinçon, granit ou basalte, morceau de schiste d'un bleu presque noir… Mais surtout – là va sa préférence –, marbres luxueux, lumineux, rouge du Languedoc ou blanc de Carrare. Veinés, unis, encore mats mais que la taille rendra pareils à des miroirs… Il y a aussi chez Rodin du porphyre et de l'albâtre et même, tel un joyau oublié, une pièce d'onyx d'un vert translucide dont elle sculptera un jour d'admirables et minuscules figurines ainsi qu'une vague, déferlant sur de petits corps de femmes nues (en bronze).

Camille doit pour lors se contenter de rêver devant ces prestigieux matériaux. Car le plâtre seul lui est d'abord dévolu. Ce plâtre d'ouvrier qui rend les mains aussi blanches que celles d'un boulanger.

Des filles d'à peine vingt ans, qui travaillent sans chaperon au milieu des hommes, à une époque où l'on protège comme un trésor la vertu des jeunes filles. Des modèles qui posent nus pour des figures d'une impudeur notoire. Seins de femmes, sexes d'hommes, ventres et fesses : voilà ce qui attend Camille, à l'école de Rodin. Elle va recevoir un cours de sciences exactes reposant sur l'observation la plus minutieuse et n'excluant aucun détail de l'anatomie. Le professeur va la faire entrer dans un monde où règne une absolue liberté.

Liberté du regard, de la main. Liberté de l'inspiration, mais aussi liberté des mœurs d'artistes, pour celle qui n'a encore jamais connu que l'univers restreint et familial, avec sa morale sévère, ses principes, ses tabous.

Jusqu'où Madame Claudel, si stricte et si pudique, si soucieuse de l'éducation honnête qu'elle a toujours voulu donner à ses filles, aura-t-elle entendu parler de

cet amour de la Nature qui préside aux créations de
Rodin ? Alfred Boucher, en lequel elle a mis sa
confiance, lui a-t-il montré ou au moins décrit *L'Age
d'airain* ? Peut-elle accepter que sa fille, déjà trop har-
die et indépendante à son goût, en vienne à modeler
non seulement des corps nus de femmes – quand elle
interdit chez elle le moindre décolleté – mais des corps
d'hommes, avec leurs attributs ? Elle croit savoir que
la feuille de vigne n'est pas une spécialité de Rodin.
Elle ignore heureusement, ce que Camille ne tardera
pas à découvrir, que Rodin étudie les sexes avec la
même attention qu'un front, et qu'il dessine et sculpte
sans trêve des « monades » (de l'italien *mona* ou sexe),
des femmes offertes, largement ouvertes sur leur intimité ?

La sculpture, le plus impudique des arts, comment
Madame Claudel aurait-elle jamais pu l'accepter ?

La Manufacture de Sèvres l'aurait comblée, si sa fille
avait voulu se contenter de modeler des vases et des
assiettes aux motifs d'oiseaux ou de fleurs, à la rigueur
quelques angelots aux corps innocents et grassouillets
d'enfants. Ou bien la sculpture décorative et sage, avec
des figures habillées, des petites filles en chapeau de
paille, des vierges enguirlandées de roses ou de tendres
zéphyrs. Mais Rodin ? Cet artiste dont le culte de la
Nature la choque et lui paraît dévoyé ne serait-il pas,
plutôt qu'un maître, un homme sans morale ? De ce
rebelle dont les Beaux-Arts n'ont pas voulu, elle a
entendu dire que ses mœurs étaient aussi peu académiques que sa sculpture, et qu'il se nourrit comme un
ogre de toutes les filles qui passent dans son atelier.
N'y a-t-il pas un réel danger à lui confier la sienne ?
Sans Boucher, qui en a eu l'idée, et sans son mari qui
soutient, inébranlable, tous les projets de leur fille
aînée, elle se serait évidemment opposée à ce professeur qui n'a rien trouvé de mieux que de proposer à
Camille de venir travailler à son atelier, où la mère

ne pourra plus rien contrôler. Rue Notre-Dame-des-Champs, la jeune fille lui paraissait encore à l'abri du cocon. Mais au Dépôt des Marbres, elle sait bien qu'un autre monde l'attend. Un monde qui n'est pas loin d'évoquer pour Madame Claudel, grandie dans la foi catholique même si elle ne la pratique plus, le cauchemar de ses nuits d'insomnie, quand le diable veille derrière la Porte de l'Enfer.

La révélation

A l'atelier de Rodin, Camille n'a pas mis longtemps à se rendre indispensable. Après quelques semaines à « gâcher » le plâtre, on lui donne des pieds et des mains à sculpter. Très vite, le mot « élève » ne convient plus. Celui d'« assistante » est encore insuffisant. « Praticienne », elle a donné les preuves de son talent en s'attaquant au marbre. Le Maître peut mesurer sa valeur en l'observant travailler la terre à mains nues ou la pierre au ciseau. Elle a conquis sa confiance. Pompon et Desbois la respectent, et bientôt Bourdelle, entré comme praticien au même atelier en 1890.

Rodin confie à Camille des morceaux de figures à réaliser pour *La Porte de l'Enfer*. Comme les collaborateurs sont par définition anonymes, on ne sait pas quels morceaux elle a sculptés – quoi dans *Ugolin* ?, quoi dans *Le Baiser* ?, quoi dans *L'homme qui tombe* ou dans *Fugit amor* ? Son travail fut-il minutieux ou âpre, rebelle ou dévoué, ce que l'on sait c'est qu'il fut acharné. Il reste voué à l'ombre, de même que la part active que la jeune femme a dû prendre dans la conception sans cesse remise en chantier de ce chef-d'œuvre : Rodin, torturé par l'immense projet qu'il ne parviendra jamais à achever, hésitait dans les poses ou les mouvements et cherchait à l'infini les combinaisons possibles de ses figures infernales.

Il la met aussi au travail sur une œuvre qui ne le tourmente pas moins, presque aussi titanesque : ses *Bourgeois de Calais*. Camille s'y consacrera pendant des mois. Là encore, bien qu'on soit certain de sa collaboration, on ne peut dire à quel détail, à quel morceau ou à quel projet d'ensemble elle a apporté son concours. Ces *Bourgeois*, que les Calaisiens ont détestés et voulu refuser, avant que leur maire intervienne pour les imposer, l'ont en tout cas beaucoup occupée. Ils représentent d'innombrables heures de labeur, qui sont autant de temps volé à son œuvre personnelle mais lui permettent aussi de perfectionner ses gestes et, au-delà, de mieux connaître son art. En aucune manière elle n'entend rivaliser avec le démiurge qui a eu la vision de ce monument. C'est bien lui qui l'a conçu, tout comme sa célèbre *Porte*, non pas à la mesure d'un personnage, selon la demande du maire Omer Dewavrin, mais de six, plus grands que nature, saisis dans des poses théâtrales et revêtus d'oripeaux au lieu de toges de notables. C'est lui qui a choisi leurs expressions, modelé leurs visages et donné à ces bourgeois leur dimension de héros tragiques.

Indéniables : la quantité et la difficulté du travail de Camille, son acharnement à bien faire et à répondre, comme les autres collaborateurs, aux exigences d'un Maître qui réclame le meilleur et presque l'impossible. Rodin ne comptabilise pas les heures dont son œuvre a besoin.

A l'atelier, Camille parle peu. Emmurée dans son travail, elle ne se lie à personne. Les visiteurs, nombreux à venir au Dépôt des Marbres, sont tous frappés par l'intensité de sa présence pourtant silencieuse et modeste. Ils l'attribuent à son regard, d'une fixité particulière.

En famille en revanche, les relations empirent. Dès l'aube, car on commence tôt à l'atelier du Maître, Camille quitte l'appartement. Le soir, elle repasse par son atelier de la rue Notre-Dame-des-Champs pour y poursuivre son travail personnel et ne rentre qu'à la nuit tombée, trop souvent en retard pour le dîner et peu présentable, les mains encrassées de terre et de plâtre. Son allure et ses horaires bohèmes ont le don d'exaspérer sa mère qui ne lui épargne pas les reproches. Aucun répit dans la vindicte : Madame Claudel réprouve le tournant que vient de prendre la vie de sa fille aînée, à l'opposé de ses stricts principes. Qu'elle participe à l'œuvre d'un artiste dont la réputation ne cesse de s'étendre lui importe peu. Seule compte pour elle cette évidence qui éclate aux yeux de tous les siens : Camille ne vit plus que pour sculpter. Et Paul en souffre le premier : sa sœur s'éloigne de lui. Elle est absorbée par un autre monde. Il n'est plus le seul homme de sa vie.

Comment Camille aurait-elle une minute à consacrer au petit Paul quand Monsieur Rodin exige d'elle autant de travail et de présence ?

La jeune artiste ne travaille pas seulement pour le sculpteur, elle pose maintenant pour lui – ce que Paul ne va pas tarder à découvrir. Le Maître ne fait aucun mystère de ce nouveau modèle, dont il ne paraît pas se lasser et dont il exposera fièrement, à divers Salons, plusieurs figures qui la représentent.

Le frère ne peut que suivre avec inquiétude l'évolution d'une histoire que la sculpture est la première à lui révéler : Camille ne lui confie encore rien de ce qui est entre eux le premier écueil ou la première porte qui se ferme. Au fil des mois et des semaines, à travers ces visages de Camille, obstinément, amoureusement sculptés par Rodin, il peut mesurer à quel point elle lui échappe pour entrer dans une autre orbite. Toutes les représentations de Camille par Rodin attestent un dialogue secret, une intimité à laquelle il n'a pas accès. Comme elles ont dû le faire souffrir, en l'excluant de leur sphère !

Voici la toute première : en 1883, *Camille aux cheveux courts*. Avec son grand nez Claudel, ses admirables lèvres ourlées, ses yeux largement écartés sous l'arcade sourcilière et ces mèches rebelles qui lui tombent en désordre sur le front, c'est une tête blanche, un plâtre juvénile. Camille ne sourit pas.

Elle a un air fermé, qu'on peut trouver rêveur, un air à ne pas communiquer la vérité des profondeurs. Elle gardera cette expression plus ou moins accusée sur toutes les sculptures qui la représentent.

Il y en a douze, à compter de cette date. Douze visages, de plâtre ou de terre, de marbre ou de bronze.

Voici celui qu'on appelle *Le Masque de Camille Claudel* (vers 1884), le plus inquiétant peut-être : il arbore des cicatrices de grand blessé. C'est que Rodin a tenu à laisser apparentes les coutures du plâtre. Il n'a pas lissé sa sculpture : sur l'aile du nez, sous l'œil droit, sur le front, des boulettes de terre mal écrasées rappellent le travail en cours. L'instant du modelage, ce rapport privilégié du modèle et du maître, s'est ainsi fixé pour toujours.

Puis vient *Camille au bonnet* (1884, probablement aussi), avec ce turban qui lui enserre une partie de la tête et du front. Boulettes de terre toujours visibles quoiqu'en moindre importance, coutures disparues. Une fine crevasse marque cependant d'une éternelle cicatrice le modelé plein de la joue. Recueillie en elle-même, les yeux creusés sous l'arcade, Camille s'est encore enfoncée dans son rêve. Il est impossible de rester insensible à ce que ce jeune visage exprime : la gravité, la concentration, mais aussi l'absence – elle semble ne pas voir le monde qui s'agite autour d'elle. Elle est ailleurs.

Cette tête reste un des plus beaux portraits de Camille, surtout dans sa version en pâte de verre que Rodin a fait réaliser par Jean Cros en 1911. Ce matériau translucide et précieux, d'un vert presque blanc (à moins que ce ne soit l'inverse), souligne encore le mystère et l'inaccessibilité de Camille. Transparence trompeuse ou vraie fragilité ?

La Pensée (vers 1885), transcrite en marbre dix ans plus tard par Victor Peter et par Raynaud et Durand, est une des figures de *La Porte de l'Enfer*. Emergeant d'un bloc de pierre brute, le visage toujours aussi énigmatique de Camille, sur la frise, la marque comme un sceau, au-dessus des amants maudits. Faut-il rappeler que Pensée sera le prénom d'une héroïne de son frère, aveugle au monde mais voyante de vérités cachées à la plupart des vivants.

Il y a aussi *L'Aurore* (1885 ?), également transcrite dans un marbre qui s'enroule autour de la tête de Camille comme une immense et épaisse chevelure. Rainer Maria Rilke, futur secrétaire de Rodin, en sera ébloui : « ce morceau de clarté qui s'élève lentement hors du lourd sommeil de la durée moite ». Mais c'est Antoine Bourdelle, tout jeune praticien, qui va le plus rêver sur ce visage aux lignes épurées et à l'étrange rayonnement. *L'Aurore* lui inspire un poème, qu'il reprendra à plusieurs reprises au cours de sa vie pour le perfectionner, le rendre plus fidèle à son premier éblouissement. « Visage comme un beau lac d'eau douce dont la vague, ondulant sous le creux qui la pousse, fait trembler le miroir en longs anneaux d'or pur. » Obsédé par le modèle autant que par la sculpture même, Bourdelle compare Camille à un sphinx.

Il y a enfin l'*Apollon* : sur un corps glorieux de jeune éphèbe, les bras en croix, terrassant le python, la tête de Camille ! Une alliance inattendue de la force et du rêve, de la santé et du mystère. Apollon avec un visage de sphinx. Cette sculpture marquera profondément

Paul Claudel qui dut en éprouver la vérité. « Tu es radieuse et splendide ! Tu es belle comme le jeune Apollon ! Tu es droite comme une colonne ! Tu es claire comme le soleil levant ! » dira Mesa, le héros de *Partage de midi*, à son amante Ysé, comme s'il s'adressait à Camille. Devenu vieux, Claudel confiera combien l'obsède cette image d'une Camille possédée par le dieu de la Lumière et des Arts.

Laissons de côté le *Saint Georges* et *La France*, que contestent les exégètes – ils y voient plutôt le visage d'une certaine Mrs Russell. Encore que l'expression, en guerrière casquée, avec le doux air rêveur, soit familière de Camille...

Quant à *La Convalescente* et *L'Adieu* (tous deux datés de 1892), ils sont les derniers visages, ceux de la rupture, et marquent la fin d'une histoire. Le visage, appuyé sur la main, s'efface.

Pour la plupart révélées au public lors d'expositions, toutes ces œuvres témoignent. Dans la terre et le plâtre, dans le marbre et le bronze et même dans la pâte de verre, elles racontent l'histoire d'un homme et d'une femme. Elles expriment la fascination de Rodin, incapable de se détacher de ce visage, et, dans une certaine mesure, la soumission de Camille qui offre ses traits tout empreints de mystère au sculpteur. C'est un étrange rapport qui s'exprime dans la lumière de ces bustes successifs : rapport dès le départ faussé puisque le modèle qui pose est elle-même une artiste, capable de comprendre le travail qui s'effectue. Son univers s'est probablement nourri de ces séances, à moins qu'il n'ait perdu en heures de travail et de création ce qu'il gagnait dans l'apprentissage.

Mais le corps de Camille ? Ce corps que Rodin, amoureux de tant de déesses et de nymphes, aime représenter à l'état de nature, l'a-t-il aussi modelé ? Cela aurait pu être, si l'idée l'en avait effleurée, le cauchemar de Madame Claudel. Sa pudeur ne l'aurait pas supporté. Mais cela n'a pas manqué d'être un tourment pour Paul : Camille a-t-elle posé nue ?

On le suppose. On le croit même. Mais aucun historien d'art, aucun spécialiste de la vie ni de l'œuvre n'ont jamais pu identifier son anatomie parmi la kyrielle des nus féminins de Rodin. Est-elle dans une Danaïde ? Dans un Réveil ? Parmi des Sirènes ?... Est-elle, comme on l'a dit, le merveilleux modèle du *Baiser*, ce groupe trop heureux, trop comblé, que Rodin devait retirer (vers 1886) du milieu du vantail gauche de *La Porte de l'Enfer*, où il sera remplacé par *Paolo et Francesca*, le couple des amants damnés ? Le corps de Camille, tandis que son visage s'expose, se dérobe à notre connaissance.

Elle n'en est pas moins présente, physiquement et artistiquement, dans l'œuvre de ce Maître qu'elle influence à sa manière : une subtile violence.

Paul : « Ma sœur, c'est une âme passionnée qui s'exprime. »

Rodin ne lui a pas tout appris. A son arrivée rue de l'Université, Camille possédait déjà un savoir-faire et une personnalité. Paul lui-même en eut conscience et ne se prive pas de le rappeler : « L'enseignement précieux de Rodin ne fit que l'éveiller à ce qu'elle savait déjà et lui révéler sa propre originalité[1]. » Sans doute lui a-t-il permis d'aller au-delà de ce qu'elle savait déjà et, plus probablement encore, au-delà des limites qu'un autre maître, une autre vie, ne lui auraient pas permis de franchir. Il n'est donc pas son Pygmalion, même si

1. *Ma sœur Camille*, texte pour l'exposition de 1951 au Musée Rodin, repris dans les *Œuvres en prose*, *op. cit.*

la main de Camille lui doit beaucoup en ces premières
années.

Malgré l'ampleur de son travail auprès du sculpteur,
elle continue de créer. Elle travaille à des têtes, à des
bustes, très vite à des figures. Selon Mathias Morhardt
(écrivain d'origine suisse, rédacteur au *Temps*) qui fit
très tôt, par Rodin, la connaissance de Camille, sa première œuvre réalisée à l'atelier de Rodin est une
Femme accroupie. Modelée vers 1885, cette figure
nue, compacte, ramassée sur elle-même, dont la tête
repose dans les bras en un geste de défense ou de peur,
reflète l'influence incontestable du sculpteur. Tous les
muscles saillants, l'anatomie étudiée avec un réalisme
outrancier qui en devient flamboyant, témoignent de
l'influence du maître de *L'Age d'airain*. Elle prouve
aussi que Camille, débarrassée très tôt des encom-
brantes pudeurs familiales, aime sculpter des modèles
nus. Elle y met tout de suite une certaine douceur, qui
la différencie de Rodin, et va sans cesse alléger sa main,
lissant et polissant ses statues là où Rodin, plus
rugueux, plus âpre, aurait laissé sa vigueur. Son
Homme penché (vers 1886), son *Torse de femme
debout* (1888 ?) sont encore très rodiniens dans leur
torsion extravagante, avec leur anatomie de gym-
nastes. Beaucoup plus elle-même, au départ, dans les
bustes ou les têtes de femmes, ses *Louise* aux yeux
ouverts ou clos et ses inconnues au chignon, à l'expression aussi lointaine que la sienne, elle travaille cependant sans relâche à affirmer son style et va bientôt le
trouver. L'art de Camille Claudel sera différent de
celui de Rodin : la souplesse y est essentielle, de même
que la lumière, et compte plus que la musculation ou
la vibration – ces deux moteurs du génie de Rodin.

La *Jeune Fille à la gerbe*, une terre cuite de 1886,
prouve avec éclat sa liberté d'artiste. Rodin en donnera
deux ans plus tard une réplique presque exacte avec
Galatée. Cette jeune fille assise, le bras droit sur

l'épaule, avec ses jeunes seins et son ventre souple, exprime une féminité à l'opposé de celle qu'aime sculpter le Maître. C'est une féminité inatteignable. La nudité la plus complète ne parvient pas à la déshabiller tout à fait. Sensuelle, comme toutes les sculptures de Camille, elle garde son mystère – qualité inaltérable de son œuvre.

Deux ans plus tard, *Sakountala*, un plâtre à la patine brune grandeur nature, consacre magistralement son travail : des années de flamme et d'efforts. C'est un couple enlacé qui porte le nom d'une vieille légende indienne et met en scène les retrouvailles d'amants qu'un mauvais sort a injustement séparés. La femme (Sakountala), assise, le bras droit replié sur son sein et la joue appuyée sur la bouche de l'homme, s'abandonne voluptueusement dans ses bras. Lui (le prince Douchanta) est à genoux, le regard levé vers elle et il l'étreint avec force, ce qui souligne le dessin des côtes sur le torse. A cause de la position de la femme, le couple sera également baptisé, plus tard, *L'Abandon* dans sa version en bronze. Il deviendra, traduit encore plus tard en marbre, *Vertumne et Pomone*, mais c'est toujours la même scène et le même couple qui ne cesse de se réconcilier. Douceur et sensualité, vertige en déséquilibre de la pose, sensation physique de cet abandon qui préfigure l'amour... Sakountala a choqué les notables. A Châteauroux, dont le maire voulut acheter le plâtre pour orner le musée de la ville, une polémique mit fin au projet : la sculpture échoua en piteux état dans une remise ! La querelle peut se résumer en une seule phrase : une jeune fille ne doit pas oser sculpter avec une telle liberté...

Camille ne sera jamais la Galatée de Rodin, une marionnette docile, malléable comme la glaise – attitude qui lui est par nature étrangère. Sa vocation d'artiste est trop affirmée pour qu'elle puisse se contenter d'un rôle de muse ni même, vision plus généreuse, se voir réduire à celui de disciple préféré(e). Elle ne fait pas du Rodin. Ses sculptures sont là pour témoigner de son souci constant d'être elle-même, de mieux en mieux, même à ses côtés.

Rodin l'aura cependant limitée. Avec Boucher, dans le domaine artistique il reste sa seule référence. Camille, persuadée de sa supériorité, ne regarde pas ailleurs. En dehors des estampes japonaises découvertes à l'Exposition universelle de 1889, qui influenceront son style dans le sens du raffinement des détails et de la perfection des finitions – elle vénérera Hokusaï –, aucun autre sculpteur ou peintre contemporain n'aura compté pour elle. Ni les Impressionnistes – ni même Monet, qui exposera pourtant une soixantaine de tableaux en même temps que des sculptures de Rodin à la Galerie Georges-Petit, cette même année 1889 où triomphe la tour Eiffel –, ni Manet, ni Gauguin, ni plus tard Matisse, n'auront de poids sur son œuvre. Elle ne cherchera même pas à se lier à ces femmes qui peignent ou sculptent et sont alors une minorité. Elle passe royalement à côté de Berthe Morisot, à laquelle des critiques pensent pourtant à la comparer.

Elle demeure une artiste solitaire, fermée aux courants impétueux de l'art contemporain, aux querelles comme aux influences. Elle ne connaît que Rodin – un Rodin qui, comme le fait remarquer Reine-Marie Paris, la petite-nièce de Camille, « en était encore à la dernière manière de Carrier-Belleuse ou au pâle soleil de Puvis de Chavannes, quand ce n'est pas aux clairs-obscurs au gaz d'éclairage d'Eugène Carrière[1] ». Enfermée dans cette relation qui la rend d'abord heureuse, elle n'a aucune envie d'autre chose.

---

1. Reine-Marie Paris, *Camille Claudel*, Gallimard, 1984.

En 1886, elle décide de sculpter le buste de Rodin. Ce sera une tête à la Moïse, avec un grand nez (Paul a dû ricaner, car il est obsédé par ce « groin du sanglier » !) et une barbe fleurie qui lui mange le bas du visage, menaçant de l'envahir comme une forêt vierge. Aucun embellissement. Aspect fruste et farouche. Beaucoup d'énergie dans les traits. « Rudesse sans flatterie », dira un critique. En terre cuite, en plâtre, plusieurs versions en bronze par le fondeur François Rudier, Rodin aimait son buste. « Verve et grande allure », approuvera Octave Mirbeau. Même Paul, circonspect, trouvera « admirable » le travail de Camille, ajoutant, pour ne pas avoir l'air d'approuver son modèle, que le sculpteur Falguière, de son côté, en avait fait « une espèce de concierge satisfait » !

Entre sa sœur et Rodin, c'est l'harmonie. Camille crée ; elle aime ; elle vit. Tout ce qu'elle modèle reflète un contentement, presque le bonheur. Sakountala… : ce pourrait être le mot clef de ces dix années d'intense création et de ferveur. Union. Partage. Voilà les termes qu'inspire le simple regard des sculptures sur ces dix ans qui sont faits d'autant de labeur que de passion.

Sakountala… Pour Paul, ce chef-d'œuvre l'a pourtant éloigné de sa sœur.

On a utilisé le mot « liaison » pour définir la nature de la relation entre les deux sculpteurs. C'est un mot qui leur va bien, et qui a pu terroriser Paul Claudel. Il signifie qu'on est attaché l'un à l'autre et, tant que le lien ne se défait pas, tant qu'on ne le tranche pas, s'il tient bon, la liaison peut durer toujours. Au-delà même de la tombe, comme dans la légende des amants que la mort a cru séparer mais qu'une branche de rosier surgie des tréfonds de la terre relie vigoureusement l'un à l'autre, traversant leurs tombeaux.

Il est certain que Camille a trouvé en Rodin l'homme qu'elle cherchait. Un homme qui soit à la fois un père, un ami, un amant et, pire que tout aux yeux de Paul, évidemment aussi un frère – sans doute incestueux. Le vrai rôle de Rodin est moins dans l'apprentissage que dans la révélation : il a révélé Camille Claudel à elle-même, comme artiste, comme femme.

De son côté, Rodin lui doit aussi beaucoup. Pas seulement sa participation active à l'élaboration de chefs-d'œuvre, déjà citée. Mais autre chose, qui compte plus encore : une réelle émulation esthétique et amoureuse. Des années où il fréquente Camille, datent ses sculptures les plus érotiques. Proche de la Nature, Rodin l'a toujours été, mais son imaginaire et même sa main se ressentent de la fréquentation de Camille, de cette liaison qui, d'après Paul, n'était pas faite pour durer. C'est l'époque de ses Cariatides et de ses Femmes accroupies, pour lesquelles de belles modèles (dont les sœurs Abbruzzesi) continuent de poser. Son inspiration se sensualise. C'est le moment où il se met à sculpter des couples – une nouveauté dans son œuvre consacrée jusqu'alors à des personnages isolés. *Le Baiser*, *L'Eternelle Idole* naissent du miroir de sa passion pour Camille, une passion qu'attestent de sa part des lettres d'amour brûlantes.

« Ma féroce amie ». « Camille ma bien-aimée ». « Ma Camille ». « Ma chérie »...

Lorsqu'il s'adresse à elle, en la tutoyant, il s'enflamme. Dès 1886, il lui déclare, dans une des trois ou quatre lettres qui nous soient parvenues, sa « violente passion » :

« je t'aime avec fureur... »

« je n'en puis plus, je ne puis plus passer un jour sans te voir... »

« je sens ta terrible puissance... »

« près de toi, mon âme existe avec force... »

« toi qui me donnes des jouissances si élevées, si ardentes... »

« ma très bonne, à deux genoux, devant ton beau corps que j'étreins... »

Paul a-t-il jamais lu une seule de ces déclarations enflammées ?

Camille a d'abord caché à sa famille cette liaison coupable et tenté de la convaincre que seul son travail l'amenait à l'atelier du sculpteur. Mensonge en demi-teinte puisqu'il s'agit bien de travail en effet, mais la relation du maître et de l'élève dépasse largement les limites ordinaires. Il y a entre eux un autre jeu ou un autre enjeu. Camille et Rodin forment un couple. Un couple officieux que la Loi n'a pas reconnu, encore moins l'Eglise. Un couple clandestin, que la morale bourgeoise condamne. Camille a pu rêver qu'il évolue-rait vers un autre statut.

Sans doute craint-elle de choquer ses parents et même aussi son frère, en leur avouant qu'elle est deve-nue la maîtresse de son professeur qui a vingt-quatre ans de plus qu'elle. Rodin vit en concubinage depuis vingt ans avec une certaine Rose Beuret, une ancienne cousette qui fut autrefois son modèle et qui entretient son ménage. Il a eu d'elle un fils naturel, qui a exac-tement l'âge de Louise Claudel : né en 1866, il a deux ans de moins que Camille. Rodin a toujours refusé de le reconnaître. Tout juste a-t-il consenti à lui donner son prénom : il s'appelle Auguste Beuret. Il est de noto-riété publique – personne ne l'ignore à l'atelier –, que le Maître habite avec Rose et leur fils, rue du Faubourg-Saint-Jacques. La conventionnelle famille Claudel, quand elle l'apprendra, désapprouvera cette manière de vivre qui tient pour elle du dévergondage.

Paul n'apprendra qu'en 1886, de la bouche de Camille – lors du voyage en tête à tête à l'île de Wight –, la nature et l'ampleur de la relation passionnée où s'est joué le destin de sa sœur.

Paul et Rodin

Ce sont deux instinctifs. Deux sensuels impulsifs. Deux forces de la nature en parfaite santé, qui prodiguent un art généreux. Il y a en eux une même vitalité. Mais aussi une même exigence de beauté et de vérité. Ils ne croient ni l'un ni l'autre aux dogmes ni aux écoles. Ils créent leur propre voie, en dehors des chemins académiques. Ils vont y affirmer chacun leur flamme personnelle avec une rage tenace, jusqu'au bout de la vie qui viendra tard pour les deux.

Malgré leur différence d'âge – vingt-huit ans, une génération –, les deux hommes auraient pu s'entendre. Dans de nombreux domaines, quoi que Paul en dise, ils s'accordent.

Ils auraient pu se rejoindre sur la poésie, que Rodin, comme Paul, transporte partout dans ses poches. Ils auraient pu échanger leurs admirations réciproques de Dante, qui fascine le premier, ou de Rimbaud, quand Paul en aura eu la révélation. Ils partagent la même passion, depuis l'enfance, pour les cathédrales de France. Rodin est obsédé par les flèches qui s'élancent vers le Ciel, par les vitraux et les gargouilles, les nefs et les cryptes, les transepts, les portails. Il a sillonné la France en pèlerin, de Chartres à Amiens, de Reims à Laon, sans négliger Notre-Dame. Il écrira même un

livre, *Cathédrales de France*, en 1914. Paul, lui, écrit
sur la cathédrale de Strasbourg et se montre capable
de comparer de mémoire les admirables vitraux
d'Amiens ou de Beauvais.

Les deux hommes ont une même dimension spirituelle et s'interrogent gravement sur leurs rapports
avec le Ciel. Pour Paul, la rencontre avec Dieu ne s'est
pas encore produite mais elle le conduira bientôt au
monastère de Ligugé, pour une retraite au cours de
laquelle il exprimera son souhait d'entrer dans les
ordres ou de devenir moine.

La même vocation a tenaillé Rodin dans sa jeunesse,
après la mort de sa sœur. Il a renoncé, comme Paul
renoncera, à la carrière monastique.

Dernier rapprochement, qui n'aboutit pas davantage
à un dialogue ni à l'esquisse d'une main tendue : Paul,
comme Rodin, aime toutes les formes d'art. Il écrira
d'admirables pages sur les peintres espagnols ou flamands et même sur Watteau ou sur Fragonard. Rodin,
lui, admire les écrivains, et pas seulement Dante. Ils
tiennent une grande place dans son œuvre : Hugo, Balzac, Baudelaire, mais aussi Octave Mirbeau ou Henri
Rochefort. De nombreux bustes, non des moindres,
leur sont consacrés.

Rodin s'essaie parfois à l'écriture. Ses tournures de
phrase, sans parler de son orthographe, des plus défi-
cientes, ne sont pas à la hauteur de son génie. Il pétrit
mieux la terre que les mots. Une plume à la main, il
devient maladroit – même ses lettres d'amour s'en ressentent. Il écrira cet aveu, tout à son avantage, dans
Cathédrales de France : « C'est difficile de faire un
livre... C'est comme la sculpture. »

Même sur ce terrain, et on peut le regretter pour
l'Histoire des idées, l'échange n'a pas lieu.

Un épisode de leur vie aurait pu établir un pont. Mais c'est là encore une tentative sans lendemain. Au moment de passer le concours des Affaires étrangères, en 1890, Paul doit constituer un dossier et fournir à ses futurs employeurs du Quai d'Orsay quelques lettres de recommandation. Il met à contribution son père, ainsi que son ancien professeur, Georges Burdeau, malgré son antipathie pour la philosophie qu'il lui a enseignée. Puis, par l'entremise de Camille et sans trop de scrupules, fait appel à celui qu'il appelle « le Grand Homme », par dérision bien sûr.

Rodin s'acquitte d'une lettre en bonne et due forme, ou qu'il croit telle, pour recommander le jeune Claudel. Il se porte surtout garant, comme on le lui demande, de ses attaches républicaines. « Mon cher Ministre, voulez-vous me permettre de vous demander votre appui pour un jeune homme de bonne famille républicaine (il est très intelligent), ayant fait ses études à Louis-le-Grand, faisant son droit. Il désire faire le concours du 15 janvier et a besoin pour cela d'être sur la liste des concurrents... » Emanant d'un sculpteur désormais admiré et célèbre, et qu'importe la lourdeur pittoresque de l'expression, la lettre de Rodin aura largement aidé Paul à entrer dans la Carrière.

Il ne l'a pas souvent rappelé.

« Cet homme dont je tairai le nom... », écrit-il dans le premier article qu'il consacre à sa sœur[1].

Il restera des années sans pouvoir prononcer le nom de Rodin. Mais en vieillissant, il va expurger sa bile.

---

1. *Camille Claudel statuaire, op. cit.*

Il suffit de lire les portraits qu'il en donne pour comprendre à quel point il le déteste.

Il l'assassine une première fois, dans un court texte qu'il lui consacre en 1905 et qu'il intitule par anti-phrase *L'Homme de génie*. Ses amis, sans doute effrayés par sa violence, lui conseillent de ne pas le publier. « Il y aura toujours des idoles... que l'on continue le plus souvent à nourrir économiquement à la manière des vieux Lares de simulacres et de fumées... »

Son œuvre ? Un « carnaval de croupions » : « il ne voit dans la nature que ce qu'elle a de plus gros ».

Et le symbole de l'œuvre ? « Un pauvre diable de derrière tout bête avec ses deux grosses joues pathé-tiques qui essaye de s'arracher du limon, et se travaille, et se trémousse, et demande des ailes ! »

Pour Paul, toutes les figures de Rodin ont « la tête en bas comme si elles arrachaient des betteraves avec les dents et la croupe braquée vers les astres sublimes. »

En 1951, son sentiment n'a guère évolué et, cette fois publiquement, dans le très beau texte consacré à sa sœur, *Camille ma sœur*, il enfonce le clou. Eprouvant encore après tant d'années le besoin de dire ce qu'il a sur le cœur, sa rancune est tenace. Les pointes à l'égard de Rodin y sont aussi nombreuses que les louanges adressées à sa sœur. Rodin est « compact », « massif », avec « un gros œil proéminent de luxurieux » et sur-tout un nez, qu'il compare à un groin. Rodin ? Un san-glier !

Entre ces deux textes, il a quand même accepté, en 1929, d'assister à Philadelphie à l'inauguration post-hume d'un musée Rodin, constitué d'œuvres cédées par un couple de généreux donateurs américains. Il y prononce un discours de circonstance : le scandale public est évité. Mais, le soir, dans son Journal, il éprouve le besoin de noter le souvenir que lui laisse le « Priapatriarche », mort depuis plus de dix ans. Dans ce portrait fidèlement venimeux, malgré le recul des années, il continue pour lui-même de le conspuer. Son art est à ses yeux « périmé », « mesquin et tortillé » et « manque surtout de grandeur » !

On a du mal à croire à l'honnêteté de ce jugement. Le détachement n'est d'ailleurs pas un sentiment fréquent chez Claudel, porté à l'emphase, aux élans passionnels. Quand il s'agit du sculpteur devenu le Maître de Camille à tant de points de vue, il perd toute retenue. La haine l'aveugle.

Avant 1883, date où Camille entre au Dépôt des Marbres, le frère et la sœur cheminent côte à côte. Ils partagent tous les instants de leur vie. Camille suit les lectures, les sorties de son frère, partage ses amitiés, ses inquiétudes, ses révoltes, aucune porte de son univers ne lui est fermée. De son côté, Paul, quand il en a le temps, n'hésite pas à venir à l'atelier de la rue Notre-Dame-des-Champs. Il en connaît les hôtes et les usages ; les amies anglaises, le piano, le thé, la fumée : sa sœur ne lui cache rien, ni ses ambitions, qu'il partage, ni ses fièvres. Leur relation est un affectueux échange, fait de complicité et de dialogue, et bénéficie jusque-là à parts égales à chacun d'entre eux. L'un à l'autre indispensables, soudés depuis l'enfance dans la difficulté d'avancer, ils n'ont pas de meilleur(e) ami(e) l'un pour l'autre. Si Paul qui reste « le petit frère » redoute encore l'ironie de sa sœur, il n'y a pas de secret entre eux.

Dès que Camille se met à fréquenter Rodin, l'équilibre est bouleversé. Les mains du frère et de la sœur se disjoignent. Camille entre dans une ère de passion – pour la sculpture, pour le sculpteur – qui va la dévorer. La relation avec Rodin ne rompt pas le lien fraternel. Mais elle le distend, en le rendant pour elle, sinon pour lui, moins essentiel.

Paul, relégué au second plan, ressent cruellement cet éloignement. Eloignement physique, mais aussi affectif et moral, qui le renvoie à la solitude. Ni Daudet, ni Rolland, ni même Schwob, le plus intime de ses compagnons de lycée, auxquels le lie pourtant une autre fraternité, celle de la littérature, ne seront de taille à combler le vide où elle le plonge.

Tel un amant délaissé, il souffre de l'abandon de Camille, il souffre de son silence. Paul est jaloux de Rodin.

D'où sa violence, l'excès sans nuance de son ressentiment.

Car l'éloignement de Camille, dès cette année 1883, s'apparente bel et bien à une trahison.

Le mot n'apparaît sous la plume de Paul dans aucun des deux textes qu'il dédiera des années plus tard à Camille. Mais l'Œuvre a enchâssé le mot, ainsi que le drame personnel qu'il recouvre. Tous les drames claudéliens seront des histoires de trahisons. L'amour, quel qu'il soit, ne sera qu'un mirage, « la promesse qui ne peut être tenue[1] ». Interdit ou coupable, jamais réciproque en tout cas, il sera invariablement voué à l'échec et au malheur. Souvent même à la malédiction. Les couples claudéliens, Lâla et Lambert de Besme (*La Ville*), Violaine et Pierre de Craon (*L'Annonce faite à Marie*), Ysé et Mesa (*Partage de midi*), Sygne et Turelure (*L'Otage*), doivent vivre une séparation. Ils se révèlent déchirés, amputés d'une moitié d'eux-mêmes.

---

1. François Varillon, *op. cit.*

Les femmes de l'Œuvre ressembleront à Camille : indomptables, inapprivoisées, ces redoutables tigresses de Claudel ne prodigueront pas volontiers la caresse et la consolation. Même les héroïnes blessées, les plus douces victimes du destin – Violaine ou Pensée – auront quelque chose en elles de dur, d'impérieux, d'irréductible. Dans leurs yeux d'encre passe l'éclat fascinant et un peu effrayant de ceux de Camille.

Camille la dure. L'infidèle. La sans-cœur. Elle restera le grand modèle de ces femmes, qui, dans l'œuvre de son frère, se montrent capables d'abandonner leur propre enfant. C'est ce profond sentiment d'abandon qu'il décrit dans *Tête d'or* quand son héros, si proche de lui qu'il voudra un jour l'effacer de ses œuvres, ou au moins le faire oublier, se sent : « plus seul que l'enfant tué par sa mère et qu'elle enterre sous le fumier avec les assiettes cassées et les chats morts dans la terre pleine de gros vers roses ».

Mais elles seront aussi, ces traîtresses, des victimes d'un sort injuste et cruel.

Sort qui va prendre aux yeux de Paul le visage « massif » de Rodin. Le chagrin, la folie à venir de Camille vont décupler sa rancœur. Pour lui, aucun doute n'est possible : il jugera Rodin responsable du grand malheur de sa sœur. Trente ans après la mort du sculpteur, le temps n'aura ni modifié ni adouci son accusation : « Elle avait tout misé sur Rodin, elle perdit tout avec lui[1]. » C'est en procureur qu'il s'exprime.

On peut trouver l'explication simpliste et surtout très commode pour sa conscience : par elle, il se dédouane. En désignant Rodin comme le principal coupable, il évite de se poser la question qui reviendra pourtant le hanter : n'a-t-il pas lui aussi sa part dans le malheur de Camille ?

---

1. *Ma sœur Camille, op. cit.*

Le temps des coups de foudre

A peu près au même moment, Paul fait une rencontre qui va fondamentalement changer sa vie. Une double rencontre, à quelques mois d'intervalle.

Au printemps 1886, étudiant en première année de Sciences politiques, il se promène sur les quais de la Seine et s'attarde, comme il en a l'habitude, aux devantures des bouquinistes. Il tombe sur une revue, *La Vogue*, qui l'intéresse car elle publie des poètes. Il l'achète et, le soir même, découvre *Les Illuminations* où un poète inconnu a écrit : « J'ai tendu des cordes de clocher à clocher ; des guirlandes de fenêtre à fenêtre ; des chaînes d'or d'étoile à étoile, et je danse. »

A la minute, à la seconde où il lit ces mots, Arthur Rimbaud devient la référence absolue. Celui qui voit au milieu des aveugles. Celui qui éclaire dans la nuit. Chacun de ses poèmes, chacune de ses phrases lui en imposent. C'est une immédiate communion avec l'auteur des lignes révoltées et fiévreuses qui constituent ce recueil inédit. Il comprend tout à coup qu'il n'est plus seul. Rimbaud parle pour lui et, ce qui le ravit, c'est qu'il parle avec les mots et sur le rythme qu'il aurait voulu lui-même savoir inventer. Grâce à ce Verbe puissant en rupture avec l'Ecole et avec les écoles, qui lui donne une vision parfaite de ce que peut être la liberté d'un poète, il ressent à ses côtés la présence d'un frère. Il se reconnaît en lui. Il l'écrira : « Je suis un de ceux qui l'ont cru sur parole, un de ceux qui ont eu confiance en lui[1]. »

Il a lui-même dix-huit ans. Il est mal dans sa peau ; il peine à exprimer ses colères et voudrait d'un bloc rejeter le fardeau de ses maîtres et de sa famille... Son adolescence plaide en faveur de Rimbaud. Mais son adhésion est loin d'être une seule affaire de jeunesse, l'enthousiasme d'un jeune homme en pleine crise pubertaire – Claudel l'expliquera lui-même : la puberté lui durera longtemps... C'est un élément bien plus profond qui peut susciter un engouement d'une telle violence et le conduire, lui si rétif à s'emballer, à une admiration éperdue, semblable à l'éveil de l'amour.

Véritable coup de foudre, sa rencontre avec la poésie de Rimbaud l'irradie et le métamorphose. Le voilà convaincu qu'on lui montre enfin la bonne voie, loin de l'univers sclérosé et figé de l'Université, celle des grands courants marins ou célestes, avec leur force, leurs vents fous, leurs tempêtes qui nettoient l'atmosphère tel un immense apport d'oxygène dans le cloaque parisien. Car le mot clef, chez Rimbaud, c'est « Pureté ».

« Pureté ! ô Pureté ! C'est bien une minute d'éveil qui m'a donné la vision de la pureté. » Une sensation à laquelle Claudel aspire lui-même éperdument, sans pouvoir la trouver.

La lecture, en septembre, d'*Une saison en enfer* ne fera que renforcer son admiration et sa communion. Il en récitera par cœur des strophes entières, aimant particulièrement cette phrase : « Sur la mer que j'aimais comme si elle eût dû me laver d'une souillure, je voyais se lever la croix consolatrice. »

---

1. Préface aux *Œuvres complètes* de Rimbaud, *op. cit.*

Sous l'apparence du Claudel ambassadeur et académicien français, confit dans les honneurs, ou encore de l'écrivain catholique à la morale non moins confite, impossible de douter de sa parenté spirituelle avec « le mystique à l'état sauvage », le poète rebelle des *Illuminations* et d'*Une saison en enfer*. Il suffit de relire les Cinq Odes, ou bien des extraits du théâtre, pour s'en convaincre. Claudel est irradié de feu, d'angoisse et de folie. Il est lui-même une sorte de sauvage et le restera dans l'habit vert – on ne l'apprivoise pas. Ni ses maîtres, ni ses amis, ni plus tard les prêtres ou même l'Académie n'y parviendront. Il gardera son tempérament rugueux, très âpre, et surtout cette démesure, cette violence, qui tissent les pages de ses livres. Habité par une véhémence qui ne l'empêche pas d'écrire dans une clarté de cristal, il a lui aussi le goût du soleil et de l'absolu. Il hait les compromissions, l'hypocrisie – et plus que tout, les siennes. Il voudrait être pur.

La poésie n'est pas pour lui une attitude. Encore moins une échappatoire. C'est un appel qui se traduit en mots, en sons, en images et n'aura d'égal, un jour, par la toute-puissance, que celui de Dieu.

Claudel : « O Dieu, j'entends mon âme folle en moi qui pleure et qui chante ! »

Quelques années plus tard, il prend contact avec Isabelle Rimbaud, la sœur du poète. Il lui rend visite à Roche et à Charleville, il dort dans la chambre où le poète écrivit *Une saison en enfer*. Entre 1911 et 1919, il échange une correspondance avec Paterne Berrichon, le mari d'Isabelle Rimbaud, et, malgré sa crainte de profaner Rimbaud, accepte d'écrire la préface à la première édition des œuvres complètes, au Mercure de

France (1912). Ce grand orgueilleux y manifeste une modestie, des plus rares venant de lui.

Le temps a beau passer, il ne reniera jamais cet éblouissement. Jusqu'au seuil de la mort, à quatre-vingt-six ans, il reste proche de ce frère en ruptures et en illuminations, grâce auquel il s'est découvert lui-même, au point de sentir en lui « quelqu'un qui est en moi plus moi-même que moi. »

« Je me sens par l'esprit et par les instincts poétiques lié à lui par des communications si secrètes et si intimes qu'il me semble faire partie de moi-même », écrit-il à Maurice Pottecher (un autre camarade de Louis-le-Grand), en 1896.

En 1908, dans une lettre à Jacques Rivière (jeune professeur de philosophie d'origine bordelaise qui dirigera un jour la NRF et grand admirateur de Claudel), il énumère les influences littéraires qu'il a subies : Shakespeare, Eschyle, Dante et Dostoïevski, tous écrivains très éloignés, on le voit, de l'esprit cartésien français. Puis il souligne celle, capitale, d'Arthur Rimbaud : « Rimbaud seul a eu une action que j'appellerai séminale et paternelle et qui me fait réellement croire qu'il y a une génération dans l'ordre des esprits comme dans celle des corps. »

Il s'agit donc moins d'une parenté que d'un véritable engendrement. Le frère en poésie le met au monde pour la seconde fois. Du fraternel au paternel, le passage se fait naturellement : la rencontre de Rimbaud est l'histoire d'une filiation. Claudel le confirme dans une lettre à Paterne Berrichon : « D'autres écrivains ont été pour moi des éducateurs et des précepteurs, mais seul Rimbaud a été pour moi un révélateur, un *illuminateur* de tous les chemins de l'art, de la religion et de la vie, de sorte qu'il m'est impossible d'imaginer ce que j'aurais pu être sans la rencontre de ce prodigieux esprit, certainement éclairé d'un rayon d'en haut. Forme, pensée et principes, je lui dois tout[1]... »

Convaincu qu'« il n'y a point de séparation radicale entre ce monde et l'autre », Claudel conservera à Rimbaud une déférence quasi religieuse. Il emploie à plusieurs reprises le mot, non encore galvaudé, de « culte ». Devant l'auteur des *Illuminations*, il incline la tête. Il l'écrit : il a trouvé son maître.

« Il faut céder enfin, il faut subir le maître... »

Découvert par le plus grand des hasards, le message de Rimbaud ne pouvait que l'atteindre. Car c'est un ailleurs spirituel qui l'attire. Surgie des tréfonds de l'âme et de l'être, la parole de Rimbaud, tout étrangère aux doctes discours des sages, traduit ses propres interrogations. Elle ne change pas seulement la vie. Elle la réinvente. La Poésie lui rend l'espoir, à la manière d'un soleil levant qu'il appelle de tous ses vœux.

Camille, alertée par son frère, communie aussi dans l'admiration du poète et partage à la fois sa stupéfaction et sa ferveur. Comment serait-elle insensible à cette poésie qui clame haut et fort la passion d'être soi, au-delà des limites, au-delà du raisonnable, dans un dérèglement de tous les sens ?

« Je ferai sortir du milieu de toi, dit le prophète Isaïe, un feu qui te dévorera[2]. »

La même année que les *Illuminations*, la foi en Dieu frappe Paul comme un second coup de foudre. Le

---

1. Lettre du 13 juin 1911.
2. « L'art et la foi », dans *Positions et Propositions*, *Œuvres en prose*, Pléiade, *op. cit.*, 1965.

25 décembre au soir, lui qui est pourtant encore un
agnostique, comme ses parents et ses sœurs, indifférent
à la religion dans laquelle il a été baptisé, entre dans
Notre-Dame. Le hasard, là aussi, conduit ses pas. Il
cherche on ne sait quel réconfort. Peut-être simplement
la chaleur d'une communauté. Il aurait pu tout aussi
bien entrer dans un théâtre... C'est l'heure des vêpres.
La messe a déjà commencé. Il vient s'appuyer au
deuxième pilier, « à l'entrée du chœur à droite, du côté
de la sacristie ». Il est là comme au spectacle et avouera
même qu'il s'ennuyait un peu.

Les enfants de chœur en aube blanche, accompagnés
par les élèves du petit séminaire de Saint-Nicolas-du-
Chardonnet, entonnent alors le chant glorieux du
Magnificat. Paul, qui ne s'y attendait pas, entre littéralement en transe. Les larmes lui montent aux yeux, il
tremble, doit s'appuyer plus fort au pilier pour ne pas
tomber. « Le cœur serré d'émotion », sans comprendre
ce qui lui arrive, il assiste à la célébration dans un état
second, proche de l'extase. Le chant de l'Adeste, tout
entier de tendresse, achève de le bouleverser. Lorsqu'il
ressort de la cathédrale, « ivre et titubant et ahuri[1] »
en cette nuit de Noël, le chrétien jusque-là indifférent à
sa religion sait qu'il a reçu la foi. Il est devenu croyant.

Pas d'apparition, comme celle de la Vierge à
Lourdes devant les yeux éblouis de Bernadette Soubi-
rous. Pas de voix divine comme en avait entendu
Jeanne d'Arc. Mais une musique : le *Magnificat* et
l'Adeste, interprétés par des voix d'enfants. Le choc a
été artistique avant de se transmuer en message religieux. « La musique souvent me prend comme une
mer », disait Baudelaire. Pour Claudel, elle a été le vec-
teur de sa foi.

---

1. *Journal* II, *op. cit.*

« En un instant, mon cœur fut touché et *je crus*[1]. »

La foi lui restera. Elle ne sera pas toujours limpide et douce, car elle va le soumettre à de terribles épreuves. Il lui faudra quatre ans pour « s'en rendre digne », de longues discussions avec des prêtres, comme l'abbé Villaume, d'innombrables passages dans les confessionnaux, des lectures, des réflexions, des retraites dans des monastères comme celui de Ligugé, près de Poitiers. Une sévère remise en question et beaucoup d'interrogations précéderont sa « conversion » définitive, avant qu'il ose se présenter au maître-autel pour communier. Rimbaud : « Le combat spirituel est aussi brutal que la bataille d'hommes. » Mais dans ce long parcours initiatique, pas plus que dans les années d'apostolat, jusqu'à son dernier souffle, jamais le doute ne l'effleurera. « Je crus d'une telle force d'adhésion, d'un tel soulèvement de tout mon être, d'une conviction si puissante, d'une telle certitude ne laissant place à aucune espèce de doute que, depuis, tous les livres, tous les raisonnements, tous les hasards d'une vie agitée, n'ont pu ébranler ma foi, ni, à vrai dire, la toucher[2]. »

Sa conviction est si forte qu'il pensera même à devenir moine. C'est le supérieur de Ligugé, le moine bénédictin dom Besse, qui le détournera de cette tentation contemplative, le rendant à la poésie et à la diplomatie, en somme à sa vraie vocation qui est séculière. Cette expérience cruelle de ne pas avoir été jugé digne du plus haut appel lui apparaîtra comme l'une des grandes déceptions de sa vie : il gardera le sentiment d'avoir été « repoussé ». La foi qu'il professe ne saurait se réduire pour lui à un rôle anecdotique. Même s'il ne devient pas moine, ce qui aurait requis un parfait

---

1. « Ma Conversion », dans *Contacts et Circonstances*, *Œuvres en prose, op. cit.*
2. *Ibid.*

renoncement à soi-même, elle sera désormais indissociable de la moindre de ses respirations, elle fera partie
de lui comme un élément fondateur, constitutif de sa
personne. De même que les *Illuminations*, la foi est
entrée presque par effraction dans son histoire.

Il n'est pas anodin que le miracle de Notre-Dame,
car c'en est un, se soit produit dans une cathédrale qui
porte le nom de la Vierge. Claudel dira que c'est « en
son sein » qu'il fut « conçu une seconde fois » : « C'est
mélangé à ses ténèbres que j'ai reçu l'étincelle séminale
et la respiration essentielle. Elle a été pour moi l'asile,
la chaire, la maison, le docteur et la nourrice. »

Dans son désarroi, alors que sa sœur semble l'abandonner tel un enfant perdu, la Vierge, symbole
d'Amour, vient le prendre dans ses bras. Image même
de la consolation, elle lui apporte la tendresse dont il
a soif et se plaint d'avoir manqué. Camille, il est vrai,
n'est pas une tendre. Quant à Madame Claudel...
« Notre mère ne nous embrassait jamais (...) Moi qui
avais tellement souffert de n'être jamais ni appelé, ni
écouté, ni consolé par ma mère, je l'ai trouvée en 1886
– ah !, bénie soit-elle – la Remplaçante. C'est elle. La
Vierge qui écoute [1]. »

Il l'appelle dans un poème « Notre-Dame, la Femme-
église », confondant en elle la vierge et la femme, la
sainte et la mère. Elle lui offre enfin l'amour qui lui a tellement fait défaut. « Après la mère non maternelle,
après la sœur fautive, seule une Vierge pouvait rassem-
bler les morceaux épars de l'image féminine. C'est la
voie du salut : Paul a trouvé celle qui ne saurait le déce-

---

1. Dans *Le Figaro littéraire*, 3 septembre 1949.

voir. La "Remplaçante" idéale[1] », écrit Brigitte Fabre-Pellerin. Se référant au drame de la séparation avec Camille, qui vient tout juste de précipiter Paul dans un désarroi dont il ne vient pas à bout, le psychiatre poursuit ainsi son analyse : « Cette image de la femme vierge sauve son âme, c'est-à-dire que l'idéalisation et la sublimation permettent une véritable rédemption de l'image entachée, avilie de la femme. »

Le rôle de Notre-Dame comme consolatrice, puis comme image idéale, « sublimée » de la femme, Claudel l'a lui-même souligné maintes fois dans les récits qu'il a donnés de sa « conversion ». Ce qu'il n'a jamais dit en revanche, c'est que la manifestation sensible de la Vierge, dans cette cathédrale un soir de Noël, marque profondément sa relation avec sa sœur. A partir du moment où il conçoit cette image « idéale et sublimée » de la Femme, à travers le miroir de Marie, Camille est rendue à son statut de pécheresse. Auparavant, c'est-à-dire avant que Paul ne soit pénétré de la conviction catholique, elle n'est qu'une sœur qui s'éloigne.

L'idée de la « faute », impliquant cette vision de Camille en une Marie-Madeleine qui ne sera pas sauvée, ne vient bien sûr qu'après. A la prise de distance banale, phénomène naturel de la vie – est-ce qu'une sœur et un frère ne finissent pas toujours par s'éloigner l'un de l'autre –, vécu comme une « trahison » aux yeux du frère délaissé, Paul ajoute la notion de péché. La situation quasi adultère de Camille – une autre femme, un autre foyer sont en péril à cause d'elle – n'est pas conforme aux exigences chrétiennes. Sous l'éclairage de la foi, sa vie paraît hautement coupable : trop charnelle, trop matérielle et plus du tout charitable, elle ne semble plus préoccupée que de l'amour

---

1. *Camille Claudel, Le Tourment de l'absence*, Carnets de Psychanalyse, 2005.

de soi, oubliant tout amour du prochain – sauf celui de Rodin.

Entre la Vierge immaculée et la sœur fautive, l'une tout idéal et l'autre tout imperfection, Paul a du mal à réconcilier ces deux images de la femme. Son œuvre garde la trace de cette vaine recherche : la Femme est un rêve qui se dérobe. Comme Camille, la Vierge reste une des figures majeures de son théâtre et de ses poèmes. Sans cesse invoquée, elle pare de lumière les visages de ses héroïnes, chacune en reçoit un troublant reflet. Dans le théâtre de Claudel, le modèle inaccessible de Marie rend toutes les femmes, les plus orgueilleuses et les plus royales, à leur condition misérable.

Image paternelle de Rimbaud.
Image maternelle de la Vierge.

Cette double référence spirituelle permet à l'adolescent de renaître et de se reconstruire. C'est sous cette double tutelle qu'il entend vivre désormais. La Poésie, la Foi seront pour lui indissociables. Elles éclairent d'un même phare une route sur laquelle il avançait en pleine nuit. A partir de 1886, alors que Camille se montre absorbée par une création artistique effervescente, et bien qu'il soit encore en proie à bien des angoisses religieuses ou métaphysiques, il ne se sent plus aussi seul.

Claudel emploie souvent le mot « cœur » de même que le mot « âme ». C'est la part transcendante de notre intelligence, ce qui, échappant à la raison, nous permet de communiquer avec nos forces obscures, tout ce que nous ne comprenons pas, qui nous dépasse. « Les choses visibles ne doivent pas être séparées des choses invisibles. Toutes ensemble constituent l'univers de Dieu et ont entre elles des relations claires ou mystérieuses : l'Apôtre nous dit en effet que par les unes, nous sommes conduits à la connaissance des autres [1]. »

Dans le domaine affectif, il a fallu à Paul et à Camille des expériences extraordinaires pour qu'ils trouvent un sens à leur destinée. Pour tous les deux, une illumination a été nécessaire – ils ont été l'un et l'autre foudroyés, Paul par la Foi et par la Poésie, Camille par l'Art et par l'Amour. Les majuscules s'imposent tant il y a de sens du sacré dans leur approche des choses humaines et tant ils mettent une passion exaltée dans ce qu'ils vivent. Il est impossible, avec eux, de rester dans le minuscule. Le frère et la sœur vous imposent toujours, bien qu'on s'en garde, une certaine exagération : dès qu'on les approche l'un ou l'autre, un souffle vous transporte ou, pour mieux dire avec Rimbaud, vous « accroche » et vous « tire ».

Sa conversion, Paul la garde d'abord secrète. Il ne l'avoue qu'à des prêtres, dans la pénombre du confessionnal. Alors qu'il a tout de suite partagé avec Camille la lecture des *Illuminations* puis d'*Une saison en enfer*, et le sentiment éperdu d'admiration que la poésie de Rimbaud lui procure, il lui cache la nuit de Noël où Dieu lui fut révélé.

A chacun son secret.

Craint-il le jugement de sa sœur aînée, son ironie, ses sarcasmes ? Camille n'est pas croyante. C'est même elle qui, la première, l'a initié à l'incrédulité, après la lecture de *La Vie de Jésus*, où Renan évoque le Christ en personnage de l'Histoire, et non tel le fils de Dieu

---

1. « Religion et Poésie », dans *Positions et Propositions*, *Œuvres en prose, op. cit.*

des chrétiens. La grande sœur est irrévérente et ses idoles ne sont pas catholiques. Comme son père, dans la lignée républicaine des Claudel mais avec le supplément d'une ironie mordante, elle n'aurait pas manqué de trouver ridicule l'emballement de son frère au chant des enfants de chœur.

Paul n'osera confier sa foi à sa sœur qu'au cours de ce voyage à l'île de Wight (1889), où elle lui révélera d'autres illuminations d'un ordre plus humain. Elle les lui aura elle aussi cachées : l'éblouissement de l'amour, de la sculpture et le nouveau chemin que suit sa vie de femme.

Cette prudence de l'un et de l'autre, qui leur fait tenir longtemps secrets des événements capitaux, est plus grande encore vis-à-vis de leurs parents. Pour Camille, l'aveu est rendu impossible par l'opacité des rapports qu'elle entretient avec sa mère, mais tout autant par le contexte social et moral de l'époque. Quelle femme alors n'aurait pas honte de vivre, hors mariage, une aventure amoureuse ? Que les parents Claudel ne soient pas des catholiques pratiquants ne change rien à leur attitude. Ils seront extrêmement choqués. Informée très tard, Madame Claudel écrira son indignation à sa fille en évitant les mots qu'elle n'ose même pas prononcer. « Toi, qui faisais la sucrée, qui vivais avec lui en femme entretenue... Je n'ose même pas écrire les mots qui me viennent à l'esprit[1]. » A ses yeux, le déshonneur de Camille rejaillit sur toute sa famille. Sa fille aînée « salit » la réputation des Claudel.

Pour Paul, l'aveu ne devait pas être plus facile. Camille est la première à apprendre sa « conversion ». Le reste du clan ne sera informé qu'en 1890, soit un

---

1. Lettre de Madame Claudel à Camille, 1927, dans *Camille Claudel, Correspondance*, édition d'Anne Rivière et Bruno Gaudichon, Gallimard, 2003.

an plus tard, de ses convictions catholiques. Pudeur ou crainte de ces reproches que les parents Claudel se montrent vifs à formuler ? Ni le père ni la mère ne semblent avoir reproché sa foi à leur fils.

Quant au cercle extérieur, du côté de Camille, les amies anglaises sont très vite au courant – Jessie Lipscomb est même complice de la passion de Rodin qui, lorsque Camille le boude, se voit obligé d'adresser ses lettres à cette messagère. L'une d'entre elles nous est parvenue, où il appelle Camille sa « féroce amie ». Du côté de Paul, le secret est plus hermétique. Le cercle de Mallarmé l'intimide plus encore que ses parents, et c'est peu dire. Il est vrai que le poète de *Brise marine* est lui-même agnostique et manie volontiers l'ironie à l'égard de la religion. Son mysticisme ne s'exerce que pour la poésie. Quant aux autres amis, ni Daudet, ni Schwob, ni Rolland ne sont enclins à partager sa foi.

La confession, la tentative de partage ne sont donc possibles que dans cette intimité que vivent le frère et la sœur depuis l'enfance. Ils auront l'un comme l'autre été les premiers à entendre l'essentiel aveu. On ne sait pas qui fut le plus étonné des deux ou le plus indigné. Si Paul a subodoré la liaison de sa sœur avec Rodin avant qu'elle ne lui en parle, il est peu probable que Camille ait pu, de son côté, pressentir le choc spirituel que venait de subir son frère.

C'est pourtant elle, cette sœur agnostique, qui a mis entre les mains de Paul la première Bible… Qui mieux qu'elle aurait pu comprendre la sublimation de la vie dont il vient de faire l'expérience à travers la Foi, mais aussi à travers la Poésie, qui remplissent le manque, l'absence ? Si païenne Camille s'affiche-t-elle, la dimension mystique ne lui est pas étrangère. Paul le sait et il l'écrira : ce qu'il préfère dans les sculptures de sa sœur, c'est leur part de lumière et le souffle qui les a inspirées. Ses corps les plus nus, dans le clair-obscur d'une pièce, possèdent bien autre chose qu'une simple beauté physique ou une anatomie attirante. Il y a en eux aussi une part de transcendance, et qu'importe au fond que celle-ci ne soit pas d'ordre divin ?

Le silence de Paul n'était-il qu'une réponse au silence de Camille, à ce qu'elle lui cachait de sa vie, à son éloignement sans explications ?

Le frère et la sœur ont eu en tout cas besoin de ce silence, de cette distance.

« Nous avons à trouver notre Route, conduite ou égarée, comme des héros d'Homère, par des amis ou des ennemis invisibles, parmi les vicissitudes les plus passionnantes et les plus imprévues, vers des sommets de lumière ou des abîmes de misère [1]. »

---

1. *Religion et Poésie, Œuvres en prose, op. cit.*

Un Champenois en Asie

Fuir Paris représente pour Paul le but le plus immédiat. Reçu premier, en 1890, au concours des Affaires étrangères, il choisit la voie consulaire. A Wladimir d'Ormesson qui un jour s'en étonnera, il dira qu'il était « modeste, effrayé par les pompes diplomatiques et par les dépenses de la carrière proprement dite » – le style de vie de sa famille ne l'avait pas préparé aux mondanités des ambassades. Mais c'est aussi par esprit d'indépendance qu'il s'est orienté vers cette voie de moindre prestige, en songeant qu'un vice-consul, si modeste soit-il, contrairement à un attaché d'ambassade ou de légation, est déjà son propre maître.

Dispensé du service militaire pour une anomalie de la vision, il doit cependant ronger son frein pendant trois ans au Quai d'Orsay, à la sous-direction des Affaires commerciales. Il apprend son métier au service des écritures et du protocole, en calligraphiant des rapports à la plume d'oie, selon une tradition exigeante. Pour sécher l'encre, l'usage du buvard étant proscrit, il doit saupoudrer de poudre bleue les rapports ordinaires, et de poudre d'or ceux qu'on destine aux ambassadeurs, aux ministres et autres sommités.

Le temps passe lentement, laborieusement, au quatrième étage du Quai, sous la houlette de son supérieur

hiérarchique dont il admire la finesse et l'esprit de syn-
thèse : Georges Louis. C'est le frère aîné du poète
Pierre Louÿs, l'auteur d'*Aphrodite* et des *Chansons de
Bilitis*, dont il dira que s'affubler d'un Y et d'un tréma
par-dessus ne lui conférait pas un plus grand talent ! Il
préfère la plume de Monsieur Louis.

Il se lie aussi avec Gabriel Hanotaux, qui sera plusieurs fois ministre. Mais dans la vénérable maison, il
demeure un solitaire. Il garde son quant-à-soi. C'est
qu'il piaffe d'impatience et compte les jours qui le
séparent de son premier poste. Il espère être envoyé
le plus loin possible de Paris : qui sait, sur un autre
continent ?

Dès son premier salaire, immédiatement supérieur à
celui de son père, au printemps 1890, il quitte l'immeuble familial et s'installe dans un petit appartement
de l'île Saint-Louis (toujours cet appel de l'eau !), au
43, quai de Bourbon. Il aime aller à pied à son bureau,
en longeant la Seine.

S'il s'acquitte consciencieusement de son travail, le
soir, plutôt que de sortir en ville et de jouir enfin des
plaisirs de la capitale – il en a désormais les moyens –,
il préfère rester chez lui. Il écrit. Deux pièces de
théâtre, *La Ville*, en 1891, et *La Jeune fille Violaine*,
en 1892, naissent de l'attente fiévreuse de son prochain
départ. La Ville, véritable héroïne de son drame, cadre
infernal où s'ébattent une foule de personnages pris au
piège de ses tentacules, tels Cœuvres, Besme, Thalie ou
Rhéa, est une œuvre « bleu iris ». C'est même le premier mot du premier acte :

> « *couleur : le bleu*
> *Iris ; le vert,*
> *Et le ton jaunâtre du dos de la main.* »

A la fois prison et cloaque, « triste chantier où la
Bièvre aussi épaisse que le miel est utile aux cuirs et

aux toisons », ce Paris ne sera pas capable de retenir le jeune homme qui arpente ses rues d'un pas nerveux, pour combattre son désespoir, « enfoncé parmi les hommes jusqu'à la tête ».

> « O ville !
> *Longtemps un homme entre les hommes et tel qu'un rien,*
> *j'ai heurté les trottoirs d'un lourd soulier ! »*

Il n'a pas d'autre ressource pour être lui-même et s'évader de ce monde hideux que d'écrire des vers (en prose) ou de relire Rimbaud, *Le Bateau ivre* : « O que ma quille éclate ! ô que j'aille à la mer ! »

L'univers de Paul s'ouvre en grand sur l'horizon qu'il ne cesse de guetter et d'espérer depuis son adolescence : la mer !

Voici le temps venu des grands départs.

En 1893, son premier paquebot l'emmène vers l'Amérique. Il inaugure ainsi ses traversées de l'océan, qui seront si nombreuses dans sa vie et lui laisseront le souvenir de périodes arrachées au temps, suspendues au-dessus de l'eau. A bord, il découvre sa cabine, la salle à manger où l'on déjeune et où l'on dîne de repas somptueux tels qu'il n'en a jamais connu, les salons où les passagers jouent aux cartes, boivent du champagne et du gin et dansent le soir. Mais surtout le pont où, évidemment solitaire, il vient s'accouder pour contempler les vagues. A sa grande surprise, elles sont grises, d'un reflet presque noir, ce qui ne l'empêche pas d'être fasciné. Combien de fois Rimbaud a-t-il résonné dans sa tête avec ses « poissons d'or, ses poissons chantants,

ses écumes de fleurs, ses ineffables vents » ? Il essuie sa
première tempête et, en pleine crise d'autodérision, se
trouve des « jambes de roulis » : « A table, il faut se
cramponner pour ne pas être envoyé comme un projec-
tile de bâbord à tribord. (…) On a dû attacher par une
corde le piano qui voulait s'envoler[1]… »

Nommé consul à New York où il ne reste que huit
mois, sous les ordres d'un très vieux diplomate à moitié gâteux, il sera consul-suppléant à Boston, avec un
salaire de 7 000 francs par an jusqu'à son retour en
France, l'hiver de l'année suivante. Ces deux villes lui
laisseront une image « rouge et chocolat » – Boston
plus rouge encore – mais l'Amérique ne lui paraît pas
encore assez loin, assez vaste. Il la quitte sans regrets.

Tout juste lui a-t-elle offert l'occasion d'un premier
éloignement. Elle aura aussi confirmé ce qu'il appelle
son « goût du grand air » : l'irrépressible besoin de respirer ailleurs.

Son désir de lointains est enfin comblé lorsqu'il est
envoyé en juin 1895 en Chine, au titre de vice-consul,
pour une mission à Shangaï.

Il va passer près de quinze ans, entrecoupés de
séjours en France, sur cette terre d'Orient pour laquelle
il éprouve un véritable coup de foudre. Il restera toujours, même s'il finira sa carrière en Amérique, plus
oriental qu'occidental.

« Comme j'ai aimé la Chine ! Il y a ainsi des pays,
que l'on accepte, que l'on épouse, que l'on adopte d'un
seul coup comme une femme, comme s'ils avaient été
faits pour nous et nous pour eux ! Cette Chine à l'état
de friture perpétuelle, grouillante, désordonnée, anar-
chique, avec sa saleté épique, ses mendiants, ses
lépreux, toutes ses tripes à l'air, mais aussi avec cet
enthousiasme de vie et de mouvement, je l'ai absorbée

---

1. *Souvenirs de la Carrière*, série d'articles parus dans *Le Figaro* de
décembre 1937 à mars 1938, reprise dans les *Œuvres en prose*, *op. cit.*

d'un seul coup, je m'y suis plongé avec délices, avec
émerveillement, avec une approbation intégrale,
aucune objection à formuler ! Je m'y sentais comme un
poisson dans l'eau[1] ! »

Il a vingt-sept ans et ne connaît pas un mot de
chinois.

La dernière impératrice, la légendaire Tseu-Hi, règne
sur la Chine. La veille de rentrer en France, à quarante-
deux ans, il assistera à son enterrement.

Les puissances étrangères se disputent les provinces
chinoises, dans une lutte âpre pour installer leur hégé-
monie. La France, parmi les diverses zones d'influence,
est surtout présente au sud, sur les territoires du Hai-
nan, du Yunnan, du Koung Si, du Kouang-Tong et du
Fou-Kien qui ne sont pas les plus rentables mais où le
jeune vice-consul va faire, enfin sur le terrain, l'apprentissage de la diplomatie. Il y sera en exercice
commandé de « politique de pénétration en terre
étrangère »...

Mais il ne connaît encore rien de la Chine et y
débarque sans presque aucune préparation. A Shangaï
où se trouve l'ambassade de France, ce sont des mis-
sionnaires jésuites, les premiers qu'il rencontre, qui
vont l'initier à la culture et à la civilisation de cet
immense empire. Il y est très agacé par les mondanités
qui lui font perdre son temps, les Occidentaux n'en
finissant pas de se recevoir entre eux. Il se plaint
d'avoir à sortir presque tous les soirs. Il fait connaissance avec le petit monde d'expatriés, avec ses commé-
rages, ses querelles et ses rivalités. L'ambition de
carrière de collègues plus âgés et plus expérimentés ne
facilite pas son arrivée.

Nommé vice-consul gérant à Fou-Tcheou, la capitale du Fou-Kien, il découvre la vraie Chine. La ville,

---

1. « Choses de Chine », 1936, dans *Contacts et Circonstances*,
Œuvres en prose, op. cit.

avec ses 624 000 habitants, est animée d'une importante activité portuaire et possède parmi de nombreuses
manufactures un arsenal qui intéresse beaucoup les
autorités françaises. Appuyée à « un rempart de montagnes ébréchées », elle captive Paul pour de tout autres
raisons : le paysage, la lumière et l'afflux violent de sensations nouvelles. Un fleuve, le Min jaune, y roule des
eaux qu'il appelle « blondes ». Il ne se lassera pas de le
contempler : « Tout grouille, tout tremble d'une rive à
l'autre de sampans et de bateaux, où les convives de
soie pareils à de clairs bouquets boivent et jouent ; tout
est lumière et tambour [1]. »

A Fou-Tcheou, soulagé d'échapper aux obligations
sociales de Shangaï qui le mettaient si mal à l'aise, il
est tout de suite chez lui. Aucune adaptation ne lui
est nécessaire. Une grande maison à véranda où il se
promène pieds nus dans la chaleur étouffante lui sert
à la fois de résidence et de bureau. Pour ne rien perdre
du panorama, la vue inouïe sur les « montagnes ébréchées », il place son lit dans l'embrasure de la fenêtre
pour y dormir « la joue contre la Nuit ». A l'aube – le
moment où il prie et où il écrit –, il peut observer les
mouvements et les couleurs de la lumière. Il se déplace
en chaise à porteurs ou bien en house-boat sur le Min.
Il a des domestiques. Il engage son premier secrétaire,
qui sera aussi son interprète : un poète calligraphe,
peintre miniaturiste, nommé Tchao.

Exotisme du paysage : rizières et cocotiers, pagodes
et palanquins, fumées d'opium, banyans, fleuve de
boue. Exotisme de la population : foules innombrables, compactes, dont il ne comprend pas le langage
mais dont les gestes aussi l'étonnent. Tchao a beaucoup à lui apprendre, et pas seulement le sens des
mots.

---

1. *Connaissance de l'Est* : « Le Jour de la Fête-de-tous-les-fleuves »,
dans *Œuvre poétique*, Bibliothèque de la Pléiade, Gallimard, 1965.

Plus aucune mondanité ne peut le distraire : enfin son propre maître, il regarde, observe, contemple cet univers qui est pour lui si nouveau. Il s'imbibe de couleurs et de parfums, de sensations, d'émotions. Sa curiosité est insatiable. Il voudrait tout voir et tout visiter. Victor Segalen, le poète breton amoureux de la Chine, qu'il rencontrera à la fin de son séjour, lui reprochera de s'être gavé de pittoresque. Et c'est vrai – Claudel a intellectuellement le même appétit, la même boulimie, qu'à table. La Chine va profondément marquer son imaginaire et nourrir son monde intérieur.

Le confucianisme et le taoïsme lui apportent réflexion et lumières. Il écarte le premier, qu'il juge trop laïque, à l'égal de ces philosophies matérialistes qu'on a voulu lui inculquer au lycée et lui semblent déparer son époque, pour s'enchanter du second. Dans la vision taoïste de l'univers, toutes les créatures vivantes, des êtres humains aux plantes et aux nuages, contribuent à l'ordre et à l'harmonie de la Création. Il croit lui-même, de manière instinctive, à un monde très vaste, d'où les frontières seraient abolies au profit de liens établis par des courants impalpables mais tout-puissants, comme l'eau, le vent, la lumière. La vie.

Il apprend par cœur, comme naguère Rimbaud, des phrases de Lao-Tseu : « Tout être porte sur son dos l'obscurité et serre dans ses bras la lumière. » Ce pourrait être du Claudel !

Le fascine aussi cette idée du vide placé au cœur du monde, vide originel et constitutif qui fait de tout être à la fois un réceptacle et un désir. Il se découvre taoïste, en étant tout entier catholique, et entend ne pas se défaire de ce syncrétisme original.

En Chine, sa quête spirituelle s'approfondit. Il a

apporté avec lui, sur les conseils de son confesseur, l'abbé Villaume, les deux *Sommes* de saint Thomas d'Aquin. Il les lit chaque soir, les annote, les médite. Saint Thomas, avec son sens de l'ordre, son goût des architectures impeccables, mais aussi sa sensibilité aux mystères et à la poésie, lui donne l'exacte idée de ce que devrait être le monde selon une logique inspirée de Dieu. Logique infiniment plus subtile, souple et vaste que celles de Kant ou de Schopenhauer, envers lesquelles il garde sa méfiance.

Un Claudel taoïste et thomiste s'affirme en Chine, dans un grand élan vers Dieu. Il écrira de longues pages et même tout un Art poétique, sur cette recherche où se mêlent les aspirations les plus hautes, le Verbe le plus enflammé, et la tentation de se dissoudre dans le silence.

« Et je suis de nouveau reporté sur la mer indifférente et liquide. (...) Le ciel n'est plus que de la brume et l'espace de l'eau. (...) La matière de tout est rassemblée en une seule eau, pareille à celle de ces larmes que je sens qui coulent sur ma joue. Sa voix, pareille à celle du sommeil quand il souffle de ce qu'il y a de plus sourd à l'espoir en nous[1]. »

Autour de lui, l'Empire s'agite. Les étrangers le démembrent, province après province, et tentent de le partager. Le vice-consul assiste à la révolte des Boxers, patriotes nationalistes qui tentent par la violence d'organiser la résistance chinoise.

Il rédige à la main, car il n'a pas de machine à écrire, des rapports qu'il envoie à sa hiérarchie sur la fourni-

---

1. *Connaissance de l'Est* : « Dissolution », dans *Œuvre poétique*, *op. cit.*

ture de tissus de drap aux acheteurs de Fou-Tcheou, l'importation des étoffes de laine ou la navigation à vapeur sur le Min.

Il écrit torse nu, dans la chaleur humide, une serviette roulée sur le front et le corps bardé de papier-buvard, afin d'éviter à la sueur de couler sur ses phrases.

Son travail consiste à négocier avec le vice-roi chinois, qui veille sur l'administration générale, et avec un maréchal tartare, qui dirige l'arsenal placé sous contrôle français, la prochaine ingérence de compatriotes, maîtres de forges, pour fabriquer les armes.

Claudel se révèle un bon négociateur : l'ambassadeur, Auguste Gérard, lui envoie à plusieurs reprises ses compliments. Mais le projet encore plus délicat à négocier, d'une ligne de chemin de fer française pour relier le Tonkin à Vladivostok, en passant par les ports chinois du Sud, provoque son déplacement, au profit d'un confrère plus expérimenté.

Il doit provisoirement céder sa place et quitte à regret sa maison avec sa véranda. Envoyé à Hankeou, il sera pris dans une fournaise qui lui évoque l'enfer, en comparaison des nuits étoilées de Fou-Tcheou.

Plus loin de la mer que son précédent poste, plus avant dans les terres, cette ville de deux millions d'habitants, au confluent du Yang-tsé-Kiang et du Han, abrite de nombreuses industries de soie, de coton, mais aussi, là encore, des forges et des fonderies. Le jeune vice-consul est chargé cette fois de négocier, en alliance avec les Belges, représentés par un industriel avec lequel il restera ami, Emile Franqui, la construction d'un chemin de fer reliant le Nord et le Sud de la Chine, Pékin à Hankeou. Face à eux, les Anglo-Américains. Nouvelles félicitations de l'ambassadeur : la coalition franco-belge l'emporte.

En 1897, il revient à Shangaï, prend des vacances à Nankin et à Sou Tcheou, s'offre un voyage de trois semaines au Japon, puis retourne à Fou-Tcheou, où il retrouve sa maison, son secrétaire et ses habitudes de travailler torse nu.

Retour en France en 1900, après cinq ans d'absence. Second départ pour la Chine, pour cinq autres années à Fou-Tcheou : il a cette fois le titre de consul. Son salaire annuel passe à 24 000 francs. Retour en France en 1905. Troisième départ pour la Chine, en 1906.

Il est alors nommé à Tientsin, la capitale du Ho-pei, au sud-est de Pékin. Située sur le fleuve Pei-ho, c'est un port important, surtout pour le trafic des textiles, à l'embouchure du Hai-ho. Paul Claudel y passera les dernières années de son séjour chinois : jusqu'à la mort de Tseu-Hi et à l'approche de la prise du pouvoir par le parti intellectuel de Sun Yan Tsen.

De Fou-Tcheou à la Cour du Nord, il a exploré la Chine. Il l'a bien connue et aimée plus encore. Il y a beaucoup travaillé, non seulement dans le cadre de ses missions diplomatiques, mais pour lui-même, écrivant sans relâche, en dehors de ses heures de bureau, tôt le matin ou tard le soir, d'abondantes pages de théâtre ou de poésie.

Les pays qu'il traverse, où il vit en exil, laissent une trace dans sa production littéraire. En Amérique, il a écrit *L'Echange*, en 1894, une pièce très américaine par l'esprit, par le ton et même le nom des personnages. On y assiste « sur le littoral de l'est » – l'orient, même en Amérique – à des dialogues moins ébouriffés que dans *Tête d'or*, pourtant toujours poétiques, autour de l'amour et de « l'océan blanc ». Thomas Pollock Nageoire en est l'inoubliable héros. Naissent en Chine : d'abord, *Connaissance de l'Est*, en 1897, un recueil de chroniques de ses années chinoises, images photographiées de l'œil sensible du poète et qui semblent s'imprimer sur sa rétine, avec des reflets chan-

geants, du jaune amer au jaune d'or. Ces petites pièces
en prose, du « Cocotier » jusqu'à « Dissolution », en
passant par « La Pluie », « Le Fleuve » et « Tristesse
de l'eau », sont publiées séparément dans les revues
auxquelles il les envoie – *Revue de Paris*, *Revue
blanche* ou *Nouvelle Revue*. A Paris, les textes qu'on
publie de lui rappellent le grand absent à de trop rares,
mais fervents lecteurs. Il rédige à Kouliang et à Fou-
Tcheou la majeure partie d'un *Art poétique*, aux
accents messianiques : à la fois « Connaissance du
temps » et « Co-naissance du monde et de soi-même ».
Le Repos du septième jour est l'histoire d'un empereur
chinois qui se penche sur la souffrance de son peuple,
un drame sur l'origine du Mal. Il y aura enfin les *Cinq
Grandes Odes*, deux ans plus tard. Un recueil poétique
plein de sa quête spirituelle et des images de son long
séjour dans l'Empire du Milieu. Il l'a composé à Fou-
Tcheou, à Pékin et à Tien-Tsin.

> « *Où que je tourne la tête*
> *J'envisage l'immense octave de la Création !*
> *Le monde s'ouvre et, si large qu'en soit l'empan, mon*
> *regard le traverse d'un bout à l'autre.*
> *J'ai pesé le soleil ainsi qu'un gros mouton* [1]... »

Comme sa sœur, imperturbable quand il s'agit de
son art, rien, ni le grand empire chinois, ni les mirages
de la planète entière, ne peuvent le distraire de son
sacerdoce. Pour elle sculpter, pour lui écrire sont le
premier appel.

> « *Phrase mère ! engin profond du langage et peloton*
> *des femmes vivantes !*
> *Présence créatrice* [2] ! »

---

1. *Cinq Grandes Odes*, dans *Œuvre poétique, op. cit.*
2. *Ibid.*

Les voyages les plus lointains et les plus prenants ne servent qu'à nourrir un monde, lié aux abîmes marins, à l'eau des profondeurs, au ventre nocturne et maternel.

> *« La matière première ! C'est la mère, je dis, qu'il me faut !*
> *Possédons la mer éternelle et salée, la grande rose grise !*
> *Je lève un bras vers le paradis ! je m'avance vers la mer aux entrailles de raisin !*
> *Je me suis embarqué pour toujours*[1] *! »*

---

1. *Ibid.*

Les errances intérieures

Camille vit seule. Elle a quitté deux ans avant Paul l'appartement familial, l'été 1888. Elle ne gagne pas bien sa vie. Sans l'aide de son père qui l'entretient financièrement, la vente de ses sculptures ne suffirait pas à lui permettre de se louer un appartement. Mais sa mère ne voulait plus qu'elle continue à habiter boulevard du Port-Royal, où ses horaires impossibles jetaient la confusion. D'autant que Louise, cette année-là, s'est fiancée à un jeune homme bien sous tous rapports : fils d'un ami de la famille et magistrat !

Camille ne se fait pas longtemps prier. Son prochain appartement sera un atelier : elle n'aura plus besoin de parcourir des kilomètres pour aller sculpter. Le déménagement l'arrange d'autant mieux qu'elle s'est fâchée avec Jessie et que les relations avec ses autres amies anglaises connaissent des hauts et des bas, rendant difficile la cohabitation rue Notre-Dame-des-Champs. Elle s'installe donc, pas très loin de chez elle, dans le quartier des Gobelins (XIIIe arrondissement), au 113, boulevard d'Italie.

Rodin la rejoint aussitôt. Il loue, la même année, à quelques mois d'intervalle, au 68 du même boulevard, une belle maison du XVIIIe siècle, plantée au milieu d'un parc, que les gens du coin appellent La Folie Neufbourg. Neufbourg, comme son ancien propriétaire, et Folie parce qu'on désigne ainsi, au XVIIIᵉ siècle, les propriétés d'agrément construites pour abriter des amours galantes… Les Gobelins, quartier populaire, non loin des fortifications de Paris, sont encore la campagne ; on y vit au milieu des arbres, sur des routes de terre, dans le chant des oiseaux.

Au lieu-dit du « clos Payen », la maison, laissée à l'abandon, est presque en ruine. Mais son immense surface comble les désirs du maître. Dans les vastes pièces abandonnées et couvertes de poussière, s'entassent vite les plâtres, les terres, les esquisses par centaines, parmi le matériel habituel et sa débauche de linges humides, ses blocs de pierre brute, ses sacs de terre, ses nuages de poudre blanche. La Folie devient un sanctuaire : fidèle à sa vocation première, elle continue d'abriter des amours galantes, mais protège aussi le travail de deux grands sculpteurs.

Camille se rend désormais moins souvent au Dépôt des Marbres où continue de travailler Rodin. Il a quitté le faubourg Saint-Jacques où il vivait depuis plus de vingt ans et installé Rose Beuret et son fils rue de Bourgogne, dans l'aristocratique VIIᵉ arrondissement. Il se partage entre ces trois adresses. Mais si les deux femmes supportent ses incessantes allées et venues, chacune le harcèle pour qu'il mette un terme à ses hésitations et choisisse l'une ou l'autre.

Dans son atelier du XIIIᵉ, Camille sculpte *La Prière*, rebaptisée *Le Psaume* dans la version en bronze : une tête de jeune femme couverte d'un voile, exprimant une concentration extrême. Une sculpture qu'elle aurait pu dédier à son frère : Camille sait ce que c'est que la prière…

Elle sculpte aussi le buste du petit Charles Lhermitte : le fils de Léon, le peintre ami de Rodin. Une adorable tête d'enfant : la première. Elle qui n'aura pas d'enfant…

En 1892, elle quitte le clos Payen. Tout en gardant encore quelques années son atelier du boulevard d'Italie, elle s'installe au 11, avenue de La Bourdonnais (VIIᵉ arrondissement), dans un appartement du rez-de-chaussée qui devient aussitôt un appartement-atelier. C'est sa manière de marquer son indépendance vis-à-vis de Rodin. De même que Virginia Woolf avait « une chambre à soi » pour y écrire, le temps est venu pour Camille des « ateliers à soi ».

A partir de 1892, c'en est fini de sa collaboration avec le sculpteur des *Bourgeois de Calais*. Elle ne travaillera plus dorénavant que pour elle. Avenue de La Bourdonnais naissent ses *Causeuses*, entièrement taillées dans l'onyx : un groupe de trois femmes nues, assises sur un banc, écoutent le secret que leur chuchote une quatrième, penchée vers elles, la main près de la bouche.

A cette même date, Rodin, rendu à son destin d'homme célèbre, de sculpteur à la mode et de don Juan vieillissant, sculpte les deux derniers visages de Camille : *La Convalescente* et *L'Adieu*. Les titres parlent d'eux-mêmes et les visages aussi : Camille s'efface dans la pierre. Ses mains, ses belles mains, s'appliquent sur sa bouche : le silence va bientôt l'absorber. Rodin mettra longtemps à ne plus souffrir de l'éloignement de Camille. De loin, il continuera de veiller, autant qu'il le pourra, sur cette élève indocile qu'il devine malheureuse et ne voit pas s'éloigner sans angoisse. Il la mettra souvent en garde contre sa tendance à se couper de tous les appuis et à vouloir faire le vide autour d'elle. Il lui enverra des journalistes et de futurs clients. Il achètera même de ses sculptures, sous le couvert de prête-noms, pour qu'elle ne s'effarouche pas de son influence et n'aille pas voir son emprise là où, de sa part – il l'écrit dans des lettres à ses amis –, il n'y a que souci affectueux et profonde inquiétude.

Entre le moment où Camille quitte le foyer familial et celui où elle s'émancipe de Rodin, elle prend parfois des vacances. Elle va moins souvent à Villeneuve depuis qu'elle a réussi à y faire inviter Rodin et Rose pour un dimanche à la campagne ! Madame Claudel : « L'ignoble comédie que tu nous as jouée ! Moi, assez naïve pour inviter le "grand homme" à Villeneuve, avec Madame Rodin, sa concubine [1] ! »

L'île de Wight reste son refuge, pour de brefs séjours chez les parents de Florence Jeans. Mais c'est en Touraine qu'elle s'échappe de plus en plus souvent. Elle en a découvert les charmes avec Rodin, qui l'y a emmenée la première fois, en cachant bien sûr sa présence à Rose. Le prétexte invoqué pour ce voyage était de mieux connaître les lieux où avait vécu Balzac : Rodin venait tout juste de recevoir une commande pour une sculpture de l'auteur de la *Comédie humaine*. Le château de l'Islette, près d'Azay-le-Rideau, devient un port d'attache. Les deux sculpteurs y séjournent ensemble en 1889, 1890 et 1892. Camille y retournera seule en 1894.

C'est un joli château Renaissance, entouré de champs de blé. Camille se baigne dans la rivière qui longe une partie du parc et demande à Rodin, reparti plus tôt pour Paris, de lui acheter « un petit costume de bain bleu foncé avec galons blancs, en deux morceaux, blouse et pantalon (taille moyenne) au Louvre ou au Bon Marché [2] » !

La nuit, elle dort nue, même quand Rodin n'est pas là : « Je couche toute nue pour me faire croire que vous êtes là, mais quand je me réveille ce n'est plus la même chose [3]. »

Ces escapades ensoleillées et sensuelles forment une

---

1. Lettre de Madame Claudel à Camille, 1927.
2. Lettre de Camille à Rodin, juillet 1891.
3. *Ibid.*

enclave dans la vie de Camille. Ce sont des moments d'assez rares bonheurs, des parenthèses bucoliques où elle apparaît tout à coup et par exception, détendue, épanouie, presque rayonnante. Elle, si sombre et si torturée, qui écrit à Rodin pourtant au cours de l'une de ces accalmies : « Il y a toujours quelque chose d'absent qui me tourmente. »

Le reste du temps, soit l'essentiel, Camille vit à Paris, enfermée dans son atelier. Elle y prend ses repas, y dort et s'y réveille. Le travail est rude, dans la poussière et l'humidité.

Elle habite un univers urbain, strictement balisé. Univers étroit, malgré les hautes fenêtres qu'elle finira un jour par barricader. La Ville, l'atelier se confondent en une même prison de pierre et de béton. Tout autre qu'elle y aurait étouffé.

Elle devient moins coquette. Son travail la dévore. Comme il ne lui rapporte pas de salaire régulier, elle n'a pas assez d'argent pour s'acheter des robes ou des bottines. Un jour, elle décommande un rendez-vous : son ombrelle est cassée. Elle a sa fierté, ne veut pas sortir dans le monde avec ses vieux souliers. Tout son argent passe dans l'achat de matériaux divers – le marbre est très cher –, le cachet des modèles ou la facture du fondeur. Elle se passe du superflu. Sauf du vin rouge – et elle n'achète pas le meilleur – pour lutter contre le froid ou se redonner des forces quand elle en manque.

Mais Camille quand elle travaille, et elle travaille tout le temps, sait faire sauter les verrous, reculer les murs et entrer la lumière dans son univers clos. Rien n'est moins étriqué ou petit que sa sculpture. Derrière leurs yeux fermés, ses figures rêvent. Elles sont libres et même inatteignables – sa manière à elle de s'en aller, de voyager.

Après *Sakountala*, viennent deux grandes œuvres : *Clotho*, en 1890, la terrible vieillarde, avec sa chevelure de pieuvre et ses seins flasques, sa peau ridée, meurtrie. Et en 1892, comme en contrepoint de tant de souffrance, *La Valse* : deux corps jeunes et enlacés, en tel déséquilibre qu'ils pourraient tomber si la musique ne soutenait leur mouvement et ne les emportait là où on a envie de les accompagner. Un lointain paradis à deux.

Camille taillant le marbre au marteau, dans la solitude de son atelier parisien. Paul sur sa véranda, dans la fournaise de Fou-Tcheou, contemplant les montagnes chinoises ou les eaux jaunes du fleuve. Séparés par des milliers de kilomètres à vol d'oiseau, le frère et la sœur sont aussi seuls l'un que l'autre. Personne à leurs côtés. Silence de l'atelier où résonnent les coups de marteau. Silence habité du chant des cigales de la grande nuit chinoise.

Entre le frère et la sœur, les ponts ne sont pas coupés. Ils s'écrivent. Même si elles mettent des mois à leur parvenir, leurs lettres leur permettent de rester proches, malgré la distance. Paul guette, fébrile, une fois par semaine, le drapeau que le consulat britannique hisse en haut du mât pour annoncer l'arrivée du courrier.

Il donne à Camille ses impressions d'exil – un exil qu'il a désiré. Elle lui envoie des livres – d'abord ceux que ses amis publient, *Les Morticoles* et *L'Astre noir* de Léon Daudet. C'est à lui seul désormais qu'elle confie ses projets : ses *Causeuses*, sa *Prière* ou son

Bénédicité, auprès de lui qu'elle s'épanche des difficultés de son travail en cours. Après le buste du petit « Charlot » – Charles Lhermitte –, celui de son père, Léon Lhermitte, lui donne quelque peine. Mais elle est en général enthousiaste – autant que Paul quand il lui parle de la Chine. Aucun ton de tristesse. Aucune plainte sur la vie pourtant très solitaire qui est la sienne. Elle a la tête pleine de projets : *Le Dimanche*, *La Faute*, *Le Violoneux*, elle les évoque tous pour son frère. Elle le rassure : « Tu vois que ce n'est plus du tout du Rodin, et c'est habillé... ! »

Elle lui demande de garder le secret, car elle a peur qu'on ne lui vole ses idées : « C'est à toi seulement que je confie ces trouvailles : ne les montre pas ! »

Mais surtout, elle l'appelle. A sa manière, un peu brutale, sans mièvrerie ni sentimentalisme, elle lui dit simplement qu'il lui manque :

« Dépêche-toi de revenir voir tout ça ! »

A chacun de ses retours en France, Paul retrouve avec bonheur sa sœur complice, son autre sœur, ses parents, ses vieux amis. Mais, pendant des jours et même des semaines, pendant presque toute la durée de son séjour en métropole, il garde l'impression d'avoir des jambes de roulis et peine à partager le trop-plein d'images qu'il vient d'engranger. A tous, il raconte et explique, répond patiemment aux questions qu'on lui pose, mais comprend très vite son décalage. Devenu un étranger dans son propre pays et dans sa propre famille, il souffre de n'être plus de nulle part. Il le dit en anglais : I do not belong... Il est « hors de la patrie ». Tel un hôte précaire et vaguement suspect, il voit bien qu'« on se passe parfaitement de lui »[1]. A

---

1. *Souvenirs de la Carrière, op. cit.*

cause de son statut volatil, il se baptise lui-même
« l'absent professionnel ».

D'une certaine façon, il n'est plus là pour les siens.

« La séparation a eu lieu et l'exil où il est entré le
suit[1]. »

Mais ce sentiment de gêne ou d'inadaptation qu'il
éprouve en France, au plus près des siens, n'est pas
seulement négatif. Ni d'ici ni d'ailleurs, il peut désormais se considérer comme un citoyen du monde, aux
poumons dilatés, aux racines multiples.

« Contre tous les embêtements, le départ est là
comme un recours, comme une référence, comme un
asile grand ouvert[2]. » Lorsqu'il repart, il a la sensation
que la mer le reprend, cette mer fidèle qui, au fil des
voyages, est devenue son alliée. Elle lui apporte cette
distance souveraine avec les autres, avec lui-même –
un immense espace de liberté. Emporté loin de chez
lui, vers des horizons qui vont sans cesse se renouveler
et auxquels il s'attachera avec plus ou moins de
flamme, sa vraie maison c'est la mer. Ce no man's
land, en perpétuel mouvement.

« Et, tout le jour, j'étudie la mer comme on lit les
yeux d'une femme qui comprend[3]... »

Le regardant partir, Camille reste à quai, silhouette
immobile et fière, que son éloignement efface.

« *Encore ! encore la mer qui vient me rechercher
comme une barque,*

---

1. *Connaissance de l'Est* : « Pensée en mer », *op. cit.*
2. *Souvenirs de la Carrière*, *op. cit.*
3. *Connaissance de l'Est* : « La Terre quittée », *op. cit.*

*La mer encore qui retourne vers moi à la marée de
syzygie et qui me lève et remue de mon ber comme une
galère allégée,*
   *Comme une barque qui ne tient plus qu'à sa corde,
et qui danse furieusement, et qui tape, et qui saque, et
qui fonce, et qui encense, et qui culbute, le nez à son
piquet* [1]*... »*

Ses deux sœurs sont très loin de son univers. Louise
est comme Camille ancrée au port. Après son mariage
avec Ferdinand de Massary, elle a emménagé dans un
appartement de l'île Saint-Louis, tout près de l'ancienne adresse de Paul, qui sera bientôt aussi celle de
Camille. L'exilé habite chez Louise ou chez Camille,
se partageant entre ses sœurs quand il est en congé
diplomatique.

La sœur cadette aura un fils, Jacques. Il naît en 1892
– l'année qui précède le premier grand départ de Paul
pour l'Amérique et la rupture de Camille avec Rodin.

A trente ans à peine, en 1896 (première année de
Paul à Fou-Tcheou et Camille sculpte ses *Causeuses*),
Louise est veuve : Ferdinand de Massary meurt d'une
maladie de cœur à l'âge de quarante et un ans.

La Ville ne retiendra pas Louise éternellement. Passé
le temps de l'éducation de son fils, qui sera médecin,
et Madame Claudel mère devenue veuve à son tour,
elle retourne avec empressement au village de son
enfance. Conservant son pied-à-terre quai d'Anjou
pour y passer l'hiver, elle mènera à Villeneuve une
petite vie tranquille et provinciale dont l'atmosphère

1. *Cinq Grandes Odes*, IV : « La Muse qui est la Grâce », *op. cit.*

contraste avec l'existence chaloupée et mugissante de
ses frère et sœur. Loin de la Chine et des océans, les
deux Louise se préfèrent à la campagne : la vieille
maison de famille, le jardin et le cimetière mitoyen
représentent pour elles le centre immuable du monde.

III
ORAGES

Dans l'œil du cyclone

L'amour de Rodin ? Il éclate avec évidence dans les lettres à Camille. Amour ardent et passionné, également douloureux, le sculpteur l'exprime avec sincérité et même avec humilité, comme s'il en demandait pardon.

« Dans quelle ivresse je vis quand je suis auprès de toi[1] ! »

A ses accents tour à tour émerveillés et suppliants, on comprend qu'il est dépendant de Camille, soumis à sa volonté et à ses caprices.

« Ma féroce amie, je sens ta terrible puissance. Je ne puis plus passer un jour sans te voir. »

Elle est pour lui la grâce et le bourreau, à la fois le bien et le mal. En colère ou boudeuse, elle peut le fuir et ainsi le punir, lui ôtant le bonheur de sa présence, comme en 1886, quand elle passe exprès quelques semaines loin de lui, en Angleterre. Il souffre de son départ et se plaint de n'avoir plus aucun goût à la vie.

« Ma souffrance, tu n'y crois pas. Je pleure et tu en doutes. Je ne ris plus depuis longtemps, je ne chante plus, tout m'est insipide et indifférent. »

---

1. Toutes les lettres *à* ou *de* Camille sont extraites de sa *Correspondance*, édition d'Anne Rivière et Bruno Gaudichon, *op. cit.*

Ses symptômes, reconnaissables au premier coup d'œil quand on dévore les romans d'amour, sont ceux de Tristan éconduit qui se meurt lentement loin d'Yseult. Il se dit à sa merci : « Laisse-moi te voir tous les jours, ce sera une bonne action (…) car toi seule peux me sauver par ta générosité. Ne laisse pas prendre à la hideuse et lente maladie mon intelligence, l'amour ardent et si pur que j'ai pour toi, enfin, pitié, ma chérie. »

On ne connaît pas la réponse de Camille.

Mais on peut déduire des lettres de Rodin son comportement impérial, tout en exigences et en diktats à son égard. L'amour enflammé de Rodin se heurte à un caractère épris d'absolu.

Camille voudrait être l'objet unique de son attention. Or, il vit entouré de femmes plus belles les unes que les autres : ses élèves, ses amies, ses modèles. Pas seulement les sœurs Abbruzzesi mais d'autres, tant d'autres qu'on pourrait se perdre dans la liste de ses innombrables fréquentations et conquêtes. Adèle, Anna, Gwen, Sophie… La plupart ne durent pas ; elles sont liées à la transe d'une œuvre, au coup de sang du créateur qui confond la sensualité du modèle vivant avec la statue qu'il pétrit. Son travail et l'amour se mêlent souvent dans la fièvre du désir. Octave Mirbeau : « Il est capable de tout, d'un crime pour une femme, il est le satyre brut qu'il met dans ses groupes érotiques. »

Si un homme a aimé les femmes, c'est bien Rodin, de cet amour enflammé mais volage qui marque les grands séducteurs. Satyre, faune, ogre, tel un monstre insatiable, il se nourrit de tout ce qui passe à sa portée. Pourvu que les formes soient belles, elles aiguisent un appétit qui n'a d'ailleurs aucun mal à se satisfaire. Les femmes lui résistent peu. Sa fougue, ses yeux brûlants, ses mains expertes, tout autant que l'admiration qu'il leur accorde d'instinct, suffisent à les convaincre. « La femme est encore la seule chose qui à notre époque soit chef-d'œuvre » – il sait aussi leur parler. Rodin est un séducteur-né. De la peau au papier, de la chair à la terre, cet artiste prodigue aux talents inquiétants de démiurge – et ce n'est certainement pas à leurs yeux son moindre charme –, peut les transformer en œuvres immortelles : comment, pourquoi lui résister ? Sa fascination est si forte qu'elles répondent toutes, à de rares exceptions, au désir qu'il exprime sans détours, sans jamais s'encombrer de jeux préliminaires.

Un homme pareil, il paraît impossible de le mettre en cage. L'amour qu'il éprouve pour Camille entraîne Rodin très au-delà de ses aventures habituelles, plus loin qu'il n'ira jamais : « Sois assurée que je n'ai aucune femme en amitié et toute mon âme t'appartient. »

A-t-elle cru à cette déclaration ? A-t-elle rêvé son avenir à partir de cette belle phrase ? Laquelle n'est peut-être pas mensongère, après tout, mais un aveu sincère. Pour Rodin, Camille occupe une place à part dans sa vie de séductions et de conquêtes : cela apparaît clairement non seulement dans les lettres qu'il lui adresse mais dans les témoignages de ceux et celles qui ont été les spectateurs de leur histoire d'amour.

Le 12 octobre 1886, Rodin écrit à Camille une lettre qui enregistre un engagement officiel : une sorte de contrat. Rodin y consigne une double promesse : d'exclusivité et de fidélité. Pour Camille, il déclare d'abord renoncer à ses autres amitiés féminines, incluant à ce moment précis une certaine Madame… dont il n'écrit pas le nom, soit par discrétion soit pour ne pas torturer Camille avec le nom détesté d'une de ses élèves dont elle se montrait jalouse – sous prétexte de sculpture, le meilleur alibi, Rodin leur donnait des cours d'anatomie.

« Pour l'avenir, à partir d'aujourd'hui, 12 octobre 1886, je ne tiendrai pour mon élève que Mlle Camille et je la protégerai seule par tous les moyens que j'aurai à ma disposition par mes amis qui seront les siens, surtout par mes amis influents. »

Cette promesse de la soutenir « par tous les moyens à sa disposition », il la tiendra avec une irréprochable constance, longtemps même après leur rupture, prouvant ainsi qu'il était un homme loyal et de parole.

Mais il ne tiendra évidemment pas la seconde, à laquelle l'ont entraîné l'amour de Camille et le désir de la conserver près de lui à tout prix : dans cette même lettre, il s'engageait en effet à l'épouser ! « Au mois de mai, nous partons pour l'Italie et y restons au moins six mois, commencement d'une liaison indissoluble après laquelle Mlle Camille sera ma femme. » Serment mensonger : ils n'iront pas en Italie, Mlle Camille ne sera pas la femme de Rodin et leur liaison se dissoudra.

Tant d'amour s'exprime pourtant dans ses lettres :

« Tes chères mains, laisse-les sur ma figure, que ma chair soit heureuse que mon cœur sente encore mon divin amour se répandre à nouveau. »

« Ta main, Camille, pas celle qui se retire, pas de bonheur à la toucher si elle ne m'est le gage d'un peu de ta tendresse. »

« Ah ! divine beauté, fleur qui parle, et qui aime, fleur intelligente, ma chérie. Ma très bonne, à deux genoux, devant ton beau corps que j'étreins. »

Comment l'aurait-il épousée, cet homme couvert de femmes, alors qu'il vit maritalement, installé depuis plus de vingt ans dans une union durable ? Rodin ne semble pas vouloir rompre avec sa compagne : discrète et tenace, Rose Beuret tient son ménage, s'occupe de son linge et de ses sculptures – c'est elle qui renouvelle les chiffons humides sur les terres en chantier quand il s'absente. Même si on ne la voit pas souvent à l'atelier, si sa silhouette s'estompe dans un arrière-plan de coulisses où demeure le souvenir des années de misère, elle est là. Bien trop aux yeux de Camille qui, très vite, la déteste. Son existence cachée ne la rend que plus présente : une maîtresse en titre tapie dans l'ombre du grand homme menace son propre soleil. Car Rodin transporte avec lui ce fantôme, même invisible, qui ne le quitte pas d'un pouce, à la manière d'un dibbuk obsédant, lancinant et qui finit par faire partie de soi.

Ironie du sort : Rose n'est plus belle, ni jeune, et elle n'a même pas droit de cité. Rodin la tient à l'écart comme s'il avait honte d'elle. Il ne la présente pas comme sa femme. Il dîne sans elle chez ses amis et ne les lui amène pas chez lui. Il a même fini par chasser son fils de son foyer, sous prétexte que le garçon est un ivrogne. Rose le voit en cachette... Camille au contraire a une place officielle près de Rodin. C'est elle qui l'accompagne lors de ses nombreuses sorties en ville, chez Juliette Adam, Mallarmé, les La Vrille ou les Ménard-Dorian. Ce microcosme parisien, si prestigieux ou si étincelant soit-il, Camille n'en a que faire : elle le mépriserait même, car il vole aux artistes qui ont besoin de travailler trop de temps et d'énergie. Elle en fait le reproche à Rodin, un jour où elle l'a laissé à lui-même, donc au monde et à ses tentations : « Je suis sûre que vous avez encore fait des excès de nourriture dans vos maudits dîners, avec le maudit monde que je déteste, qui vous prend votre temps et votre santé et ne vous rend rien. »

Alors que peu de personnes connaissent l'existence de Rose, c'est de Camille que les amis de Rodin prennent des nouvelles à la fin de leurs lettres – elle a pu se croire la première dans le cœur du sculpteur. Mais dans la vie, malgré les apparences trompeuses, il en est autrement. Rodin est très attaché à Rose Beuret. Installé avec elle dans une routine où il trouve du confort, il garde de la tendresse pour cette compagne dévouée qui a été autrefois son modèle pour une tête d'Alsacienne et pour une Bacchante. Les lettres qu'il lui adresse laissent percevoir les traces d'une ancienne sensualité qui affleure encore entre eux malgré les années. Il ne peut être question pour lui de répudier la compagne de ses débuts difficiles. Selon Cléopâtre Bourdelle, l'épouse du sculpteur – Bourdelle entretint avec Rodin des liens quasi filiaux –, « il n'a pas eu le cœur de chasser Rose, son chien fidèle et dévoué, elle en serait morte, la pauvre femme, elle se serait sûrement suicidée [1] ».

Âgée d'une cinquantaine d'années, cette « vieille femme » qui, selon le même témoin, « agissait plutôt comme une gouvernante ou une domestique » et devant laquelle « Rodin ne se gênait pas pour faire la cour à outrance aux femmes », cette « pauvre femme » comme l'appelle encore Madame Bourdelle devient le cauchemar de Camille. La « pauvre Rose », déjà si fanée, mais indéracinable, va avoir raison de sa beauté, de son talent ; elle va l'évincer de la vie de Rodin. Il restera avec Rose. Un jour même, il l'épousera. Madame Bourdelle : « Quelque chose de très haut, au fond de lui-même, l'a empêché d'abandonner la pauvre Rose, c'est tout. »

Dès qu'elle comprend que Rodin ne peut pas quitter cette femme et qu'elle devra le partager – sans compter toutes les autres, de passage –, Camille durcit sa posi-

---

1. Cléopâtre Bourdelle-Sevastos, *Ma vie avec Bourdelle*, Paris-Musées et Éditions des Cendres, 2005.

tion. Selon Cléopâtre Bourdelle, « il les aurait gardées toutes les deux. Mais Camille Claudel n'a pas voulu. Elle était jeune et fière. Elle n'a pas compris. Elle est partie ».

Avant de partir, elle a essayé beaucoup d'expédients. Des prières d'abord, qui ressemblent à des commandements : « Surtout ne me trompez plus. » Elle tente d'aiguiser le désir par des absences soudaines et répétées qui laissent Rodin malheureux, désemparé, mais ne changent rien à la situation. L'Angleterre, chez Jessie, l'île de Wight, avec son frère chez Florence, ou les Pyrénées, là encore avec Paul, ces escapades, souvent heureuses, ne sont que tentatives vaines pour obtenir de Rodin l'impossible : qu'il la choisisse enfin entre toutes ses femmes et qu'il renonce à Rose, dont l'existence est devenue pour elle une obsession majeure. Mais Rodin résiste. Il souffre, il pleure, il la supplie de se montrer moins cruelle, il veut toujours l'aimer... mais c'est tout juste s'il lui donne un peu plus de temps quand elle revient. Pour se faire pardonner, il l'emmène en Touraine à plusieurs reprises, au château de l'Islette. Mais ces séjours d'été ne sont que parenthèses trop vite refermées, qui rendent d'autant plus difficile le retour à Paris.

1887. « Je suis de retour depuis quinze jours, écrit-elle à son amie Florence Jeans. Rien de nouveau. La vie est toujours amère. »

Elle traverse de terribles épreuves. Sans doute est-elle tombée enceinte et a-t-elle voulu cacher sa grossesse en s'exilant pendant plusieurs mois à Azay-le-Rideau. Rodin vient la voir en secret, comme un visiteur qu'on a beaucoup prié et qui, pour se faire pardonner ses démissions, vous apporte des cadeaux – un maillot de bain ou de petites sculptures.

Selon sa petite-nièce Reine-Marie Paris qui en recueillit la confidence auprès d'un petit-fils de Jessie Lipscomb, Camille aurait eu quatre enfants de Rodin,

ou du moins aurait pu les avoir. Ce qui n'est pas sur-
prenant à une époque où les femmes ne peuvent
employer aucune contraception. Eut-elle recours à une
faiseuse d'anges ? On sait par un témoin inattendu, son
frère, qu'elle a connu l'épreuve d'un avortement clandestin. A la fin de sa vie, Paul Claudel confiera ce
secret à mots couverts, mais aisément décryptables, à
son amie Macha – Marie Romain-Rolland. L'épouse
de l'écrivain s'étant « rendue coupable » sur elle-même
d'un « crime » d'avortement, il lui écrit son indignation et la met en garde contre un tel acte de barbarie :
il en a observé les effets en son temps sur une personne
qui lui était chère. « Sachez qu'une personne de qui je
suis très proche a commis le même crime que vous et
qu'elle l'expie depuis vingt-six ans dans une maison de
fous. Tuer un enfant, tuer une âme immortelle, c'est
horrible ! c'est affreux ! comment pouvez-vous vivre et
respirer avec un tel crime sur la conscience ? »

La lettre est datée de 1939, Camille est bien depuis
vingt-six ans à l'asile.

On ne sait s'il a tenté de la consoler à l'époque avec
les mots : « crime », « coupable », « affreux », « horrible », « conscience »... Ou s'il en a trouvé d'autres,
plus tolérants, plus doux. *Partage de midi* garde dans
un de ses plus beaux dialogues un écho vibrant de ce
drame secret. Mesa : « Ysé, qu'as-tu fait de notre
enfant ? (...) Est-ce qu'il est mort ? Est-ce que tu l'as
tué ? » Drame annoncé, on s'en souvient, dans *Tête
d'or* où le héros se sent « plus seul que l'enfant tué par
sa mère et qu'elle enterre sous le fumier... dans la terre
pleine de gros vers roses ».

Rodin, lui, préfère nier l'épisode. Interrogé par
Judith Cladel qui le rapporte dans son livre, sur le
nombre d'enfants qu'il aurait pu avoir de Camille
Claudel, dont elle aurait avorté ou qu'elle aurait mis
en nourrice, il répond laconiquement : « Dans ce cas,
le devoir eût été trop clair ! » Pourquoi alors ne pas

avoir reconnu le fils qu'il a eu de Rose ? Aurait-il eu un doute sur sa paternité ? Ou n'a-t-il pas pu assurer ce rôle de père, trop contraignant à ses yeux ?

Dans les années 1890-1893, au moment où son frère s'apprête à quitter la France pour de longs voyages à l'étranger, Camille a dû affronter seule l'épreuve d'une ou de plusieurs maternités refusées. Sans le secours de Rodin, qui n'a pas dû l'encourager à mettre au monde un enfant de lui. Sans celui de Paul, trop étroitement catholique pour l'aider. Sans sa sœur Louise, qui devient mère en 1892, en toute légalité. Et surtout sans sa mère qui aurait été la première à la condamner.

Camille sculpte alors *La Petite Châtelaine* : l'exquis visage d'une petite fille de six ou sept ans, à la natte lourde, aux yeux tristes, qui aimait venir la regarder travailler durant ses séjours au château de l'Islette. Elle sera obsédée par ce visage, fera poser soixante-deux fois l'enfant, qui a la patience d'un ange, et n'en finira pas de transformer sa natte, d'abord droite et serrée, puis relâchée, enfin dénouée, suivant les directives de Camille qui la taillera dans trois marbres différents puis la polira à l'os de mouton, jusqu'à la rendre aussi lisse qu'un miroir. Rodin, plus admiratif qu'ému : « Ce buste m'a donné le coup de poing de l'émulation. »

Charlot, le petit Lhermitte, et Marguerite Boyer, la petite châtelaine de l'Islette, restent les seuls enfants de Camille. Des enfants de terre et de pierre, marbres à patine noire ou verte, aux couleurs de son deuil, ou marbre blanc virginal pour la fillette, de la couleur des anges.

Les faux-fuyants de Rodin exaspèrent Camille. Il continue à se partager entre toutes ses femmes et s'éloigne d'autant plus qu'elle cherche à le retenir.

Pour Rose, elle éprouve du mépris et de la haine. Elle la caricature, en 1892, dans des dessins à charge. Sous son crayon vengeur, Rose est une vieillarde décharnée, ridée comme une pomme sure, les mains griffues, les seins flasques, mais le derrière – ce fameux derrière qui fait horreur à Paul dans la sculpture de Rodin – toujours collé à celui de son maître, tel un chien accouplé.

Titre ironique, qui illustre son esprit grinçant, *Douce remontrance* montre l'homme et sa vieille maîtresse nus, couchés l'un contre l'autre et laids à faire peur. Dans *Le Système cellulaire*, l'homme est un prisonnier nu, pieds et mains enchaînés, sous la férule d'une Rose, nue elle aussi, qui marche au pas militaire, un balai sur l'épaule en guise de fusil. Elle n'a pas l'air de vouloir lâcher son otage. Enfin, dans *Le Collage* – quels titres, sortis de l'imagination de Camille ! –, Rodin s'arc-boute à un arbre et tire de toutes ses forces pour tenter de se dégager de la vieille femme aux mamelles pendantes, à quatre pattes et nue, à laquelle il est littéralement collé par le derrière. On le reconnaît à sa grande barbe, à son nez proéminent, mais il a vieilli lui aussi. Camille ne lui a pas dessiné un corps d'athlète. Il tire, mais semble épuisé : le combat est perdu d'avance. Camille qui, pas plus que Paul n'a perdu son parler paysan, a écrit la légende au bas de son dessin : « Ah ! ben vrai ! ce que ça tient ! »

Ironie. Sarcasme. Haine de la femme qui ne veut pas lâcher son emprise. Mépris de l'homme, assez faible pour lui obéir. Il y a tout cela dans ces caricatures surgies du chagrin de Camille. Il y a surtout, violente et froide, une jalousie qui regarde bien en face ce qui fait son malheur. Mais dessiner ne la soulage pas. Alors Camille sculpte.

En 1893, elle fait poser une vieille femme, déjà modèle de Rodin, Maria Caira, pour une représentation nue et en pied de l'une des trois Parques, celle qui préside à la naissance et tient la quenouille d'où se dévide la destinée des hommes : Clotho. Sa Parque va ressembler aux précédentes caricatures de Rose : même corps décharné, mêmes seins vides et tombants, mêmes fesses plates. Le cou, le ventre, les bras ridés et flasques, sont rendus avec un cruel réalisme. A demi enseveli sous une chevelure extravagante qui évoque un lourd écheveau de laine, le visage a des yeux caves. Sur le menton en galoche, la bouche n'est que rictus.

Hideux portrait de la vieillesse – Camille n'a que trente ans –, magnifique symbole de la souffrance et de la déchéance humaines, *Clotho* est une œuvre puissante et émouvante. Alors que Camille s'apprête à bientôt détruire une à une les sculptures de son atelier, elle préservera intact le plâtre de sa *Clotho*. Jusqu'au jour de son internement, celle que son frère a surnommée « la vieillarde gothique » – « telle qu'une araignée emmêlée avec sa propre toile » –, Clotho veillera sur Camille.

Exposée cette même année 1893 au Salon de la Société nationale des Beaux-Arts, elle suscite des réactions contradictoires, tour à tour répulsion et admiration. Octave Mirbeau, l'un des plus fervents admirateurs de l'art de Camille, écrit sur elle un article débordant de lyrisme : « Maintenant voici la Parque, l'étonnante Parque (…). Les chairs battant comme des loques de ses flancs, les seins flétris tombant ainsi que des paupières mortes, le ventre couturé…, elle rit dans un masque de mort. »

Clotho, c'est l'image de la vie qui se défile « comme une horrible quenouille », dira Paul, fasciné par le personnage.

Tout ce qu'elle doit à Rose, Clotho le transporte dans un autre univers, plus haut, plus vaste, qui est le vrai monde de Camille Claudel. Mais la figure la hante : malheur, laideur, bientôt folie seront son lot.

Elle reprend le personnage en 1895 pour un groupe de trois qui va lui demander un travail considérable

pendant des mois et s'appellera *L'Age mûr*. Il survivra
lui aussi à ses destructions. La destinée devait y être
toujours présente sous la forme d'un arbre penché ;
Camille le supprimera pour se concentrer sur la
représentation de son sujet : un homme tiraillé entre
deux femmes.

L'une, devant, l'enlace et l'entraîne. Elle est vieille,
décharnée, une morte en sursis. Comme Rose dans la
vision haineuse de Camille, et comme Clotho. Sauf
qu'ici elle est chauve, débarrassée de la chevelure
encombrante qui la drapait jusqu'aux reins. L'autre, à
genoux, avec des seins merveilleux, des bras potelés,
des cuisses fermes, un ventre fait pour la maternité, est
la jeunesse même. Dans la première version en plâtre,
elle tient le bras de l'homme, garde sa main entre les
siennes, pressée sur sa poitrine, mais dans la seconde,
en bronze, celle de 1898, elle le perd ; l'homme s'est
détaché ; il s'éloigne. Elle tend alors les deux bras vers
lui, dans un geste de supplication. Entraîné par la
vieille femme, l'homme ne la regarde plus. Son épaule,
un peu décalée vers l'arrière, a l'air de se souvenir de
sa présence, mais le vide est créé. *L'Implorante* – car
c'est ainsi que Camille baptisera la femme à genoux
dans la version qui la représente seule, isolée des deux
autres, comme une figure d'église –, cette Implorante
qui respire la santé, la sensualité, tend les bras vers le
vide. Il n'y a rien devant elle : ni homme, ni Dieu pour
lui apporter la consolation.

Même si Camille emporte très haut le sujet vers des
représentations symboliques, même si *L'Age mûr* peut
être regardé hors de tout contexte, comme l'histoire de
l'homme qui doit un jour quitter les splendeurs de la
jeunesse pour les terres sèches et froides du grand âge
et bientôt la mort, Camille y a mis son cœur et ses
fantasmes – toute son âme, dira Paul. Son frère aura
le mieux compris la part autobiographique de l'œuvre.
Il avouera, bien après la mort de Camille, ne pas pou-

voir regarder *L'Age mûr* ni *L'Implorante*, sans sentir
à la fois les larmes et le remords l'assaillir. « Mais non,
écrit-il, cette jeune fille nue et tragique, c'est ma sœur !
Ma sœur Camille. Implorante, humiliée, à genoux,
cette superbe, cette orgueilleuse, c'est ainsi qu'elle s'est
représentée. Implorante, humiliée, à genoux et nue !
Tout est fini ! C'est ça pour toujours qu'elle nous a
laissé à regarder ! et même sous vos yeux, c'est son
âme ! C'est tout à la fois l'âme, le génie, la raison, la
beauté, la vie, le nom lui-même [1]. »

Humiliée, déçue, Camille décide de s'éloigner. Mais
son éloignement s'effectue au forceps. Non seulement
parce que Rodin, très épris, tente par tous les moyens
de la retenir, mais aussi parce qu'elle est plus liée à lui
qu'elle n'a voulu le croire : elle va intensément souffrir
à s'affranchir des liens. Il y a beaucoup de violence de
la part de Camille dans sa volonté de rupture. Une
violence aussi traumatisante qu'un avortement : c'est
la vie qu'elle arrache en refusant l'amour de Rodin.

Eloignement physique, en multipliant les adresses
successives, avenue de La Bourdonnais, puis en 1898
rue de Turenne, enfin en janvier 1899, 19, quai de
Bourbon, où elle restera quatorze ans jusqu'à son
internement.

Eloignement radical, après 1895, puisqu'elle refuse
de voir Rodin, de lui ouvrir sa porte ou même de le
croiser en ville, dans les divers salons où ils auraient
pu se rencontrer. Elle le prie fermement de ne plus se
présenter devant elle. Elle en prie aussi ses amis.
Témoin, cette lettre à Mathias Morhardt, en septembre 1896 : « Je vous prie de vouloir bien faire votre

---

1. *Ma sœur Camille, op. cit.*

possible pour que M. Rodin ne vienne pas me voir mardi. (…) Si vous pouviez en même temps inculquer à M. Rodin délicatement et finement l'idée de ne plus venir me voir, vous me feriez le plus sensible plaisir que j'aie jamais éprouvé. » Viendra un moment où Rodin devra s'excuser de lui écrire puis, dans la crainte qu'elle ne décachette pas ses lettres, il enverra des émissaires chargés de messages qui doivent rester anonymes – tout rappel de son nom les ferait aussitôt renvoyer !

Camille coupe les ponts.

Cette distance qui sera si nuisible à la femme était peut-être nécessaire à l'artiste. Camille ne peut plus supporter d'être cantonnée à son rôle mineur d'élève et de disciple. La plupart des critiques, lorsqu'ils évoquent son travail, aiment rappeler qu'elle a été « à l'école de Rodin ». Mais le temps a passé et elle voudrait être considérée pour elle-même. Quand *L'Europe artiste* relève dans son art des traces « rodiniennes » ou « rodinesques » et, contemplant *Clotho* au Salon de 1899, croit y reconnaître « un dessin du Maître », elle s'insurge. Elle adresse une lettre incendiaire au directeur de la revue, Maurice Guillemot : « Je n'aurais pas de peine à vous prouver que ma *Clotho* est une œuvre absolument originale ; à part que je ne connais pas les dessins de Rodin, je vous ferai remarquer que je ne tire mes œuvres que de moi-même, ayant plutôt trop d'idées que pas assez. (…) Je vous prie de bien vouloir publier dans votre journal la petite rectification que je vous demande. »

Déjà, en 1896, elle a mis en garde Mathias Morhardt pour qu'il fasse comprendre à Rodin son désir d'émancipation : « M. Rodin n'ignore pas que bien des gens méchants se sont imaginé de dire qu'il me faisait ma sculpture : pourquoi donc alors faire tout ce qu'on peut pour accréditer cette calomnie ? Si M. Rodin me veut réellement du bien, il lui est très possible de le faire sans d'un autre côté faire croire que c'est à ses conseils et à son inspiration que je dois la réussite des œuvres auxquelles je travaille si péniblement. »

En 1892, elle écrit à Madame Lhermitte qu'elle est « bien occupée à l'atelier de M. Rodin » avec le Victor Hugo, le Balzac et le Claude Lorrain : « On me dit que je fais des progrès, cela me console de ne pas travailler pour moi. » Elle partage avec de nombreux collaborateurs du sculpteur ce sentiment de frustration. Ainsi Ernest Nivet, entré après Camille au Dépôt des Marbres, se plaint-il de même : « Depuis que je suis entré chez Rodin, je n'ai aucun temps pour moi. »

La rupture libère le temps de Camille. Elle peut désormais se consacrer à sa création. Elle n'y épargnera pas ses forces, travaillant avec acharnement, le jour, parfois la nuit, tout entière à sa passion de sculpter. Affranchie de la tutelle de Rodin, elle œuvre loin de son influence. Le mouvement de ses sculptures change : plus fluide et moins torturé, plus musical, moins charpenté, il traduit sa personnalité originale. Mais cette liberté a un prix.

En 1892, un groupe de valseurs signe son nouveau style. Un couple enlacé et nu tourbillonne. L'homme tient la femme serrée contre lui, elle s'abandonne sur son épaule dans une pose si tendre qu'elle lui impose un déséquilibre de tout le corps ; sans le bras de l'homme, elle tomberait. Sommée par l'Inspection des Beaux-Arts de vêtir ses figures ou au moins de dissimuler « les détails les plus réalistes », Camille qui rêve d'obtenir une belle commande et par là une pièce de marbre pour y tailler ses personnages, imagine des draperies qui encapuchonnent ses valseurs, sans les habiller tout à fait. L'homme est laissé complètement nu ;

la femme, nue jusqu'à la taille, a les hanches dissimu-
lées par un flot d'étoffes qui ressemblent à des algues et
l'apparentent à une déesse marine. C'est un groupe
étonnant de mouvement et de sensualité. Paul, le décou-
vrant : « la danseuse, celle qui entend la musique, c'est
elle ! par-dessous le danseur qui l'a empoignée et qui
l'entraîne dans un tourbillon enivré ! »

Il n'est pas le seul à s'éprendre des *Valseurs*, plus
tard rebaptisés *La Valse*. Des critiques d'art, d'autres
écrivains les ont aimés, dans leurs diverses versions en
plâtre ou en bronze, Camille n'ayant jamais obtenu le
marbre pourtant promis par les Beaux-Arts en 1893.
Lucien Bourdeau, dans son commentaire du Salon de
cette même année : « Les chairs sont jeunes, elles pal-
pitent de vie, mais la draperie qui les entoure, qui les
suit, qui tournoie avec eux, bat comme un suaire. Je
ne sais pas où ils vont, si c'est à l'amour, si c'est à la
mort, mais ce que je sais, c'est que se lève de ce groupe
une tristesse poignante, si poignante qu'elle ne peut
venir que de la mort, ou peut-être de l'amour, plus
triste encore que la mort. »

Léon Daudet se montre à peine moins mélancolique :
« Le couple emporté dans une giration furieuse donne
l'impression admirable du tourbillon et du vertige, alors
que réellement ces êtres beaux et nus, enlacés, sont
enfermés dans la rigide et morne pierre [1]. »

S'éloignant de Rodin, Camille se rapproche des amis
de Paul. Son frère, en partant, l'a confiée à Schwob et
à Daudet qui suivent son travail, ne manquent aucun
des Salons où elle expose et viennent la voir à son atelier. Quand ils le peuvent, ils écrivent sur elle dans les
journaux auxquels ils collaborent, tel Schwob dans *Le
Phare de la Loire* que dirige son père. Ils viennent par-

---

1. Cité par Lucien Bourdeau, *Revue encyclopédique Larousse*,
1893, « Les Salons. Description d'œuvres ».

fois lui rendre visite en famille. Ainsi Léon Daudet amène-t-il plusieurs fois sa mère, Madame Alphonse Daudet. Camille appelle « Monsieur » tous les amis de son frère. Ils lui donnent du « Mademoiselle », l'époque n'est pas à la familiarité. Elle sort parfois dîner en ville, mais de plus en plus rarement. Elle n'aime pas les mondanités, ne les a jamais aimées.

C'est chez Mallarmé – du moins, on le suppose – qu'elle fait un soir, vers 1888 ou 1889, la connaissance de Claude Debussy. Elle est encore très liée à Rodin. En 1887, le musicien est rentré de Rome après un long séjour à la Villa Médicis, ramenant dans ses valises *L'Enfant prodigue* – thème d'une sculpture de Rodin – et *Le Printemps*. Il a deux ans de plus que Camille, et peut se montrer aussi sauvage qu'elle. Il ne fréquente guère d'autre cercle que celui de Mallarmé ; on le voit aussi, d'après Daudet, au café Weber, rue Royale, où il s'installe pour fumer ses petites cigarettes d'Orient, à côté du poète Paul Jean Toulet ou du peintre Maxime Dethomas. « Debussy est un raffiné », dit Daudet. Il croit aux jeux des sons et des lumières, aux alliances de l'eau et du vent, aux correspondances mystérieuses.

Avec « un front de chien indochinois, l'horreur de son prochain, un regard de feu et la voix légèrement enchifrenée », selon Daudet qui l'aime bien, il peut paraître à des années-lumière de Rodin. Physiquement très différents, l'un fluet et délicat, l'autre puissant, massif, l'un pourvu d'une moustache et d'un bouc en pointe, l'autre d'une barbe de père Noël, l'un élégant, avec le style d'un dandy, et l'autre engoncé dans des tuniques de moujik ou endimanché dans des fracs informes, ils s'opposent aussi par leur art. Rodin est du côté du réalisme, même si ce réalisme n'est pas dépourvu de lyrisme ou même d'expressionnisme – son regard magnifie et exalte les apparences. Debussy, lui, est un pur symboliste : sa sensualité capte des ondes, des éclats de lumière, l'union cachée des éléments.

Rodin n'est guère mélomane, mais il apprécie
Debussy. Ce dernier déteste en revanche l'art de Rodin
qu'il qualifie de « romantique faisandé ». Quant à
Camille, on le sait, elle n'aime pas du tout la musique.
Wagner ou Debussy, pour elle c'est la même chose :
du bruit ! Un bruit qui la dérange, l'empêche de
rêver... Sa sœur Louise au piano est-elle pour quelque
chose dans cette aversion ? Camille se vante de n'avoir
aucune oreille !

Décrié par l'Institut qui lui reproche d'« être torturé
du désir de faire du bizarre, de l'incompréhensible, de
l'inexécutable » et de pratiquer « un impressionnisme
vague », Debussy crée des harmonies qui déconcertent
ses contemporains mais séduisent passionnément, déjà,
quelques amateurs. Le frère et la sœur Claudel ont pu
rencontrer le compositeur chez Mallarmé, à moins que
ce ne soit dans un autre cercle qu'ils fréquentent : celui
d'Henry Lerolle, un peintre de renom lié aux Impressionnistes. Ami de Degas, de Renoir, de Berthe Morisot, de Maurice Denis, de Gauguin, dont il a été l'un
des premiers à collectionner les œuvres, Paul gardera
le souvenir de soirées amicales et chaleureuses, qui réunissent peintres, poètes et musiciens. Ernest Chausson,
élève de César Franck, auteur de motets et de poèmes
pour violon et orchestre, ayant épousé la sœur de
Madeleine Lerolle, la musique tient une grande place
dans leur salon. Henry Lerolle s'intéresse au travail de
Camille : il lui a acheté un *Torse de femme debout* et
une *Jeune Fille au chignon*.

Dans son hôtel particulier de l'avenue de Ségur, l'atmosphère conviviale et bon enfant a dû bien étonner
Paul et Camille, plus habitués en famille aux prises de
bec et aux pugilats qu'aux conversations policées.
Chez les Lerolle, les notes de musique s'envolent,
aériennes, vers les portraits et les paysages qui couvrent les murs du salon ; les rythmes et les couleurs se

confondent sans heurts, au milieu des palabres. Debussy est un grand ami de Chausson, son aîné. Quand il vient chez Lerolle, il s'assied aussitôt au piano pour interpréter ses dernières compositions avec l'étincelant brio qui fait sa réputation, parcourant la gamme infinie du mystère et des sensations. Il y jouera un soir, en primeur, devant un auditoire aussi huppé que médusé, devant Henri de Régnier et Pierre Louÿs, devant Mallarmé et Paul Valéry, *Pelléas et Mélisande*. Mais Camille ne sera plus là pour l'écouter.

Selon Robert Godet (journaliste politique au *Temps* et ami de Debussy), le musicien aurait réussi à apprivoiser cette rebelle, hostile a priori et même allergique à tous autres sons que ceux de son ciseau sur le marbre. Alors qu'« elle redoutait l'ennui qu'inflige aux auditeurs, à tort ou à raison, une musique qui ne les intéresse pas », sa curiosité « est de plus en plus éveillée » selon Godet. « Et le temps vint où on l'entendit quand le pianiste quittait son piano les mains glacées, lui dire en le conduisant vers la cheminée : "Sans commentaire, Monsieur Debussy[1] !" » – sa manière à elle, laconique et brutale, mais forte, de lui exprimer son admiration. La musique de Debussy est la seule à pouvoir toucher Camille.

De son côté, on l'apprend par Godet, Debussy est amoureux de la *Petite Châtelaine*, dans toutes ses versions, et il révère l'âpre *Clotho* – cette vieillarde dont le corps garde comme un ultime souvenir la ligne svelte et élancée de la jeune femme qu'elle fut autrefois. Sa préférence va à *La Valse*, dont il conservera religieusement jusqu'à sa mort, posé sur son piano, près de la pile de ses partitions, un exemplaire en bronze. Camille, prétendument étrangère à la musique, a saisi dans la pierre, le mouvement de la danse. Quand

1. Edward Cockspeiser, *Claude Debussy*, Fayard, 1980.

Debussy levait les yeux de son clavier, c'est *La Valse*
de Camille qu'il regardait.

On ne connaît pas la nature du lien qui a pu exister
entre ces deux artistes, tous deux géniaux, plutôt
misanthropes et pourvus l'un et l'autre de tempéraments de feu. Se sont-ils aimés ? Ont-ils seulement été
amis, liés par une conception exigeante et passionnée
de l'art ? Leur amitié fut-elle une amitié amoureuse et
leur amour, s'il a existé, platonique ou volcanique ?
    On sait qu'ils se sont fréquentés. Et qu'ils ont parti-
cipé l'un et l'autre, en 1894, au premier Salon de la
Libre Esthétique d'Octave Maus, qui réunissait à
Bruxelles peintres, sculpteurs, écrivains et musiciens.
    On sait qu'ils ont partagé une même passion pour
l'art japonais et que les dessins stylisés et purs d'Hokusaï les ont inspirés l'un et l'autre.
    Mais c'est à peu près tout. Pas de lettre d'amour.
Aucune révélation dans les mémoires de leurs contemporains. Rien dans le journal que commence à tenir
Paul, à peu près à la date où sa sœur fréquente
Debussy. Rien, si ce n'est une mystérieuse lettre de
Debussy au fidèle Robert Godet, datée de 1891 (ce qui
laisse supposer qu'à Bruxelles, au Salon de la Libre
Esthétique, il n'y avait déjà plus rien entre eux). Le
compositeur s'y plaint d'endurer les conséquences
d'une histoire d'amour malheureuse : « J'ai laissé
beaucoup de moi accroché à ces ronces. » Comme il
ne cite pas le nom de la femme qui le fait souffrir, la
tentation est grande d'y voir, à l'encre invisible, celui
de Camille.
    Etabli lui aussi en concubinage – c'est une fatalité
chez les hommes que rencontre Camille –, Debussy vit
rue de Londres, à deux pas de chez Mallarmé, avec

sa maîtresse Gabrielle Dupont, dite « Gaby aux yeux verts ». C'est sa Rose Beuret : quoique beaucoup plus jeune, elle n'a pas droit à tellement plus d'égards. Seuls les poètes célibataires comme Pierre Louÿs, ou les amis les plus proches comme les Lerolle ou les Chausson, la connaissent. L'amour malheureux dont Debussy fait part à Godet ne peut la concerner ; Gabrielle Dupont va demeurer bien au-delà de cette date, dans la vie du compositeur. S'il ne s'agit pas de Camille, aucun biographe n'a pu mettre un nom sur ce visage qui se dérobe, aucune autre liaison ne lui étant alors connue.

« Ah ! Je l'aimais vraiment bien, écrit Debussy à propos de cette femme mystérieuse, et avec d'autant plus d'ardeur triste que je sentais par des signes évidents que jamais elle ne ferait certains pas qui engagent toute une âme et qu'elle gardait inviolable à des enquêtes sur la solidité de son cœur. »

Debussy restera avec Gaby aux yeux verts. Il l'abandonnera après *Prélude à l'après-midi d'un faune*, juste avant *Pelléas et Mélisande*, pour épouser en 1899 Rosalie Texier, dite « Lily ». Il divorcera en 1905, l'année de *La Mer*, pour se remarier avec Emma Bardac dont il aura une petite « Chouchou ».

« Malgré tout, je pleure sur la disparition du Rêve de ce Rêve », avait-il écrit à Godet. On en est soi-même réduit à rêver ce que ce rêve devenu réalité aurait pu changer dans la destinée des deux artistes.

Debussy ne remplacera pas Rodin. L'échange n'aura pas lieu. Dans la vie de Camille, aucun homme ne prendra la place laissée vide. A trente ans (1894), elle reste sans compagnon, sans enfant, sans son frère qui vit aux antipodes.

Sa vie quotidienne n'est pas facile. Elle a des ennuis d'argent. Son père lui donne de quoi payer son loyer, son linge. Mais la sculpture coûte cher. Selon une enquête de l'historien Jacques Lethève [1], il faut compter entre 1 500 et 1 800 francs de l'époque pour les frais annuels (600 francs à 800 francs pour les matériaux divers et 400 à 1 000 francs pour les modèles). Lethève ne chiffre ni les assistants, ni les mouleurs ; ni non plus les fondeurs. Un beau marbre d'Italie vaut entre 1 500 francs et 2 000 francs le m³ ; or, il faut deux m³ pour une statue grandeur nature, ce qui équivaudrait en 2006, approximativement, à 8 000 ou 10 000 euros. Sans compter les frais de transport, souvent considérables, selon le poids de la statue.

Camille s'endette. Elle emprunte de l'argent à son père, à son frère et même à un ami resté incognito, qui, étonné par l'importance de la somme qu'elle lui réclame, la soupçonne d'avoir un amant et lui conseille « d'avoir recours à l'avenir à des moyens plus conciliants [2] ». En 1893, exemple parmi d'autres, elle écrit à Paul en Amérique : « Je te remercie de l'offre que tu me fais de me prêter de l'argent : cette fois-ci ce n'est pas de refus car j'ai épuisé les 600 frs de maman et voici l'époque de mon terme ; je te prie donc si cela ne te cause aucun dérangement de m'envoyer 150 à 200 frs. J'ai eu dernièrement des malheurs : un mouleur pour se venger a détruit à mon atelier plusieurs choses finies. »

Plus les années passent, plus les lettres de Camille contiennent de réclamations. L'argent, à force de manquer, devient une obsession. D'autant que, pour un sculpteur, il ne peut être question de réduire son train de vie sans priver son art de ce qui le nourrit, en est

---

1. Jacques Lethève, *La Vie quotidienne des artistes français au* XIXᵉ *siècle*, Hachette, 1968.
2. Lettre de Camille à Eugène Blot, 1905.

l'essence même : le marbre, le bronze, l'onyx et les patines. Il lui est impossible d'y renoncer sans nuire à ses sculptures. Elle se prive de tout pour continuer à travailler. Elle refuse même de faire partie d'un cercle d'artistes qui l'en priaient, n'ayant pas les moyens de régler le montant à ses yeux exorbitant de la cotisation, ce qu'elle avoue du reste, sans complexes.

« Monsieur, je vous s(au)rais gré de me donner encore un acompte sur mon buste car j'en ai absolument besoin. Il me serait difficile d'attendre à la fin du mois » (à Karl Boës, directeur de la revue *La Plume*, 1899).

« Comme j'ai un gros paiement à faire en ce moment vous me rendriez grand service de me remettre le reste de ce que vous me devez... » (à Karl Boës, janvier 1900).

« En ce moment j'aurais besoin de mille francs si cela ne vous dérange pas de me les envoyer vous rendez service à une artiste qui vous sera très reconnaissante et ne l'oubliera pas » (à Maurice Fenaille, industriel, grand collectionneur, mars 1900).

Au même : « Je vous remercie vivement des mille francs que vous venez de m'envoyer et qui me permettront de payer mes ouvriers. »

« Je voudrais savoir si c'est exprès ou si c'est sans le vouloir que vous négligez de m'envoyer les 50 francs qui nous restent sur notre pauvre compte... »

« J'ai des ouvriers qui n'attendent pas. Je ne crois pas du reste que cette petite avance puisse vous causer de préjudice... »

« Je vous prie de remettre les 250 francs qui restent à la personne que je vous envoie et qui vous apporte le reçu... »

On n'en finirait pas de citer les passages de sa correspondance qui concernent sa situation financière désastreuse. Les mots les plus fréquents, après 1898, sont « acompte », « crédit », « payer » ou « pas payé »,

« prix », « somme », « franc » ou « sou », « argent »,
« argent », « argent ».

« En ce moment, en toute sincérité, j'ai trois sous
dans ma poche, mes ouvriers pas payés, pas de robe
sur le dos, il n'y a pas de quoi entreprendre un voyage
d'agrément. »

Rodin, selon les témoins, a beaucoup souffert du
départ de Camille, au point de pleurer devant Edmond
de Goncourt qui rapporte le fait dans son Journal, de
s'épancher auprès d'Eugène Morand, en se plaignant
que Camille est « folle », ou d'inquiéter Bourdelle :
« Quand elle est partie, Rodin en a eu une si grande
douleur que ses amis ont craint pour sa vie [1]. »

Malgré la rupture, effective en 1898, il lui vient en
aide à plusieurs reprises. D'abord en jouant de son
influence auprès de critiques qui, tels Octave Mirbeau
ou Gustave Geffroy, lui vouent une admiration sans
bornes et sont prêts à louer tout artiste né sous son
influence. L'un comme l'autre rappelleront dans leurs
articles – au grand dam de Camille ! – combien Rodin
fut important dans l'histoire de sa sculpture.

C'est Rodin qui, dès 1889, écrit à Octave Maus à
Bruxelles pour qu'il invite Camille à exposer au presti-
gieux Cercle des XX, dissous puis remplacé par la
Libre Esthétique où Maus finira par la convier.

Armand Dayot, l'inspecteur des Beaux-Arts, chargé
de décider pour son ministre de l'acquisition du groupe
de *La Valse*, agit lui aussi sous contrôle : Rodin l'encourage à l'arrière-plan et c'est à lui qu'il en réfère
constamment. Malgré leurs efforts, ils ne pourront pas

1. Cléopâtre Bourdelle-Sevastos, *op. cit.*

obtenir de l'Etat la pièce de marbre pourtant promise à Camille.

Rodin, dès qu'il a un client, l'envoie à Camille. Il lui adresse un dénommé Bigan-Kaire, capitaine au long cours qui aime emporter ses trésors sur ses navires : il achète 300 francs un plâtre de *Clotho*, que Camille lui propose de mouler en bronze pour qu'il soit moins fragile. Puis son ami Henri Fontaine, propriétaire d'une entreprise de serrurerie dans l'Aisne et parent d'Henry Lerolle – le cercle parisien est étroit. C'est sur sa recommandation en tout cas que Henri Fontaine achète, en 1895, une *Petite Châtelaine* en marbre, pour 2 500 francs. Cette même année, il revient à la charge auprès de Henry Roujon, le directeur des Beaux-Arts, pour qu'il achète *La Valse*. Au banquet qu'il préside, donné en l'honneur du vieux Puvis de Chavannes, Rodin lance une souscription pour l'achat d'une version en marbre de *Clotho*, en vue de l'offrir au musée du Luxembourg. Il verse 1 000 francs de sa poche sur les 2 000 réunis pour cette acquisition.

C'est à Rodin enfin que Camille, plus de sept ans après leur rupture, doit la clientèle de Joanny Peytel. Ce grand banquier, président du Crédit algérien, finance ses grands projets, et notamment l'exposition de ses œuvres au pavillon de l'Alma. Peytel achète un marbre de la *Petite Châtelaine*, celle à la grosse tresse, *Les Causeuses* en onyx et une *Valse* en bronze. Il agit comme prête-nom de Rodin : Camille ignore que c'est son ancien maître qui lui achète, en 1902, pour la somme très importante de 6 000 francs, un buste de Paul Claudel en *Jeune Romain*. Le Crédit algérien financera cet achat par versements mensuels de 500 francs.

On ne peut donc reprocher au sculpteur son indifférence. Camille reste pour lui la femme aimée. Non seulement il ne l'oublie pas, essaie de l'aider, mais il se

désole de rester impuissant à la regarder agir en dépit
du bon sens, fermant les portes une à une à ceux qui
ont parfois quelque peine à rester ses amis. En 1897,
alors qu'elle a mis dehors Mathias Morhardt, sous prétexte que son article pourtant des plus chaleureux à
paraître dans le *Mercure de France*, ne lui convenait
pas, celui-ci la rappelle gentiment à la raison : « Il faut
rester fidèle aux amis. Dans la vie, il y en a ; si vous
les méconnaissez, vous n'avez plus de soutiens. »

Ses conseils sont sages. Camille méprise trop les
gens. Après lui avoir avoué qu'elle lui manque, « dans
l'abandon noir où j'ai été laissé », il n'a de cesse de
revenir sur cette antienne : que Camille prenne bien
garde de ne pas se couper de ses soutiens, de ses amis
ou de ses relations. « Croyez mon amie, laissez votre
caractère de femme qui a dispersé les bonnes volontés... » Il lui recommande « douceur et patience » – des
vertus qu'elle n'a jamais eues – dans ce qu'il appelle
« la grande lutte avec l'ange » : le combat de l'artiste.
Et il signe cette lettre de décembre 1897, « Votre
ami », ce qui de sa part n'est pas un vain mot.

Autour d'elle, on évoque son « génie ». Ce mot
auquel Paul a recours pour définir sa sœur, Rodin
l'emploie lui aussi : « Un génie comme vous est rare »,
lui dit-il à la fin de la lettre qu'il a signée « Votre ami ».
Parlant d'elle à Gabriel Mourey, critique d'art à la
revue *Le Nouveau Monde*, il la nomme « cette femme
de génie que j'aime tant ».

Les hommes de sa vie ont reconnu sa spécificité.

Mais on trouve le même mot sous la plume de Paul
Morand auquel son père, Eugène Morand, confiait :
« elle a du *génie*, elle est belle et elle l'aime, mais elle
est folle ». On le trouve encore sous celle d'Octave
Mirbeau, qui consacre un très bel article du *Journal* à

Camille, après sa visite du Salon de 1895 : « Il est clair qu'elle a du *génie* comme un homme qui en aurait beaucoup... »

Mathias Morhardt l'ose dans le *Mercure de France* (1897), de même que Gabrielle Reval dans *Fœmina* (1903).

Camille Claudel n'est pas un sculpteur socialement maudit. Si malédiction il y a, elle est toute personnelle. De nombreux articles, pour la plupart laudatifs, relatent son travail ; elle participe, sauf à de rares exceptions, aux Salons annuels : Salon des artistes français, de 1883 à 1889, puis à compter de 1892 jusqu'en 1902, Salon de la Société nationale des Beaux-Arts, dont elle intègre même le jury. Elle est présente en 1894 à la Libre Esthétique, en 1896 au Salon de l'Art nouveau, en 1900 à l'Exposition universelle, en 1904 au Salon d'automne. De 1903 à 1910, elle revient au Salon des artistes français et participe en 1910 – ce sera sa dernière exposition – à une grande manifestation de femmes peintres et sculpteurs.

Elle est connue ; on parle d'elle, le plus souvent en bien. « Superbe », « originale », « étonnante », « esprit haut et vaste » (Daudet), « merveilleuse de grâce et de puissance » (Gabrielle Reval), « une grande artiste » (Charles Morice), « oui, une femme de génie » (Octave Mirbeau)... L'admiration ne lui a pas manqué, non plus que les encouragements.

Elle a la chance, pas si fréquente, de pouvoir vendre une grande part de sa production. Des amateurs sont prêts à s'endetter pour acheter une de ses sculptures. C'est le cas de Louis Tissier. Ce capitaine du génie est tombé amoureux de son *Implorante*. Il l'achète en 1898 et la fait fondre en bronze à ses frais par Rudier, le fondeur de Camille, juste avant de partir pour la Chine en 1900, avec le corps expéditionnaire français. A son retour, il lui achètera tout le groupe de *L'Age mûr*, bien qu'il soit largement au-dessus de ses moyens, une véritable folie pour sa solde d'officier. Il paiera en huit fois au fondeur Thiébaut frères, Fumière-et-Gavignot successeurs, à un moindre coût, les 3 800 francs de la fonte. « Le bronze que je possède a fait bien des garnisons, comme moi », écrira-t-il un jour à Paul Claudel[1].

Les galéristes s'intéressent à Camille Claudel. Elle expose chez Samuel Bing, un ancien marchand d'art d'Orient qui a ouvert une galerie rue de Provence, « L'Art nouveau ». Il y expose des post-impressionnistes, des nabis, des symbolistes. A partir de 1905, elle exposera rue Richepanse chez Eugène Blot – un fondeur réputé, devenu marchand d'art à travers son engouement pour Camille. Blot sera l'un de ses plus fervents soutiens ; il le restera dans les moments les plus sombres, jusque dans la nuit de son internement. Il plaidera notamment sa cause auprès d'un sous-secrétaire d'Etat aux Beaux-Arts, pour s'étonner que la commande officielle du bronze de *L'Age mûr* ait été annulée sans explication et demander un soutien effectif de l'Etat. Il conclut ainsi sa lettre du 6 novembre 1905 : « Je viens solliciter pour Mlle C. Claudel au nom de l'intérêt artistique qu'elle inspire et en raison de sa situation de femme malheureuse dont beaucoup envient le grand talent, mais dont personne ne s'occupe. »

Sur le plan professionnel, elle n'est pas vraiment à plaindre – beaucoup d'artistes le seraient plus qu'elle. Berthe Morisot elle-même n'a pas eu droit à tant de belles critiques ni à tant d'engouement. Mais son succès, il faut le souligner, demeure relatif, très en deçà de son « génie ». Elle plaît dans un cercle étroit. Sa réputation reste très marginale. Aussi se sent-elle

---

1. Cette œuvre a été conservée par la famille Tissier jusqu'à sa vente au profit du Musée d'Orsay en 1982. Anne Pingeot a écrit un bel article à son sujet dans *La Revue du Louvre* (n° 4-1982) : « Le chef-d'œuvre de Camille Claudel : *L'Age mûr*. »

UNE JEUNESSE FIÉVREUSE ET REBELLE.

1. A l'étroit sur le balcon de leur appartement de boulevard du Port-Royal, le clan Claudel : derrière Louise et sa mère au premier plan, Camille, au centre. Paul se tient à côté du père, coiffé d'un calot.

2. Paul à treize ans : il écrit *L'Endormie.*

3. Paul à vingt ans : portrait aux crayons de couleur par Camille.

4. Camille, avec un air altier d'amazone, en tenue de ville, vers 1890.

ROSALIE VETCH, LE GRAND AMOUR DE PAUL.
D'origine polonaise, mariée et mère de quatre fils quand elle tombe dans les bras de Claudel, « Rosie » inspirera le personnage d'Ysé dans *Le Partage de midi.*

AUGUSTE RODIN,
LA PASSION DÉVASTATRICE DE CAMILLE.
En haut, à gauche : Camille, à l'époque du bonheur.
En bas, à gauche : Rose Beuret, la servante-
maîtresse. Camille l'appelle son « collage ».

Paul : « Elle avait tout misé sur Rodin,
elle perdit tout avec lui. »

CAMILLE, LA FERVEUR DE SCULPTER.
Ci-dessus : *La Valse.*
Ci-contre : *Sakountala (Vertumne et
Pomone)* et, en vignette, Camille en
plein travail (à l'arrière-plan,
Jessie Lipscomb).

Paul : « L'œuvre de ma sœur,
ce qui lui donne son intérêt unique,
c'est que tout entière,
elle est l'histoire de sa vie. »

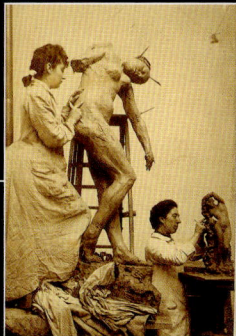

2

CAMILLE : LE PASSAGE DE LA LUMIÈRE À LA NUIT.
1. Claude Debussy, le musicien de *La Mer,*
avant sa fugitive idylle avec Camille.
2. À l'asile de Montdevergues, près d'Avignon :
une solitude de trente ans.

1

**UN POÈTE SAUVAGE,
RATTRAPÉ
PAR LES HONNEURS.**
1 et 2. Un diplomate
cosmopolite : Chine, Brésil,
Japon, Etats-Unis…
3. Paul Claudel à dix-huit ans,
illuminé par Rimbaud.

L'Implorante.

Paul : « Cette jeune fille nue,
c'est ma sœur ! Ma sœur Camille.
Implorante, humiliée, à genoux et nue !
Tout est fini ! C'est ça pour toujours
qu'elle nous a laissé à regarder… »

incomprise. Elle souffre surtout de la comparaison obsédante avec son Maître, ce Rodin que les critiques ne renoncent jamais à citer. Peinant à se libérer non pas de son influence mais de sa tutelle, luttant jour après jour pour se débarrasser de cette ombre qui l'écrase, elle voudrait être reconnue pour elle-même.

Octave Mirbeau, malgré son amitié pour « le Grand Homme » (l'expression est évidemment de Paul, narquois), a senti la détresse de Camille – une détresse pas seulement amoureuse, ou affective, mais une détresse d'artiste qui souffre de ne pouvoir conquérir sa vraie place. Il en a eu la révélation en admirant son travail au Salon de 1895 où il « trépignait de joie devant ce groupe d'une absolue beauté » (*Les Causeuses*), que le public ni les représentants de l'Etat et des Beaux-Arts ne semblaient pourtant remarquer. « Ce mot de génie, écrit Mirbeau, dans ce grand jardin où des êtres aux yeux vides passaient et repassaient sans seulement jeter un coup d'œil sur l'œuvre de Mlle Claudel résonnait comme un cri de douleur. »

Incompréhension. Marginalité. Manque de consensus. Obscurité. Camille est encore très loin de la reconnaissance.

Son génie fait-il peur ?

Paul, dans une lettre à Gabriel Frizeau, en 1905 : « Avec tout son génie, la vie de ma sœur a été pleine de tant de déboires et de dégoûts que le prolongement n'en est pas à désirer. »

Tenu au courant de ses projets, il ne voit plus Camille que tous les cinq ans. Ses escales parisiennes pourraient le rendre à sa vie d'autrefois si ceux qu'il aime n'étaient tous tellement changés : les parents vieillissent ; Louise, confite dans son veuvage, nourrit une passion exclusive pour son fils unique – passion qu'elle partage avec sa mère ; Madame Claudel aime son petit-fils du même amour supérieur et injuste qu'elle a toujours porté à sa seconde fille. Quant à Camille, elle a perdu sa jeunesse.

C'est une femme empâtée, au corps lourd et aux traits bouffis, à la toilette négligée, qui l'accueille à chacun de ses retours. Il note le changement physique dans son journal, enregistre les signes inquiétants d'une altération qui affecte jusqu'au timbre de la voix. Un jour, il ne la reconnaîtra pas. La belle jeune femme, au charme acide, à l'insolence provocante, dont les bras nus mettaient Valéry en transe, laisse la place à une créature égarée, qui vit dans la peur et dans la misère. Un être profondément malheureux.

Il regarde les œuvres. Il tourne autour de *La Valse*, de *L'Age mûr*. Il se laisse obséder par *L'Implorante*, qui lui semble exprimer le destin fatal de sa sœur. Entre ses mains, jouant avec elles, caressant leurs doux profils, polis à l'os de mouton comme au temps du Bernin, il trouve aux petites figures en onyx des *Causeuses* et de *La Vague*, une ressemblance avec les pierres précieuses dont les Chinois font de si jolies sculptures. Agathe, quartz, lapis-lazuli, cornaline… Rien ne vaut à ses yeux les reflets verts qui ont, comme l'onyx, la transparence et la profondeur du jade. Il les voit cassables et fragiles, à l'image du destin de sa sœur.

Un ouragan nommé Rosalie

A trente-deux ans, Paul Claudel est encore vierge et ne s'en cache pas. Il a eu longtemps « hélas, le vice habituel aux jeunes gens sans foi[1] », puis est resté « absolument pur, sans plus de tentations qu'un enfant de cinq ans » après sa conversion, de sa vingt-deuxième à sa vingt-sixième année. A cet âge, les tentations reviennent mais il lutte et leur résiste six longues années durant lesquelles il reste « pur », sinon « absolument pur ». En 1900 encore, il juge la sexualité en puceau : elle l'attire et l'épouvante, s'impose à lui dans le dégoût. S'il a honte de ses pulsions, s'il cherche à les combattre, c'est qu'il les associe à ce qu'il y a pour lui de pire en ce bas monde : l'« impureté ». Pour le Dieu tout neuf qui le commande, Dieu aimé et obéi, il voudrait s'offrir aussi blanc et virginal qu'un lis, aussi parfait qu'un moine, ayant résolument dit non au péché de la chair.

« On ne se fait pas moine à moitié ; qui se fait moine entre dans une voie de perfection dont la fin unique est l'union aux volontés de Dieu et dont la première condition est un parfait renoncement à soi-même[2]. »

---

1. Lettre à Françoise de Marcilly, septembre 1940.
2. Lettre à Louis Massignon.

Bien que les bénédictins de Ligugé l'aient aidé à comprendre que sa vocation n'est pas au monastère mais plutôt dans sa mission de poète, il garde profondément ancrée dans sa conscience cette scission du pur et de l'impur, vision très catholique du monde où l'amour physique, envisagé à d'autres fins que la reproduction et associé à la luxure, c'est-à-dire au plaisir, figure en bonne place entre l'avarice et la gourmandise, dans la liste des sept péchés capitaux.

Sa solitude est grande. Séparé de sa famille, de ses trop rares amis ou relations, aucune femme ne l'accompagne dans les lointains pays où on l'envoie. En Amérique puis en Chine, pendant les sept premières années de son exil, sentimentalement il connaît le désert.

« Maintenant je suis seul sous un soleil nouveau », écrit-il dans ses *Vers d'exil*. Il n'a ni amie, ni maîtresse.

Les seuls dialogues intimes, dans sa maison de Fou-Tcheou, ont lieu avec les personnages de ses rêves, dans les pages qu'il écrit. Dieu le met à l'épreuve du plus rigoureux des célibats. « Solitude complète. (…) Solitude décuplée, austère », avouera-t-il plus tard à Marcelle Thomassin. Il ne compense que par la poésie le grand vide affectif où il est plongé, en partie de sa propre volonté. Aucune fête, aucune folie. Il s'astreint toujours à l'abstinence et se garde précautionneusement pur, malgré les tentations qui, en sept ans, n'ont pas dû manquer de survenir – le Journal est d'une totale discrétion sur ce sujet.

C'est un moine-poète qui vit au consulat de France. Le lit poussé contre la fenêtre, il s'accorde au rythme de la lumière. Il récite ses prières à l'aube avant de composer quelques vers, puis se dirige d'un pas morne vers sa table de travail où l'attendent les dossiers en cours. Il remplit tout le jour son devoir de diplomate – une tâche dont il ne se laisse pas distraire. Vers le soir, récompense d'une journée de labeur, il part se

promener, seul, vers la Montagne des morts. Il a l'habitude, depuis son enfance à Villeneuve, de la proxi-
mité des tombes et de la compagnie des « pauvres
morts », dont il entend les cris et dont il ne se sent pas
« séparé ».

« J'entends la foule innombrable des défunts se pres-
sant autour de moi comme une mer qui demanderait
pitié[1]... »

L'image de la femme le hante. Il l'idéalise, déchiré
entre deux visages contradictoires qui le fascinent l'un
et l'autre. Le premier est celui de la Vierge, de la mère
sans tache ; le second, celui de la pécheresse, une
réplique d'Eve, la femme maudite de la Bible, ou de
Marie-Madeleine, figure sauvée du Nouveau Testament, où elle est rachetée par le Christ. C'est toujours pour lui l'irréductible combat entre Violaine et
Mara. La sainte contre la folle. Toute femme qu'il
approche porte à ses yeux le poids de cette double
hérédité. Sa peur est d'autant plus terrible qu'avec
cette créature incertaine, on ne sait jamais sur qui l'on
va tomber : la bonne ou la mauvaise ? La pure ou l'im-
pure ? Ce manichéisme adolescent, presque infantile,
en tout cas caricatural, l'amène à se méfier. La femme,
si elle peut apporter quelque plaisir, hélas toujours
coupable, est surtout un danger pour l'homme. « Sa
maison est le chemin de l'enfer et il pénètre jusque dans
les profondeurs de la mort », dit un des Proverbes.

Timide, pataud en société malgré ses fonctions prestigieuses, puritain par conviction autant que par édu-

---

1. *Cinq Grandes Odes*, V : « La Maison fermée », *op. cit.*

cation, rien ne le prépare à une rencontre amoureuse.
Et pourtant.

C'est le 21 octobre 1900, à Marseille. Il vient tout
juste d'embarquer sur l'*Ernest-Simons*, paquebot des
Messageries maritimes qui le ramène en Chine pour sa
deuxième mission, quand il voit apparaître une figure
de rêve : une femme telle qu'il n'en a encore vu ou osé
voir que dans les romans. Grande, élancée, se sachant
belle et en tirant un surplus de lumière, elle s'avance
sous son ombrelle. Elle a la taille fine, des hanches et
de la poitrine : une silhouette idéale, en 1900. Surtout,
elle est blonde, de cette blondeur dorée des femmes
flamandes ou vénitiennes. Sa chevelure pudiquement
relevée en chignon, tenue par des peignes, coiffée de
chapeaux et de voilettes, lui tombe jusqu'au bas des
reins quand elle la libère – il l'apprendra bientôt.
      Elle s'appelle Rosalie Vetch. Elle est mariée et, à seu-
lement vingt-neuf ans, est déjà mère de quatre enfants.
Née Scibor-Rylska, d'origine polonaise par son père,
écossaise par sa mère et parlant couramment quatre
langues – polonais, allemand, anglais et français – avec
un accent indéfinissable dans chacune, elle a beaucoup
voyagé. Elle a quitté la Pologne à deux ans pour vivre
dans le Midi de la France, à Bayonne, et s'est mariée
à dix-huit ans à un fils de planteurs de La Réunion
dont elle porte le nom. C'est une cosmopolite dans
l'âme, qui s'enracine dans des décors successifs. Ainsi
sur ce paquebot, entre ciel et mer, est-elle tout à fait
chez elle. La principale qualité de cette féline, soyeuse
et élégante, est sans nul doute la souplesse. Souplesse
physique et morale, souplesse des attaches, souplesse
du rebond et de la détente – tout le contraire du massif
Claudel qui pose à côté d'elle.

Alanguie, paresseuse – elle passe beaucoup de temps sur les chaises longues –, elle épouse les atmosphères, s'acclimate aux variations souvent abruptes de sa vie et accepte avec gentillesse, à moins que ce ne soit avec passivité, les exils forcés auxquels on la soumet depuis l'enfance. Partout, elle arrange un nid douillet. Sur ce paquebot où les fêtes n'en finissent pas, son rire résonne à tout instant, ce qui gêne Claudel. Il lui en fera la remarque.

Légère, elle s'amuse apparemment d'un rien. Les mondanités lui plaisent, elle n'en manque aucune. Là aussi, Claudel est agacé... D'autant qu'elle aime parader. Il lui suffit d'apparaître pour attirer les regards masculins. Admirée, courtisée, c'est l'incontestable reine de la traversée. La nuit, sous les grands lustres – le paquebot est éclairé à l'électricité –, elle rayonne d'une lumière blanche. Claudel succombe à son charme, qui est moins celui d'une mère de famille, malgré la présence à bord de son mari et de leur abondante progéniture, que celui d'une demi-mondaine de la Mittel-Europa. A son air de soumission, à ses impertinences de jeune fille, se mêle une sensualité de femme déjà experte, qui éclate dans tous ses mouvements et dans ce rire sonore qui plonge Claudel dans la confusion.

Elle n'a pas dû le trouver beau ni séduisant, « ce gros homme grossier et bon qui lui parle dans la nuit[1] ». D'autant qu'il affiche souvent sa mauvaise humeur et la houspille, lui reprochant par exemple d'oser chanter très fort un soir, sur le pont, avec les matelots ! Elle en pleure, de vexation ou de peine. Spontanée, naturelle, elle n'a pas pour habitude de brimer ses instincts.

Son mari, Francis Vetch, est un curieux personnage. Affairiste ambitieux et maladroit, il a plusieurs fois fait faillite et notamment ruiné son beau-père, le comte Sci-

---

1. *Partage de midi*, dans *Théâtre* I, *op. cit.*

bor-Rylska, qui l'avait fait entrer dans son négoce de thé. Il compte rebondir en Chine, grâce aux appuis de ce consul de France dont il prend le plus grand soin à bord. Il a fait sa connaissance l'année précédente quand il était venu prospecter le marché – Claudel l'a noté dans ses carnets. Il semble qu'il se soit arrangé pour embarquer sur le même paquebot. Il fonde beaucoup d'espoir sur son influence.

On ne sait s'il est naturellement un mari insouciant ou complaisant. Ni si Rosalie lui servit d'appât dans ses projets fumeux. Toujours est-il qu'il laisse son épouse folâtrer : tours de valse, jeux endiablés sur le pont, parties de cache-cache ou de *hunt the slipper* – inventé par les Anglais, une sorte de course au cours de laquelle on vole la chaussure d'une dame pour organiser ensuite sa recherche et la lui rapporter victorieusement, moyennant un gage, le plus souvent un baiser ! A bord de l'*Ernest-Simons*, Rosalie a perdu plus d'une fois son soulier.

Les escales défilent agréablement, au rythme des vagues et de l'orchestre. On quitte le paquebot pour visiter les sites : le canal de Suez, Aden, Colombo, Saïgon... Pour jouer aux touristes, les Vetch empruntent la même voiture que le consul : Rosie en est si fière qu'elle l'écrit à sa mère. Claudel n'a d'yeux que pour Madame Vetch. Il l'appelle R., dans son journal. Mais dans la vie, Rosie.

Quant aux quatre petits bonshommes qui voyagent avec elle – par ordre de naissance, Robert, Gaston, Edouard dit Teddy et Henri –, sauf le dernier qui est encore au berceau, ils surnomment en chœur cet ami de leurs parents, Lolly.

Lorsque la famille débarque à Hong-Kong, avant-dernière escale de cette longue croisière, Claudel les a tous adoptés et redoute tellement la séparation qu'il les invite à venir fêter Noël chez lui, à Fou-Tcheou. Fou de joie lorsqu'il apprend que les Vetch acceptent,

« (il) en tombe à genoux, en levant les bras au Ciel »,
remerciant Dieu de cette providence, ainsi qu'il le
racontera en toute sincérité à la fin de sa vie, à un futur
ambassadeur et grand résistant, son ami Paul Petit[1].

Arrivée à Fou-Tcheou avec sa tribu d'hommes et
avec la nurse, Mrs Wright dite Nana, Rosie doit garder
la chambre : elle a la varicelle ! On imagine ce Noël en
Chine, dans la chaleur étouffante d'une ville du Sud,
enserrée par des montagnes en ombres violettes. Pas
de messe de minuit, mais sans doute des prières suivies
du traditionnel réveillon : dinde ? bûche ? Avec un peu
d'humour et de distance, on peut trouver l'atmosphère
étrangement familiale, avec ce Lolly de trente-deux
ans, consul de France et puceau volontaire, dans le rôle
ambigu de l'« oncle Paul »... Les Vetch tardant à trouver une maison à louer et Francis devant partir pour
une expédition dans les terres profondes du Fou-Kien
à la recherche d'on ne sait quel or, l'hospitalité du
consul est la bienvenue. Rosie va passer toute une
année en fait, au milieu de sa marmaille, dans l'intimité
du consulat. D'invitée, avec sa propension naturelle à
envahir l'espace, elle devient maîtresse de maison. Elle
commande les domestiques, fixe les menus, enseigne
des recettes de son cru au cuisinier, Mouki, et déballe
l'argenterie, les napperons de dentelle de son trousseau
qu'elle a apportés dans ses malles. L'intérieur austère
du consulat, laissé jusqu'ici au dénuement du poète
célibataire, s'en trouve radicalement transformé.
    Rosie règne sans façons. Allongée sur une chaise
longue comme sur le pont de l'*Ernest-Simons*, elle
passe beaucoup de temps dans le bureau du consul où
elle assiste même, d'un air languide, aux entretiens

1. *Journal* de Paul Petit, cité par Gérald Antoine, *op. cit.*

officiels. Quelques interlocuteurs s'en étonneront. Wright, la nurse, s'occupe des enfants. Pour se distraire, Rosie sort en palanquin et commande des robes à une petite main de Fou-Tcheou. Les fins d'après-midi, lorsque Claudel a terminé son travail, elle l'accompagne dans ses promenades rituelles, jusque-là solitaires, qui les mènent aux confins du cimetière. Elle ne semble pas avoir eu peur de la Montagne des morts.

On commence à jaser. La petite colonie française de Fou-Tcheou, que Claudel fréquente le moins possible par horreur du monde et de ses futilités, mais à laquelle il ne peut pas fermer complètement sa porte, note avec ironie que le consul et Madame Vetch, en l'absence du mari, filent le parfait bonheur. L'écho en parvient au Quai d'Orsay, sous forme de rapports qui ont un vague parfum de délation.

Lorsque Vetch revient, après de longs mois de prospections qui ne sont plus minières mais ouvrières et concernent désormais la main-d'œuvre chinoise – il veut maintenant exporter des coolies vers Madagascar et La Réunion (!) –, il installe sa femme et leurs enfants dans une maison coloniale, un peu plus haut sur la colline, à une petite distance du consulat. On continue à beaucoup se voir. Vetch fait part au consul de ses projets qui ont des relents de vieux commerce triangulaire mais lui promettent à l'en croire une bonne fortune. Claudel appuie ses démarches. A-t-il laissé cet homme d'affaires peu scrupuleux les utiliser ou Vetch les a-t-il subtilisés dans son bureau ? On retrouve les cachets du consulat sur des papiers de transactions douteuses, des emprunts notamment, que Vetch, toujours à la recherche de fonds, a contractés auprès d'organismes financiers locaux.

Cette année-là, 1902, Claudel qui est encore consul de deuxième classe se voit proposer une promotion à Hong-Kong. Il écrit aussitôt une longue missive à ses supérieurs hiérarchiques... pour la refuser. Le ton passionné de sa lettre, qui tranche avec le style élégamment conventionnel en usage chez les diplomates, va beaucoup étonner son ministère. Au nombre de ses arguments et protestations : il éprouverait pour Hong-Kong « une profonde aversion » ! Il demande fermement à rester à Fou-Tcheou : « Je vais au bout du monde, dans un coin perdu où je suis à peu près privé de tout contact avec des êtres civilisés. Au bout de longues années, j'arrive à faire de mon poste, où les efforts de mes prédécesseurs n'avaient abouti qu'à la construction d'un cimetière, un petit capital pour notre action en Chine... et brusquement... j'apprends que j'aurai désormais à employer mon activité à l'expédition hebdomadaire d'informations frelatées, tristement recueillies chaque matin dans les colonnes de la presse locale... J'ai le malheur de m'intéresser à mon métier et je l'avoue bien naïvement à votre Excellence. » Le Quai, plutôt étonné – ses agents du bout du monde refusant rarement une promotion qui les rapproche des grandes voies qu'empruntent les paquebots –, décide d'envoyer un émissaire pour clarifier la situation.

En marge du rapport de Claudel[1], pour tout commentaire de son refus obstiné de quitter Fou-Tcheou, le ministre des Affaires étrangères en personne, sans doute déjà bien informé, a écrit : « Hi ! Hi ! Hi ! »

Est-ce le même, décidément narquois qui, lassé de lire les rapports fleuves, aussi lyriques que détaillés du consul, toujours très Tête d'or par le style, même quand il s'agit d'affaires publiques ou commerciales, écrit – là encore en marge et usant du commentaire comme d'un couperet : « aliéné » !!!

1. Dans *Diplomates et écrivains*, exposition de documents au ministère des Affaires étrangères en 1962.

Il aurait pu avoir affaire à un fonctionnaire strict, moralement amidonné, une sorte d'inspecteur de la police des mœurs. Au lieu de quoi, le Quai lui envoie l'homme le plus indulgent aux écrivains et le mieux fait pour le comprendre, un amateur de littérature et de poésie, que ses écrits intéressent. Un très fin lettré, lecteur de choses rares, dans des revues à tout petit tirage. Ami de Paul Morand et de Jean Giraudoux, il repère vite les plumes qui sortent de la basse-cour où s'ébattent les écrivassiers ordinaires. C'est plus à l'auteur de *Tête d'or* que le diplomate rend visite, qu'au consul de deuxième classe, obstiné dans son refus des promotions. Quant à la dissipation dont il a eu vent et sur laquelle on ne manquera pas de lui poser quelques questions à son retour, elle ne lui est pas non plus étrangère : il a été lui-même très dissipé, ne s'en est jamais caché et l'est sans doute encore. Aucun censeur n'aura jamais raison de son goût des plaisirs.

Cet homme d'allure nonchalante et féline, que la romancière Colette appelle « le seigneur chat » parce qu'il est également mystérieux et préserve son indépendance, présente pourtant aux yeux de Claudel un grave défaut : Renan, qui fut un ami de son père, a contresigné son état civil. Mais, sous le charme de cette personnalité hors du commun, il passera outre.

Philippe Berthelot débarque au consulat en juillet 1903, comme jeune secrétaire de troisième classe. Dépêché pour une mission d'un an en Asie, dont il deviendra à son retour le grand spécialiste au Quai, il voyage libéralement accompagné de sa ravissante maîtresse, Hélène, qu'il vient tout juste d'échanger à Paris contre la précédente compagne du peintre Armand Point ! Les deux hommes étaient tombés amoureux de leurs amies respectives et les deux femmes avaient l'une et l'autre consenti à l'échange, sans faire d'histoires... D'une liberté de mœurs qui n'a d'égale que l'élégance de ses manières et l'extraordinaire raffinement de son goût, ce diplomate dans l'âme n'est pas du genre à distribuer des remontrances ni à vouloir instituer l'ordre moral dans les cercles privés.

Les Berthelot, qui vont passer une quinzaine de jours sous le même toit que Claudel, se montrent des hôtes très agréables. Claudel apprécie la culture de Berthelot, qui part du cœur, dira-t-il, une culture sincère, enracinée, qui n'est en rien ce que le disciple enfiévré de Rimbaud pouvait redouter, un artifice de la mondanité. Les conversations sous la véranda ont dû si fort lier les deux hommes qu'ils deviennent amis pour la vie. Les deux femmes s'entendent très bien aussi : complices à la fois dans la blondeur et dans l'illégalité, l'une étant une maîtresse en titre, l'autre une liaison adultère officieuse. Jamais le consulat n'a connu de pareilles fêtes qu'en ce mois de juillet 1903. Mouki, le cuisinier, doit se surpasser. Lors d'un dîner mémorable, clou de ce séjour impertinent, Hélène – future Madame Berthelot (en 1914) – est servie nue, parée de fleurs, sur un plat d'argent porté par des domestiques, comme aux temps du *Décaméron*. Claudel prêtera à l'un de ses personnages [1] son admiration sans bornes pour le corps de cette « nymphe comestible », qui ressemblait à « une belle truite rose sous sa peau d'argent »...

L'amitié de Berthelot sera très utile à Claudel tout au long de sa carrière. Car le « seigneur chat », encore à ses débuts à son passage à Fou-Tcheou, va très vite imposer son talent au sein d'un ministère qui ne manque pas d'esprits brillants et ambitieux. Entré par piston au Quai, il a bénéficié du plus puissant des soutiens : son père, Marcelin Berthelot, le célèbre chimiste, fut ministre des Affaires étrangères en 1895, juste au moment où son fils ratait le concours d'entrée auquel Paul, lui, était reçu premier. Passant outre à la sélection d'usage, Berthelot a été nommé directement secré-

---

1. Don Balthazar, dans *Le Soulier de satin*.

taire de troisième classe, un poste modeste mais enviable aux yeux d'autres jeunes gens collés en même temps que lui. Malgré ce départ contestable mais qui ne semble lui avoir posé aucun problème d'éthique, il va franchir un à un les échelons et s'imposer dès avant la guerre comme l'un des plus brillants représentants de la diplomatie française, jusqu'à occuper avec un rare éclat le poste tant convoité de secrétaire général du Quai d'Orsay. Claudel lui devra beaucoup. Mais l'amitié avec Berthelot dépasse largement le domaine professionnel. Berthelot peut être considéré comme le seul ami de Paul – le frère qu'il n'a pas eu.

En France, au service Asie, en 1903 on s'agite. Le consul en place à Fou-Tcheou inquiète de plus en plus sa hiérarchie. Des dénonciateurs l'accusent de couvrir les malversations de Vetch : on décide de le rappeler à Paris. D'autant que son état de santé est déplorable : selon sa fiche médicale, il souffre de paludisme et de congestion du foie. A l'annonce de ce rapatriement, Claudel cette fois ne proteste pas. C'est que Rosalie Vetch vient de décider, en accord avec son mari et avec le consul, après un conseil à trois, de rentrer elle aussi en Europe : elle est enceinte. La décision du Quai, pour une fois, arrange tous les protagonistes. Il est entendu entre eux que Rosalie partira la première avec ses deux aînés, Robert et Gaston. Claudel suivra à quelques mois de là – les lenteurs de l'administration… –, se chargeant de rapatrier les deux plus jeunes, Edouard et Henri, et assumant ainsi jusqu'au bout son rôle de substitution. Vetch les rejoindra tous quand il le pourra, au terme de ses transactions. Tel était le plan d'origine, avant que les circonstances ne viennent le changer.

L'enfant que Rosie attend, le cinquième de sa nichée, est officiellement celui de Francis Vetch. Mais la future mère a avoué à Paul que c'était en vérité le sien.

Le départ précipité de Rosie s'explique par le désir

d'éviter que des rumeurs scandaleuses ne s'emparent de leur histoire, déjà trop publique au sein de la petite colonie de Fou-Tcheou. La raison invoquée : la conduite de ses deux aînés au collège jésuite de Marneffe, près de Namur, où tous les Vetch de La Réunion sont élevés depuis des générations. L'aventurier reste un homme de traditions.

Le 4 août 1904, après plus de quatre ans d'une idylle officielle entre Paul et Rosie, le mari et le consul de France accompagnent la jeune femme à son bateau. Embarquée à Amoy, elle change de navire à Shangaï, d'où l'*Empress of China* – un nom qui lui va bien – l'achemine vers le Japon. Ce sera ensuite le Canada, par Vancouver et Montréal, puis le train jusqu'à New York et, de là, la dernière traversée vers l'Europe à bord d'un paquebot de la Red Star. Port final : Anvers, après un voyage aussi interminable et harassant que les lettres qu'elle écrit consciencieusement à Paul, du moins au début. Car ces lettres pleines d'anecdotes et de détails futiles qui ont pu paraître délicieux à un homme amoureux, lettres douces, lettres tendres, s'espacent de la manière la plus inquiétante, puis, dès le Canada, manquent aux courriers tandis que celles de Paul lui reviennent, non décachetées, renvoyées au destinataire pour quelque obscure raison.

Qu'arrive-t-il donc à Rosie ? Elle si loquace et qui ne perd jamais une occasion de s'autocélébrer – elle continue à avoir du succès partout où elle passe, « malgré mes formes », dit-elle –, Rosie qui baptisait Paul de si jolis sobriquets d'amour, « mon petit consul », « mon cher petit ami », comment, pourquoi ne donne-t-elle plus de nouvelles ? Elle semble avoir disparu, subtilisée en plein océan comme dans la légende du Hollandais volant.

Mais parce que les légendes contiennent toutes une part de vérité, Paul va bientôt apprendre qu'elle voyage bel et bien avec le Hollandais volant... Malgré sa grossesse, elle a séduit un troisième homme à bord de l'*Empress of China*, un dénommé John W. Lintner, natif de Rotterdam. Il se rend à Paris par le navire de la Red Star où Rosie a embarqué à New York, mais il a décidé de se détourner de sa route pour l'accompagner à Anvers ; il a l'intention de l'aider à s'installer. Force est de constater que les hommes se mettent aussitôt au service de cette séductrice-née.

Lintner est un homme d'affaires, moins malchanceux que Vetch, quoique tout aussi mystérieux. Il connaît le tsar de Russie et Théophile Delcassé, le ministre des Affaires étrangères français. Il a beaucoup d'entregent. Pour les deux fils de Vetch, dont le père est toujours absent, il devient « monsieur papa », en homme qui mérite de la considération. On note la différence des appellations, dans la bouche des enfants. A « Lolly », qui fait très juvénile, Lintner oppose un statut déjà officiel.

Poursuite extravagante. Cocasse même, si Claudel n'était si malheureux. Embarqués sur le même paquebot, au mois d'octobre, laissant derrière eux ses fils cadets, Teddy et Henri, que Rosie ne reverra pas pendant douze ans, Vetch et Claudel partagent la même infortune. Rosie les a abandonnés tous deux. Les mauvaises affaires de l'un, les dons poétiques et la culpabilité de l'autre ont fini par lasser cette mère de famille qui aspire avant tout au confort et à la sécurité. « La

femme est l'être sur qui pèse l'exigence pratique[1]. »
Elle voulait être gâtée et protégée. A moins que sa sensualité ne lui ait dicté sa préférence, de guerre lasse elle
a choisi Lintner pour commencer une autre vie.

Paul lui écrit des lettres désespérées puis injurieuses.

De même que sa sœur, prompt aux imprécations, il
la couvre d'insultes dont il aura plus tard des remords.
« Pardonne ces lettres affreuses, j'étais fou », se repen-
tira-t-il.

Mais *Partage de midi* en garde les traces indélébiles :

> « *Chienne ! dis-moi, qu'as-tu pensé quand pour la
> première fois*
> *Tu t'es livrée, l'ayant résolu, à ce chien errant,*
> *Avec le fruit d'un autre dans ton sein, et que le pre-
> mier éveil de la vie de mon enfant*
> *Se mêlait au soubresaut de la mère, toute piquée du
> délice d'un double adultère. »*

Doublement adultère en effet, Rosie, la future Ysé
de *Partage de midi*, trompe son mari et son amant avec
« un autre » qui sera officiellement le dernier.

Lorsque Vetch et Claudel débarquent à leur tour à
Anvers, ils font appel à un détective privé. Commence
alors une traque, digne d'un mauvais film policier.
D'Anvers à Utrecht, Namur et Chevetogne en passant
par le cœur de Bruxelles, les poursuivants sillonnent
ensemble la Hollande et la Belgique, à bord d'un même
taxi. Le détective les suit dans une autre voiture. Très
en colère, les deux hommes ont pris le temps d'acheter
une fourrure à Anvers ; on ne sait s'il s'agit d'un manteau, d'une étole ou d'un manchon mais c'est un

---

1. Lettre à Jean-Louis Barrault, dans *Théâtre* I, *op. cit.*

cadeau pour Rosie. Dans l'espoir de l'amadouer ou de la reconquérir, on ignore qui, de Vetch ou de Claudel, a eu l'idée de cet achat, et lequel des deux lui offrit la fourrure, ou s'ils la lui offrirent ensemble, tous deux.

Dans son journal, cinq ans plus tard, Claudel se remémore « cette nuit de folie » : « La Meuse, partout rencontrée, sans ponts ni bacs, nous barrant partout le passage (...). Arrivée à Utrecht. Promenade par-devant et par-derrière ce funèbre logement du 101, chaussée de Charleroi. La robe de chambre encore au mur, la bouilloire de cuivre rouge... » Ils trouvent l'appartement vide. La femme adultère, dont l'huissier devait constater la faute, a eu le temps de s'enfuir par le jardin avec le petit Gaston. Une seconde incursion à l'aube sera la bonne. Vetch arrache Gaston à sa mère, qui court dans la rue, en déshabillé, pour le récupérer. Cris, supplications, menaces. Ce pourrait être un vaudeville : le mari et l'amant doublés par un troisième homme. Claudel y verra les figures d'un drame, transformant les acteurs de cette comédie de mœurs en héros de tragédie.

Vetch, qui veut reprendre ses fils, décide de rester quelque temps en Belgique. Paul, lui, dans un état qu'il décrira proche de la folie, tenté par le suicide et conscient de se perdre, se réfugie pour quelques jours à Chevetogne, chez les moines de Ligugé qui y ont établi leur monastère. C'est grâce à leurs conseils et à leurs prières qu'il peut retrouver son calme et décide de mettre un terme à ses folles élucubrations. Il veut oublier l'infâme !

De son côté, Lintner écrit à Delcassé une lettre, toujours conservée aujourd'hui aux archives des Affaires étrangères, pour se plaindre des agissements du consul, dont il cite le nom en toutes lettres, envers Madame Vetch. Il déclare tenir à la disposition du ministre une correspondance privée... « Il y a depuis longtemps en Chine, à Fou-Tcheou, un consul, M. Claudel, dont la conduite à l'égard d'une certaine famille Vetch est très connue là-bas. (...) M. Claudel ne protégeait la famille que pour certaines raisons, au sujet desquelles je tiens à votre disposition et à titre privé une correspondance. (...) M. Claudel écrit à Madame Vetch, qui est en instance de divorce, les lettres les plus injurieuses (...) [1]. » Il demande au ministre d'« accorder sa protection à cette dame et ses deux enfants » contre le danger trop réel que représente pour elle le diplomate français.

Rosie divorcera. Elle épousera Lintner en juillet 1908 et aura avec lui un cinquième fils, John, dit Janic, qui portera le nom de son nouveau mari.

Au milieu de son abondante progéniture mâle est pourtant née une petite fille, que Rosie a dû regarder comme la vilaine petite cane de sa couvée. Pas jolie, trapue, mais possédant une belle voix et des dons de musicienne, elle s'appelle Louise. Louise Vetch. Née le 22 janvier 1905, c'est l'enfant de Paul Claudel.

Quand il verra son visage pour la première fois, en 1920, elle aura quinze ans.

En mai 1905, Paul demeure quelques semaines à Paris chez Louise – sa sœur, dont le nom doit désormais lui évoquer sans cesse celui de l'enfant.

Il observe, navré, les changements survenus sur les traits et la silhouette de sa sœur aînée. Mais il est lui-même dans un tel état de désespoir qu'il est incapable

---

1. Lettre citée et traduite de l'anglais par Gérald Antoine, *op. cit.*

d'apporter à quiconque, fût-ce à la sœur la mieux aimée, la moindre consolation.

Il se réfugie à Villeneuve, où il trouve ses parents « très vieux ».

Là, enfermé dans la grange, il écrit en deux mois – « un record pour moi », dira-t-il –, un drame pour le théâtre, tout entier inspiré par ce qu'il vient de vivre. Edité à cent cinquante exemplaires, qu'il offrira à ses amis et aux écrivains qu'il admire, il est dédié, en « témoignage de ma grande affection », à Philippe et Hélène Berthelot, les seuls d'entre ses proches qui aient connu Rosie en Chine.

C'est à Villeneuve qu'il trouve le mieux la paix. Il l'écrit à André Suarès : « J'ai fui toute cette année tant que j'ai pu la solitude, errant de tous côtés comme un chien sans maître, mais j'ai fini par retrouver dans cette sombre campagne le terrible tête-à-tête. Ah ! que les journées où l'on souffre sont longues ! »

Ysé et Mesa racontent son histoire, commencée sur le pont d'un grand paquebot et qui s'achève dans une chapelle ardente, pleine des cris de douleur de Mesa apostrophant le Seigneur : « Ah ! je sais maintenant Ce que c'est que l'amour ! et je sais ce que vous avez enduré sur votre croix, dans ton Cœur, Si vous avez aimé chacun de nous Terriblement comme j'ai aimé cette femme, et le râle, et l'asphyxie, et l'étau ! » Du premier mot jusqu'à la dernière réplique, et à la dernière image – Ysé, les bras en croix –, la pièce est tout entière un chant d'amour malheureux et sauvage. Décalque de son aventure, le *Partage* met en scène le trio du mari (de Ciz), de la femme (Ysé) et de l'amant (Mesa), auquel s'ajoute un troisième homme (Amalric), qui vole Ysé à Mesa. Se déroulant dans les lointains, non pas en Chine mais en Extrême-Orient, il va jusqu'au bout de l'aveu : l'enfant – cet enfant secret et adultère – y a droit de cité. Mais il meurt à la fin, sans doute tué par Ysé, et « c'est tant mieux ainsi », dira

Mesa. Le passage où Ysé pleure ses enfants, non seulement celui qui est mort mais tous les autres, qu'elle a abandonnés, est une des scènes les plus poignantes de ce drame : « Je ne comprends pas. Je ne suis qu'une femme infortunée », dit Ysé dans la tirade où elle se voit en mère dénaturée, indigne de l'amour de Mesa quand elle s'adresse à ses enfants. « O quelle mère j'ai été pour vous ! »

L'accent de vérité de la pièce témoigne d'une passion vécue, tour à tour éblouissement et calvaire. Le vent s'y déchaîne, comme dans toutes les pièces de Paul Claudel, avec une frénésie inquiétante où l'on peut d'abord lire le symbole du coup de foudre, puis celui du chagrin. Le soleil se lève pourtant au dernier acte, et Ysé en robe blanche de prêtresse de l'amour, Ysé qui vient pourtant de tuer son enfant s'éloigne, « les cheveux déchaînés dans le vent de la Mort ! »

André Suarès, que Claudel a tenu au courant de sa défaite amoureuse et de son désespoir, ne se trompe pas à la lecture de la pièce. « Etincelante confession ! On vous y voit à nu », lui écrit-il.

C'est aussi la beauté de *Partage de midi*, cette intensité autobiographique que le poète, comme dans une transe, en à peine deux mois d'écriture, a changée en poésie pure.

Le chagrin n'empêche pas Paul de briguer la Légion d'honneur et de l'obtenir ; de demander une prolongation de son congé diplomatique et de l'obtenir ; ni de quémander une promotion comme consul de première classe et de l'obtenir aussi en 1905. Il gère d'autant mieux sa carrière que celle-ci l'aide à surmonter l'épreuve de l'amour déçu.

Claudel connaîtra d'autres femmes. Il écrira d'autres histoires d'amour. Mais il ne se remettra jamais de ce qui reste dans sa vie comme la plus grande blessure. Cette rupture amoureuse le laisse amputé d'une moitié, marqué d'un regret incurable.

« J'ai la conviction que moralement, et même physiquement, chaque homme n'est fait que pour une seule femme, comme chaque femme pour un seul homme. La renonciation pour Dieu à cette appétence essentielle et réciproque est quelque chose de terrible, une déchirure salutaire mais inguérissable[1]. » La lettre qu'il adresse en juin 1940 à Macha Romain-Rolland contient encore, malgré les années qui ont passé, l'aveu d'une immense déception. Aucune autre femme ne pourra combler le vide que laisse Ysé – la seule dont il ait désiré la complétude.

Son attachement était tel qu'il n'aurait pu songer de lui-même à y mettre fin. Coupable aux yeux du monde et plus encore aux siens – car il est catholique – de commettre une faute en aimant une femme mariée et de la rendre mère dans l'adultère, il aurait dû, s'il avait seulement obéi à sa conscience, trancher le lien doux et violent qui faisait de lui un pécheur. Pour un homme qui a voulu se faire moine, Ysé représente certainement la plus grande tentation et le plus grand péché : la femme par qui le Mal survient. Il en fait l'aveu à André Suarès, dès 1905 : « Moi-même qui savais ce que je savais, la vue même de l'enfer sous mes yeux ne m'aurait pas séparé de cette ennemie ! Il a fallu que Dieu intervînt par un coup de force ; il est vrai que j'ai prié pour cela[2]. »

Cet amour, il l'a vécu dans le lourd sentiment de sa culpabilité, sans cesse tourmenté par le repentir. « J'ai connu le vrai enfer », dira-t-il encore, trente ans plus

---

1. Lettre à Marie Romain-Rolland, 14 juin 1940.
2. Lettre à Georges Duhamel, citée par Gérald Antoine.

tard, à Georges Duhamel, et l'on remarque que le mot lui vient naturellement pour la seconde fois. Enfer, sa liaison avec Rosie ? « J'en ai été délivré par miracle car, si elle ne m'avait pas quitté, je ne l'aurais jamais quittée[1]. »

Sans doute « le déchaînement des sens », ainsi qu'il l'indique à Macha Romain-Rolland, compta-t-il beaucoup dans sa dépendance. Mais sa sexualité, si longtemps contenue, et que la belle Rosie sut éveiller, fut sans cesse en conflit avec sa conscience religieuse et la volonté de continuer à se garder pur. « Au milieu du déchaînement des sens, explique-t-il à la jeune femme, il y avait toujours en moi un refus essentiel, une préférence de Dieu, quelque chose d'absolument irréductible. » Il lui dira aussi, dans un désir de la guider et de la convertir : « Dieu est le plus grand et Il est Celui à qui à jamais j'ai donné ma préférence. »

L'amour humain ne peut être pour lui qu'un pâle reflet du grand Amour qu'il porte à Dieu. Il l'écrit dans *Partage de midi* quand Mesa, du fond du désespoir, crie à Ysé, avec un mélange d'orgueil et de regret :

> « *Ce grand trésor que je porte en moi*
> *tu n'as point pu le déraciner,*
> *le prendre, je n'ai pas su le donner.* »

Du difficile combat contre les sentiments honteux que lui inspire la défection de Rosie – jalousie, colère, puis désespoir –, il sort vainqueur grâce à Dieu et grâce au livre. Les prières et l'écriture l'ont sauvé du suicide. Il peut remercier le Ciel. Même s'il a pu se croire blessé à mort par l'échec amoureux, il en sort « ressuscité et rajeuni », ainsi qu'il le confie à Gabriel Frizeau, au moment de la publication de *Partage de midi* par la revue *L'Occident*.

---

1. Lettre à Marie Romain-Rolland, 14 juin 1940.

« Après cette longue crise de quatre ans, je me sens débordant de forces et d'idées, il me semble que j'ai dix-huit ans et que ma vie vient tout juste de commencer [1]. »

Guidé par Dieu et par ses confesseurs – le père Baudrillart, un oratorien, Normalien et agrégé d'Histoire, a remplacé près de lui le vieil abbé Villaume –, Paul trouve le remède miraculeux et définitif à son malheur : le mariage !

Sa décision est sans ambiguïté : il ne se mariera pas par amour, puisque l'amour, il vient de le perdre définitivement avec Rosie. Il se mariera par raison, pour mettre un terme à sa solitude et fonder un foyer chrétien.

Cette décision représente pour lui un acte aussi violent, aussi radical que le renoncement au bonheur par lequel Camille a mis un point final à sa liaison avec Rodin. Elle est sans appel. C'est un choix draconien.

Paul choisit la quiétude contre le déchaînement des sens ; la solidité conjugale contre le désordre des émotions ; l'anneau nuptial contre la folie.

Il renonce lui aussi au bonheur, mais non pas pour la nuit. Le mariage sera son garde-fou ou, ainsi qu'il l'écrit à Suarès avec sincérité, « un moyen de me préserver contre certains dangers ». En somme, une solution de sagesse, déterminée, calculée, mesurée et froide, où n'entre en aucune part l'amour, et encore moins la passion.

Le 15 mars 1906, il épouse Reine Sainte-Marie Perrin.

---

1. Lettre à Gabriel Frizeau, dans Paul Claudel, Francis Jammes, Gabriel Frizeau, *Correspondance 1897-1938*, préface et notes par André Blanchet, Gallimard, 1952.

Cette jeune fille, née en 1880, qui a avec lui près de douze ans d'écart, il la connaît à peine. Petite, brune, « maigre et délicate [1] » selon l'abbé Mugnier, elle a été élevée dans une famille chrétienne où l'on ne manque pas une messe et où tout ce que l'on vit est aussitôt offert à Dieu. Son père, Louis Sainte-Marie Perrin, est l'architecte qui a construit l'église Notre-Dame de Fourvière, à Lyon, sur la colline où eut lieu jadis le martyre de saint Plothin, mais aussi le grand séminaire de Francheville et le carmel de Domrémy. Reine est la cinquième et dernière fille de ses dix enfants. Aussi pieuse et candide que l'époque rêve ses jeunes filles, elle ne doit avoir aucune idée du genre de tempête sensuelle et amoureuse que son fiancé vient de traverser. Elle apparaît aussi loin du modèle d'Ysé, de ses fastes et de ses péchés, que Paul pouvait le souhaiter.

Cette future épouse, il ne l'a pas choisie, on la lui a trouvée. C'est son confesseur, le père Baudrillart, ami des Sainte-Marie Perrin par les René Bazin dont la fille (Elisabeth) a épousé un des fils (un des rares à n'être pas entré dans les ordres, Antoine), qui s'est entremis pour lui recommander cette alliance. La famille Saint-René Tallandier, apparentée à l'historien Hippolyte Taine, l'auteur des *Origines de la France contemporaine*, a aussi joué son rôle dans ce mariage arrangé, bien conforme aux mœurs de la bourgeoisie d'alors et sur laquelle veillent, tels des anges tutélaires, de nombreux « saints ».

Claudel, déchiré entre les tourments de l'amour et ceux de sa conscience, devrait trouver la paix du cœur auprès de cette icône : une vierge, parfaitement chrétienne, élevée dans le dévouement et le sacrifice, vertus essentielles de la future épouse. Elle saura élever ses enfants, tenir sa maison. On ne lui voit aucun défaut.

---

1. *Journal de l'abbé Mugnier*, « Le Temps retrouvé », Mercure de France, 1985.

C'est au futur mari, ce grand blessé, qu'incombera la tâche de lui enseigner la vie.

Fiançailles rapides. Mariage dans l'intimité, non dans l'église de Fourvière, mais dans la chapelle d'un hospice fondé par la grand-tante de la mariée. Trois jours après le sacrement, le jeune couple embarque à Marseille sur un paquebot qui doit l'emmener jusqu'en Chine. Direction Tien-Tsin.

Claudel l'écrira dans la Cinquième Ode qui porte ce titre éloquent, « La Maison fermée » : « L'âge vient, tu as assez longtemps erré, demeurons ensemble avec la sagesse. »

Alors que Camille s'enfonce dans un marasme qui n'aura pas d'autre issue, Paul renaît et prend un nouveau départ : le destin du frère et celui de la sœur divergent. Ils vont l'un et l'autre nourrir leur œuvre de leur histoire d'amour malheureuse mais, si l'écriture conjointement au mariage délivre Paul du poids de sa souffrance, la sculpture va contribuer à damner Camille.

L'Age mûr et *L'Implorante* d'un côté, de l'autre *Partage de midi* : dans les figures sculptées de Camille comme dans le théâtre de Paul, la femme qui aime, l'homme amoureux n'ont pas plus de chance l'un que l'autre : ils aiment plus qu'ils ne sont aimés. Ou du moins le croient-ils. Dans ce privilège douloureux et tragique, comme si la vie voulait les soumettre ensemble à la même épreuve, ils trouvent un thème d'inspiration commun pour leur art.

La grande différence, entre ces deux êtres blessés à vif et dont un seul pourra réchapper, c'est Dieu. Camille ne l'invoque jamais et vit comme s'il n'existait pas. Paul lui offre sa souffrance.

Violence de la démesure

Paul a perdu Rosie, autant par la faute de la nature volage de cette première maîtresse, que par celle de son propre comportement : en Chine, ses états d'âme, sa culpabilité de Chrétien conscient de commettre une faute grave, ont beaucoup pesé à la légère, à l'insouciante Madame Vetch. Mais la charge de sa jalousie, quand Rosie le trahit, puis ses lettres injurieuses et vindicatives n'ont pu qu'effrayer sa maîtresse et définitivement l'éloigner. Que n'a-t-il appliqué des méthodes plus subtiles pour tenter de la récupérer, une stratégie de la reconquête et un art de la diplomatie au lieu de cette violence ? Comme chez Camille, la rupture s'opère sans nuances ni l'ombre d'une deuxième chance. Elle est radicale chez le frère et la sœur.

Un jeune professeur de philosophie, l'une des plus talentueuses recrues de la NRF, que la lecture de *Tête d'or* a transporté, Jacques Rivière, demande à rencontrer Paul, à son retour de Chine : il désire lui parler, de littérature mais aussi de questions religieuses, car il songe lui-même à se convertir. Rivière, qui est « un grand jeune homme, aux yeux ardents », une sorte de Grand Meaulnes selon son beau-frère Alain-Fournier, reçoit Claudel chez lui, place Dauphine, à l'automne 1909. Lorsqu'il lui ouvre la porte, il est d'abord frappé par son accoutrement : « grand et fort (...), il avait un manteau de caoutchouc, de fortes bottines américaines et une casquette droite à visière cirée ». Mais plus que l'aspect physique, c'est l'emphase de son verbe et son extrême agitation qui le stupéfient. Rendant compte à un de ses amis, le peintre André Lhote, de la visite du diplomate-écrivain, il lui avoue que le personnage de Claudel l'a d'abord « terrifié » et qu'il se remet mal du choc : « Il est aussi terrible que ses livres. On le sent même au moment de sa causerie la plus animée tellement occupé après l'âme, tellement acharné après l'essentiel qu'on ne peut pas se sentir en repos. On comprend qu'il suffirait d'une parole pour qu'il se jette sur vous[1] ! »

La ferveur, qui imprègne ses mouvements, ses paroles et même ses silences, lui donne un air farouche, propre à effrayer les gens. Jacques Rivière n'est pas le premier à trouver Paul étrange ou différent – ce que Rivière résume par un adjectif qui lui va comme un gant : « terrible ». Entier et épris d'absolu, il aime vivre dans l'intensité. Et puiser son oxygène haut, très haut, là où le commun des mortels aurait du mal à respirer, « plus haut que le Fuji neigeux », écrit-il dans la *Cinquième Ode*.

Exaltation. Exacerbation des désirs et des sentiments. Pas plus que sa sœur, il ne se contente d'un moyen terme, trop éloigné de son cœur ou de son tempérament, à moins de se l'infliger par esprit de sacrifice ou volonté de s'amender définitivement. « O mon Dieu qui avez fait tant de choses donnables, donnez-moi un désir à la mesure de votre miséricorde[2]. »

---

1. *Cahiers Paul Claudel* XII : Correspondance avec Jacques Rivière, Gallimard, 1986.
2. *Cinquième Ode.*

« Que voulez-vous ? dira-t-il aussi. Il faut me prendre comme je suis, et un Claudel qui ne serait plus un zélote et un fanatique ne serait plus un Claudel[1]. »

Il y a dans la famille un précédent au suicide : le jeune oncle Paul Cerveaux, frère de leur mère, qui s'est jeté à vingt ans dans les eaux glacées de la Marne. Paul, qui porte son prénom, a connu cette même tentation.

Pour échapper à la souffrance de la trahison de Rosie, il a voulu mourir ou y a plus d'une fois songé. Il raconte que, « devenu fou », il se frappait la tête contre les murs de sa chambre. Suicide ? Folie ? Il fait ici l'amalgame. Pourtant le jeune oncle n'était peut-être pas fou... Un suicide, surtout à vingt ans, est d'abord un acte de désespoir. Un manque de confiance dans la vie. Est-ce parce que sa famille assimilait le suicide et la déraison ?

Il est sûr que la folie hante Paul Claudel. Il en aurait toujours eu peur, selon le R.P. Varillon qui l'a confié au biographe et ami de Claudel, Henri Guillemin : « P.C. avait peur, il protégeait comme désespérément l'édifice, tel quel, où il avait cherché refuge ; un refuge contre lui-même et contre l'approche de la folie. »

Paul l'écrira à plusieurs reprises : rien ne l'a jamais « effrayé » ni « dégoûté » comme la folie. « J'ai toujours eu le dégoût des fous et des passionnés, et des excités[2] », dit-il à propos de Nietzsche qu'il n'aimera jamais, à cause de son paganisme mais surtout de sa folie.

Il vit sous sa menace. Il croit que la folie le guette

1. Lettre à Henri Guillemin.
2. *Mémoires improvisés*, recueillis par Jean Amrouche, *op. cit.*

lui aussi. Il en posséderait les signes avant-coureurs : l'excès, la passion, la violence. D'un caractère hors norme, qui surprend même ses amis, il pourrait peut-être, un jour, franchir la fragile frontière séparant la réalité du délire.

Quand il regarde sa sœur, c'est son propre portrait qu'il contemple, d'ailleurs avec anxiété. « Et moi-même, ce visage panique, suis-je sûr de ne pas l'avoir évoqué quelquefois devant la glace[1] ? »

Il sait qu'il ressemble à sa sœur – mêmes gènes dangereux, mêmes rêves absolus, même feu : « J'ai tout à fait le tempérament de ma sœur, quoique un peu plus mou et rêvasseur, et sans la grâce de Dieu mon histoire aurait sans doute été la sienne ou pire encore[2]. »

Dans le texte qu'il écrira sur Camille en 1951, il parle de « cet affreux malheur » dont ils sont tous les deux victimes : la vocation artistique. « Qu'elle fasse trembler les familles ! » : leur vocation d'écrire ou de sculpter est selon lui nuisible au bonheur, et même à l'équilibre mental. Pour Claudel, l'appel de l'art ne peut en effet qu'apporter le trouble et la démesure à des personnalités déjà nerveuses ou fragiles. En cherchant dans les mots qui souvent se dérobent, dans la glaise elle aussi rebelle, une réponse introuvable, d'autant plus angoissante, à leurs questionnements, ils ne font qu'accentuer leur inquiétude.

Sous le ciel dévasté d'orages de son théâtre, ses personnages portent sa vraie démesure : chavirés et déboussolés, habités par un esprit furieux, ils sont aux prises avec l'Esprit dévastateur. « Le théâtre de Paul Claudel (...) est un délire de névropathe », écrit un écrivain italien, allergique à sa poésie. « Tous ses *Tête d'or*, *Jeune Fille Violaine*, *La Ville*, *Le Partage de midi*, *L'Otage*, avec leurs créatures de vocation et de sacri-

---

1. Lettre à Henri Guillemin précitée.
2. Lettre à Daniel Fontaine, 26 février 1913.

fice héroïco-stupides, et avec les créatures amoureuses, héroïco-délictueuses : toutes maniaques chantées par un maniaque [1]. » Rien de sage, de mesuré, de prudent, en effet, dans ce théâtre qui prend tous les risques et où souffle une voix impétueuse.

Paul, qui libère ses démons au fil des pages, s'en protège pourtant dans sa vie. Sachant sa vulnérabilité, il a construit autour de lui un système de défense.

Le choix du métier dans le cadre strict de la diplomatie, puis du mariage, non moins contraignant, voilà les balises qu'il s'impose pour se garder de cette espèce de fureur congénitale, propre à tous les Claudel, qui s'exprime chez lui dans ses dons poétiques.

A Louis Massignon, qui a rêvé comme lui d'entrer dans les ordres et lui annonce, en septembre 1913, qu'il va se marier à son tour, il exprime des félicitations mitigées où se lit son peu de considération pour l'état conjugal : « Ah ! ce sera un vrai crève-cœur pour moi de vous voir entrer dans la voie plate et médiocre où je suis moi-même. J'étais tellement heureux de vous voir me dépasser... » !

Les moines de Ligugé et sa propre conscience l'ont incité à renoncer au suicide mais aussi, non moins dramatiquement, au bonheur puisqu'il a décidé de sacrifier son amour et de se tenir prudemment à l'écart des trop violents orages. Le mariage – « la voie plate et médiocre ! » – est pour lui un viatique, plus qu'une vocation. En disant oui à Reine, en lui jurant fidélité, il enterre à l'église, le jour même de ses noces, toutes

_____

1. Henri Giordan, *Paul Claudel en Italie*, Klincksieck, 1975.

ses illusions. C'est dans une « Maison fermée » qu'il vivra désormais.

« Entends l'Evangile qui conseille de fermer la porte de ta chambre, écrit-il dans la Cinquième Ode. Car les ténèbres sont extérieures, la lumière est au-dedans. Tu ne peux voir qu'avec le soleil ni connaître qu'avec Dieu en toi. »

La foi est son garde-fou.

Tous ses sacrifices – le bonheur, l'amour –, il les offre à Dieu. De sorte que sa vie est un sacrifice permanent qui doit le rapprocher du Ciel. En renonçant à sa passion amoureuse, en immolant son cœur, il sauve son âme, le processus est bien connu des Chrétiens. « Sachant que la grâce toujours abonde par-dessus le péché », il offre son calvaire à un au-delà, dont il attend miséricorde et rédemption. Il croit de toutes ses forces au sens de la souffrance comme en la prééminence de la Grâce qui efface les péchés.

« Soyez béni, mon Dieu, qui m'avez délivré de moi-même. (...)

Soyez béni, parce que vous ne m'avez pas abandonné à moi-même[1]. »

Pour Camille, restée toute sa vie agnostique, il n'y aura pas de miséricorde.

Ne croyant ni au péché ni à sa rédemption, cette païenne lumineuse sait bien qu'elle souffre pour rien. Rodin ne lui reviendra pas. Ses cris de détresse se perdent dans la nuit. Pour elle, le Ciel est sourd. Presque autant que le cœur de sa mère...

---

1. *Troisième Ode* : « Magnificat ».

Le démon de la destruction

Spectacle navrant : tous les visiteurs, pour reprendre le mot de l'un d'entre eux, en ont la chair de poule. Au rez-de-chaussée surélevé du fond de la cour, l'atelier de Camille ne fait pas honneur au bel immeuble des bords de Seine dont elle brise la tranquillité, par ses coups de marteau mais aussi ses cris – car elle se met parfois à hurler, derrière ses volets fermés, des mots dont ses voisins ne perçoivent pas le sens. Elle insulte la concierge, s'en prend à un propriétaire et, la nuit tombée, sortie à pas de loup pour qu'on ne la voie pas, elle ramène chez elle une compagnie douteuse, ramassée dans les rues – on boit, on rit, on fait la fête, comme pour démentir par ces excès bruyants, qui restent intermittents, la solitude et le désespoir désormais familiers à Camille.

Mathias Morhardt : « Elle vit là sans recevoir personne, sans entendre une voix amie. (...) Elle a parfois l'étrange angoisse d'oublier l'usage de la parole. Et elle parle haut, afin de se rassurer. »

Est-ce pour se sentir un peu entourée, elle accueille les chats errants du quartier. Avec les personnages de terre qu'elle crée, ils sont ses interlocuteurs les plus fidèles et les seuls qu'elle tolère. Chaque jour, le silence l'enveloppe, un silence que déchirent ses outils de sculpteur. Chaque nuit, si elle ne sort pas, elle dort là, nichée dans son œuvre – une statue parmi d'autres. Comme les persiennes sont tirées en permanence, qu'elle ne les ouvre plus, ni le soleil ni le pâle halo de la lune ou des étoiles ne pénètre chez elle. La nuit, le jour ? Elle vit dans un crépuscule perpétuel, à la lumière des bougies et des lampes à huile.

Son atelier, aux yeux des rares visiteurs autorisés à en franchir le seuil, ressemble à une tombe. Univers de catacombes, où Camille, jadis si fraîche et attrayante, est un mort-vivant. Pas de meubles, en dehors d'un lit et d'un fauteuil défoncé ; dans l'évier, traîne de la vaisselle sale. On n'a pas fait le ménage depuis des lustres – la poussière envahit tout. Surtout, on marche sur des débris de plâtre, comme sur des tessons de bouteille, qui crissent sous les pas. Atmosphère encrassée, peu ragoûtante, qui a dû horrifier Madame Claudel – elle n'y met plus les pieds.

L'habitante des lieux ressemble à son logis : même laisser-aller. Elle porte un vieux manteau de velours gris qui lui donne une allure de reine déchue. Elle ne l'enlève plus, même pour sculpter, car il fait froid dans l'atelier humide et mal chauffé. Usé, râpé, il sera bientôt en haillons. Sur la tête, car elle n'a plus de chapeau, elle arbore un foulard ou un bandeau. De lourdes mèches de cheveux s'en échappent.

Camille a beaucoup grossi. Le corps est presque obèse. Le visage, bouffi, a perdu son bel ovale. Tristesse du double menton. Le teint, jadis de lait, est cireux. A quarante ans (1904), elle ressemble à une vieille femme. Seul demeure l'éclat rebelle des yeux.

Henry Asselin, un jeune journaliste ami d'Eugène Blot, le marchand d'art qu'aime beaucoup Camille – « Blot fut le Sésame », dit Asselin –, vient la voir à l'atelier, au printemps 1904 : « elle me fit entrer non sans hésitation (...), d'un air soupçonneux ». Il reste stupéfait de son apparition : « Elle avait alors quarante ans (...). Mais elle en paraissait cinquante. La vie l'avait extrêmement marquée, flétrie sans merci. L'extrême négligence de son vêtement et de son maintien, l'absence totale de coquetterie, un teint mat, fané, des rides précoces soulignaient une sorte de déchéance physique qu'on pouvait, à loisir, attribuer à la fatigue, au chagrin, à la déception, au désabusement, au détachement total des choses de ce monde. Et cependant, (...) ses grands yeux bleu foncé, ombrés, auréolés de noir, n'avaient rien perdu de leur beauté, ni son regard d'un éclat troublant, presque gênant parfois [1]. »

Lorsqu'il rentre de son troisième séjour en Chine, en septembre 1909, Paul n'a pas vu sa sœur depuis plus de trois ans. Il est lui aussi saisi par son changement. Son Journal enregistre, en quelques traits rapides, les ravages de cette altération : « A Paris, Camille folle, le papier des murs arraché à longs lambeaux, un seul fauteuil cassé et déchiré – horrible réalité. Elle, énorme, et la figure souillée, parlant incessamment d'une voix monotone et métallique. » C'est ce qui le frappe le plus, cette voix, où il ne reconnaît plus la personnalité de sa sœur. « Elle avait complètement changé », écrira-t-il à Daniel Fontaine [2], sans entrer dans plus de détails ni s'autoriser le moindre apitoiement.

Dès 1905, il exprime son inquiétude à son ami Gabriel Frizeau, l'un des rares pour lesquels il ait écrit le terme fatal : « malade ».

« La pauvre fille est malade... » Dans cette lettre à un camarade avec lequel il partage ses tourments de Chrétien aux prises avec la passion amoureuse, force est de constater qu'il fait preuve d'assez peu d'esprit de charité. La sécheresse de son analyse et le regard

---

1. Henry Asselin, *La Vie douloureuse de Camille Claudel*, Conférences à la radio-diffusion française, 1956.
2. Lettre du 26 février 1913.

désenchanté qu'il porte sur l'avenir de sa sœur sont sans appel : « La pauvre fille est malade, et je doute qu'elle puisse vivre longtemps. Si elle était chrétienne, il n'y aurait pas lieu de s'en affliger. Avec tout son génie, la vie a été pleine pour elle de tant de déboires et de dégoûts que le prolongement n'en est pas à désirer[1]. » On ne saurait être plus direct dans l'expression de l'amer constat. Ce n'est même pas un jugement qu'il porte. C'est un état de fait dont il est le témoin impuissant et accablé. Pessimisme radical : il ne voit aucune solution pour la sauver. Est-ce parce que Camille « n'est pas chrétienne » – un péché que Dieu va lui faire gravement expier –, ou parce qu'il ne supporte pas le spectacle de sa déchéance, il est vrai « horrible » à voir, il n'entreprendra rien pour la tirer d'affaire.

D'autres ont eu pourtant l'idée qu'on pouvait encore, en 1905, faire quelque chose pour elle, tenter de la délivrer de la prison où elle s'enfermait volontairement, sous l'effet de ce caractère trop exigeant et trop absolu. Ainsi Maurice Pottecher, l'ami de Paul, un ancien condisciple de Louis-le-Grand et le futur fondateur du Théâtre du Peuple, déplore-t-il l'absence d'assistance. Il observe « son caractère ombrageux et bizarre », écrit-il au critique Gustave Geffroy, qui admire lui aussi Camille, qu'il a vue « fatiguée jusqu'au désespoir »[2]. Il lui trouve toutes sortes d'excuses – « la vie et les hommes lui ont été durs » – pour conclure sur l'évidence absolue de son talent. Fasciné par le dernier ouvrage auquel elle travaille à son atelier, *Persée et la Gorgone*, il invite Geffroy à acheter des sculptures de Camille, même petites, pour lui apporter quelques liquidités. C'est lui-même ce qu'il s'est engagé à faire.

Autre exemple : Henry Asselin est lui aussi

1. Lettre du 15 novembre 1905.
2. Lettre du 13 décembre 1901.

convaincu que seul un contexte difficile, de mauvaises conditions de vie conduisaient Camille à ses colères, à ses violences et au laisser-aller en lequel il veut voir une expression de son profond désarroi. Il a d'ailleurs tenu à partager cette conviction avec Edmond de Goncourt qui le note dans son Journal : « Un peu d'aide, de bonheur, d'amitié, aurait pu, qui sait, encore la sauver. »

Eugène Blot, enfin, qui expose désormais régulièrement les œuvres de Camille dans sa galerie du boulevard de la Madeleine, est l'un de ceux qui ont apporté « un peu d'aide, de bonheur, d'amitié ». Il a su tendre la main, convaincu que c'était de cela surtout que Camille avait besoin.

Ne trouvant de secours que dans son imaginaire, Camille fait surgir, pour derniers témoins de son calvaire, un Persée et une Gorgone. Ces personnages mythiques représentent une tragédie qu'elle vit au jour le jour. Méduse, la plus belle des trois Gorgones, était si belle en effet qu'Athéna, jalouse, transforma sa somptueuse chevelure en ruisseau de serpents. Persée lui trancha la tête et s'en servit comme d'une arme pour vaincre des ennemis que son regard avait le pouvoir de changer en pierre. Camille n'est plus belle ; Camille n'est plus aimée ; pareille à Méduse elle n'affronte plus que des ennemis.

Ou bien se voit-elle en Niobide blessée, le sein transpercé d'une flèche symbolique.

Le monde l'agresse. Un modèle qu'elle n'a pas assez payé revient à son atelier pour lui casser des sculptures. Un mouleur l'assigne aux prud'hommes. Elle se voit condamnée, pour un arriéré de 18 sous, à une amende de 200 francs. Son propriétaire la harcèle pour qu'elle règle son loyer. L'Etat lui fait de fausses promesses :

on ne lui envoie pas le marbre promis, on ne lui règle pas le solde de commandes, pourtant dûment achevées et envoyées à qui de droit. En ce début de siècle, la correspondance de Camille n'enregistre qu'ennuis répétés. Sa situation matérielle continuant à se dégrader et la sculpture exigeant de plus en plus de frais, elle est poursuivie par les huissiers. L'un d'eux répond au nom d'Adonis Pruneaux. Jamais à court d'humour, elle le surnomme son « aimable Adonis » : « l'aimable Adonis, mon huissier ordinaire, qui viendra pour me saisir avec sa délicatesse ordinaire [1]... ». Elle se moque de son haut-de-forme, de ses gants blancs, mais il frappe un peu trop souvent à sa porte. Il lui prend ses meubles, menace de l'expulser.

Tous ces maux sont réels. Elle ne les invente pas. La vie est difficile : « Je suis à bout de forces », écrit-elle à Geoffroy en 1905.

« Je suis éreintée et à demi claquée », écrit-elle la même année à Blot.

Sa vision de la vie, du monde s'en trouve complètement changée. Elle croit qu'on lui en veut et qu'on aura sa peau. « On » ? Les gens du monde des Arts, les artistes, les marchands, les critiques, le ministre en personne et les fonctionnaires des Beaux-Arts..., tous seraient ligués contre elle. Elle se voit victime d'un grand complot.

« On » a bientôt un nom, qui résume à lui seul toute la vindicte de la planète : Rodin. Dès ces années 1900, elle ne l'appelle plus jamais que « le triste sire » – son correspondant comprendra ! – ou « cette canaille de Rodin », car elle peut encore écrire et prononcer son nom, quoique plus pour longtemps. Elle l'appelle aussi « La Fouine » ou « le sieur La Fouine, qui s'arrange

---

1. Lettre à Eugène Blot, 1904.

toujours pour que je n'aie pas d'argent » [1] : il agirait sournoisement, dans son dos.

« La bande à Rodin » désigne les amis du sculpteur, tous ceux qui voudraient parfois aider Camille, mais doivent se cacher sous des noms d'emprunt ou se garder de laisser deviner leurs liens avec son ancien Maître. Elle les nomme aussi, avec le même mépris qui enveloppe tous ses souvenirs de son grand amour, « Rodin et ses copains ». Elle se méfie d'eux : ils lui paraissent nourrir de mauvaises intentions à son égard. Mais ils n'agissent que sur les ordres de Rodin, décidé à lui « couper les vivres », à nuire à sa carrière et à sa vie.

A chaque fois qu'une difficulté survient, qu'un fondeur se montre peu empressé à travailler pour elle, qu'un Salon lui réserve une mauvaise place, mal éclairée ou peu fréquentée par les visiteurs, qu'un critique manque d'enthousiasme ou l'Etat de bonnes dispositions à son égard, elle incrimine Rodin. Ses accusations sont de deux ordres : d'une part, il lui pille ses idées – et elle affirme, en connaissance de cause, qu'il manque d'imagination ! « Le gredin s'empare de toutes mes sculptures par différentes voies », se plaint-elle à son frère. Rodin lui envoie de faux livreurs, des commis, voire des élèves, pour qu'ils espionnent son travail et lui rapportent dans le détail ses sujets, ses projets, ses esquisses. D'autre part, il l'empêche d'exposer, donc d'exister, car il craint sans doute qu'elle ne le dépasse un jour en brio, en notoriété. Il connaît son talent – il a pu le mesurer de ses yeux, de ses mains, quand elle travaillait à ses côtés. Il redoute sa concurrence : pour l'empêcher de travailler, il a décidé de la ruiner. Si les huissiers s'acharnent, c'est lui qui les envoie : elle est sûre qu'il a juré sa perte.

« Je serai poursuivie toute ma vie par la vengeance

---

1. Lettre à Gustave Geffroy, 1905.

de ce monstre », écrit-elle à Henry Lerolle, cette même
année 1905.

Rodin n'aurait donc plus qu'une seule solution,
selon Camille : la supprimer non seulement de la scène
des arts, en soulevant toutes sortes d'obstacles sur sa
route, mais de la scène de la vie. Elle est persuadée que
Rodin veut sa mort : mort d'artiste, mort de femme et
d'amante.

D'où, quai de Bourbon, les volets fermés, la porte
barricadée, le refus réitéré de recevoir quiconque et
l'air tantôt soupçonneux, tantôt paniqué, avec lequel
elle reçoit les amis qui ne font pas partie de la « bande
à Rodin ». Henry Asselin, ahuri, la trouve armée d'un
manche à balai hérissé de clous – une arme qu'elle a
fabriquée pour se défendre des hypothétiques agres-
sions du « triste sire ».

Elle finit par renvoyer la femme de ménage qui
entretenait vaguement son atelier. Un jour qu'elle se
sentait anormalement somnolente, elle fut aussitôt persuadée qu'on avait tenté de l'empoisonner. « On »,
c'est-à-dire la femme de ménage, bien sûr envoyée par
Rodin, qui aurait versé un narcotique dans son café !

Camille développe clairement, avec les années, ce
que les médecins appellent un délire de persécution.

Elle se voit en victime, assaillie de toutes parts, poursuivie par toutes sortes de gens – presque la terre
entière – qui en veulent à son talent. Mais sous cette
multitude d'agresseurs, elle a identifié leur chef, son
principal bourreau, dont il est bien inutile de répéter
le nom maudit.

La famille Claudel paraît dépassée par le problème
que lui pose Camille. Elle prend une mesure d'urgence,
en confiant à Louise de Massary la tâche de régler

directement le loyer de sa sœur au propriétaire du 19, quai de Bourbon, afin de lui éviter le désagrément des huissiers. Le père lui alloue une part de l'héritage. Il vend même quelques biens pour tenter de mettre sa fille à l'abri du besoin. Mais cette initiative provoque l'agacement de Louise, jalouse de se voir dépossédée au bénéfice de sa sœur aînée... Camille est non seulement, au sein de la famille Claudel, un sujet de préoccupation, mais de discorde.

La mère, elle, a choisi la politique de l'autruche : elle ne veut rien savoir, ou le moins possible, de ce cercle infernal où est entrée Camille. Elle se rend pourtant plus d'une fois aux Galeries Lafayette pour lui acheter « du linge de corps », des draps, de la lingerie.

« Nous payons son loyer, ses contributions, et jusqu'à ses traites de boucher, et de menues sommes que nous lui envoyons de temps en temps, demandées ou non par lettres non affranchies », explique son père à Paul, en 1909.

Louis-Prosper Claudel partage son inquiétude avec son fils : devant la dégradation du sort de Camille, qui reste la fille et la sœur préférée, ils se sentent l'un et l'autre désarmés. Ainsi Louis-Prosper Claudel hésite-t-il à aller passer, comme il l'avait prévu, un mois de vacances à Gérardmer, sachant Camille à Paris : « C'est avec un vrai crève-cœur que je laisserai Camille à son isolement », écrit-il à Paul, l'été 1909.

Il reste persuadé qu'il aurait fallu arracher Camille à son atelier et la ramener vivre auprès des siens, à Villeneuve, mais son épouse s'y est toujours farouchement opposée : « Je voudrais que Camille vienne nous voir de temps en temps. Ta mère ne veut pas entendre parler de ça, mais je me demande si ce ne serait pas le moyen de calmer sinon de guérir cette folle enragée. » A son fils, il ne cache pas son inquiétude de voir Camille abandonnée. Dans l'impossibilité de communiquer avec l'aînée de ses enfants sans provoquer aussitôt rébellion et colère, il déplore de n'avoir sur elle aucune influence et d'assister, lui aussi impuissant, à sa dérive. Comme on le constate dans la lettre qu'il écrit à Paul, en novembre 1905, il en veut moins à sa famille qu'à lui-même : « Jusqu'ici personne n'a voulu s'occuper d'elle. Il y a bel âge que j'aurais voulu que ta mère allât la voir, vérifier son trousseau, son mobilier – car, pour moi, je n'ai jamais pu me faire entendre de Camille sans entraîner des scènes écœurantes. »

Chacun dans la famille, même le paterfamilias, redoute le caractère de Camille, son génie à s'enflammer. Peut-être est-il le mur qui empêche les mains de se rejoindre, les cœurs de s'entraider.

On a peur de Camille.

A cause de cette peur, chacun reste sur son quant-à-soi.

Paul : « Son orgueil, son mépris du prochain étaient sans limites. Cela s'est encore aggravé avec les années[1]. »

Son caractère l'a isolée. Il l'a aussi condamnée, en éloignant les seuls secours possibles, non seulement les siens – tous les Claudel réunis dans la crainte et le dégoût de sa violence naturelle –, mais ses amis et jusqu'à ses plus grands admirateurs.

C'est ainsi qu'elle décourage le pauvre Mathias Morhardt, venu tout fier lui présenter la biographie qu'il vient d'écrire et que s'apprête à publier le Mercure de France, prétextant que quelques phrases ne sont pas encore assez élogieuses à son goût. Alors que le livre entier est un véritable dithyrambe...

Il faut beaucoup d'admiration à Eugène Blot et beaucoup de patience pour continuer à encourager Camille et à la soutenir, malgré ses sautes d'humeur – il est vrai qu'avec lui, elle se montre la plupart du

---

1. Lettre à Daniel Fontaine, 26 février 1913.

temps drôle et gentille. Elle le considère comme son seul ami. Ce qui n'est que justice, car Blot sera toujours d'une parfaite loyauté à son égard : il lui tient à cœur de faire reconnaître un talent dont il est sûr.

Au milieu des difficultés, son orgueil la tient encore debout, ainsi que peut le constater Henry Asselin à cette même visite de 1904 où l'a frappé sa déchéance physique : « Il n'y avait pas trace d'abattement dans cette femme active et charmante, d'une charpente massive et solide et d'une si étonnante spontanéité. » Elle conservera sa robustesse malgré des troubles de santé, nouveaux chez elle, mais dont elle ne cessera plus de se plaindre. Migraines, angines, grippes, bronchites, névralgies, gastralgies... la tourmentent, alors qu'elle a toujours eu une forme excellente et des ressources exceptionnelles. « Souffrante » – « En ce moment je suis souffrante... » – devient le second mot récurrent de sa correspondance, après « argent » et avec « fatiguée ».

D'ordre probablement psychosomatique comme on ne disait pas encore alors, véritables signaux de détresse que son corps envoie à la ronde, ils attestent d'une déficience de son état nerveux et empirent avec les années. Camille, depuis sa rupture avec Rodin, est presque toujours malade. Ou clouée au lit par des douleurs, des malaises, où les médecins ne peuvent diagnostiquer aucune maladie. Camille paye la violence de sa solitude.

Elle possède encore des réflexes de défense. Le travail, d'abord. Elle n'y a jamais renoncé. Il la sauve du néant où elle va plonger, quand elle y aura renoncé. Mais elle a un autre ressort, et il résistera toute la vie aux épreuves, les pires étant encore à venir : son humour. Toujours acide et décapant, indissociable de sa personnalité, c'est un des traits que sa « folie » ne pourra pas altérer.

Henry Asselin : « Elle éclatait de rire, d'un rire sonore, presque violent, car elle opposait à l'adversité une bonne humeur qui était l'un des aspects de son tempérament ardent et toujours jeune. »

Autre caractéristique : son intelligence n'est pas plus affectée que son humour. Elle continue, dans sa solitude, à lire, à réfléchir. Ses lettres sont bien balancées, argumentées, claires d'un bout à l'autre. Ses sculptures ne sont pas plus désordonnées. Au contraire, elles traduisent une pensée, un ordre, une volonté.

Camille garde sa subtilité, sa finesse. C'est peut-être ce qui est le plus choquant au milieu de ses atteintes mentales, son esprit reste étonnamment clair. Et même adamique : dur et percutant.

Pour le psychiatre Brigitte Fabre-Pellerin, « l'aspect trompeur (en apparence) du délire des paranoïaques réside dans leur capacité de logique qui reste intacte. On pourrait l'imager en ces termes : une belle architecture sur des assises de sable[1] ». Si le délire est « prévalent », « prépondérant », selon le médecin, Camille ne perd pas les notions de temps ou d'espace – elle ne les perdra jamais – et ses propos restent cohérents.

Ainsi écrit-elle à Geffroy, venu lui proposer, en 1905, d'exécuter une statue du révolutionnaire socialiste Auguste Blanqui, une très belle lettre pour l'en remercier. Avant de lui répondre, elle a lu une biographie qu'il lui a fait parvenir, et s'est forgé une solide idée du personnage, prisonnier pendant de longues années dans une geôle sinistre du Mont-Saint-Michel. « Je considère Blanqui comme un révolté d'instinct, il ne sait pas contre quoi il se révolte mais il se sent dans le faux, dans un monde plongé dans l'erreur et il lutte continuellement sans pourtant savoir où est le vrai. »

---

1. *Camille Claudel, Le Tourment de l'absence, op. cit.*

Son analyse, toute personnelle, ressemble à un auto-portrait. « Sa philosophie, ses réflexions sur le christia-nisme et les secrètes destinées de l'âme humaine se rapprochent de ce que je pense par bien des points. La grande lutte, mais dans une brume trop épaisse, il se débat en vain et succombe, le temps n'est pas encore venu de la lumière. Voilà ma pensée sur lui. »

« La grande lutte, mais dans une brume trop épais-se... » : la phrase vaut aussi pour Camille, dans les longues et douloureuses années de son déclin.

D'un côté, Camille apparaît dynamique, pleine de projets – même si, par manque de moyens financiers, elle doit refuser d'exécuter une figure grandeur nature, comme le *Sakountala* ou le *Persée* qui, dit-elle, l'ont ruinée. Il lui aurait fallu 20 000 francs de l'Etat et non 7 500... De l'autre, elle développe tous les signes de la paranoïa.

Le monde entier lui veut du mal. Non seulement la bande à Rodin, étendue aux Beaux-Arts en entier, sur toute la hiérarchie, du ministre au petit fonctionnaire qui tarde à répondre à ses lettres, mais aussi, dans le désordre : les francs-maçons, dont Rodin ne serait qu'un triste exemple parmi la confrérie – « On partage entre frères, entre francs-maçons » –, les protestants, dans la communauté desquels elle classe aussi Rodin – « Les huguenots sont aussi malins que féroces (...) ; leur férocité était légendaire au temps de la renais-sance, depuis ça n'a pas changé » –, les juifs – « Les protestants et les juifs ruinent les chrétiens ». Avec sa famille, elle a toujours été antidreyfusarde.

Il y a encore parmi ces agresseurs, les Allemands, volontiers nommés Boches, qui veulent « prendre la place des Français » et les femmes, qui l'auraient désignée comme leur principale cible – elle leur déplaît, dit-elle, au premier regard. Ces groupes ne tiennent aucun compte des différences des individus. Ce sont pour elle des catégories indistinctes, à détester en bloc. Elle fixe son agressivité sur elles et soulage, de manière toute relative, un fond de bile amère qui l'amène peu à peu à la misanthropie généralisée. En haïssant les autres – tous les autres –, Camille se distrait d'elle-même. Les psychiatres ou psychanalystes auront beau jeu de le souligner, elle dirige ses pulsions vers l'extérieur, aussi loin que possible de sa psyché.

Freud ne voit-il pas dans la haine « la lutte du Moi pour son affirmation et sa survie » ?

Chez Camille, la haine est bientôt permanente. Elle se manifeste dans l'ironie, plutôt que dans la méchanceté. Son humour en corrige la noirceur, sans l'effacer.

Elle est persuadée qu'on lui en veut de toutes parts, qu'on l'exploite, qu'on tire profit de sa pauvre vie, si seule et triste, mais toujours productive, intense, où souffle le vent puissant de l'inspiration artistique. C'est cette inspiration qu'on viendrait chercher près d'elle, ou plutôt puiser et même voler, car les autres, ceux de la bande à Rodin, en sont totalement dépourvus. Les bandits qui l'assaillent sont des plagiaires. Elle l'explique à son frère : « Je suis dans la position d'un chou qui est rongé par les chenilles ; à mesure que je pousse une feuille, elles la mangent. »

Paul, si loin qu'il se trouve, en Chine ou ailleurs, ne peut plus ignorer que les idées de persécution de sa sœur, éveillées au lendemain de sa rupture avec Rodin et qui ne portaient jusque-là que sur le sculpteur, ont pris un tour obsessionnel. Dans chacune de ses lettres, elle rabâche ses aversions ; elle fait le compte de ses ennemis innombrables. Sur Rodin, il est d'accord avec sa sœur. Il désapprouve son attitude à son égard, déteste sa personnalité et même son génie. Le moins qu'on puisse dire est qu'il ne l'admire pas. C'est même tout le contraire. Il renchérirait presque pour le condamner comme le grand coupable du malheur de Camille. Mais autant il peut abonder en son sens quand elle le vilipende, autant il se garde de l'encourager à se voir victime d'un complot quasi universel.

Il écrira à Daniel Fontaine, en 1913, que « depuis quatre ans », donc depuis 1909, ce qu'atteste la correspondance de Camille, sa sœur est la proie d'un « délire ». « Elle délirait tout à fait », écrit-il. Ce n'est pas la première fois qu'il emploie un mot aussi grave. Il a déjà confié à son Journal un mot plus grave encore et qui doit le hanter – le plus difficile à écrire noir sur blanc, concernant sa sœur : celui de « folie ». « A Paris, Camille folle... » (Journal, 1909). En 1913, il y a déjà longtemps qu'il ne peut plus entretenir aucun doute sur l'état mental de Camille.

A Daniel Fontaine : « Je suis persuadé que comme dans la plupart des cas dits de folie le sien est une véritable possession. Il est bien curieux en tout cas que les deux formes presque uniques de la folie soient l'orgueil et la terreur, délires des grandeurs et délires des persécutions (je ne parle pas de l'érotisme fréquent) [1]. » Il semble avoir consulté des médecins ou lu des ouvrages sur la question.

Camille conjugue les deux symptômes que relève son frère : l'orgueil et la terreur.

Son orgueil, d'abord. Il n'est peut-être que l'expres-

---

1. Lettre du 26 février 1913.

sion de sa conscience d'artiste. Mais il outrepasse cette seule confiance en soi, cette intime conviction d'atteindre, par des talents qui ne sont pas le lot de tout un chacun, un monde inaccessible au commun des mortels. Camille croit à l'écrasante supériorité de son talent sur la moyenne des sculpteurs pour lesquels elle n'éprouve que du mépris. D'une logique implacable, elle trouve dans ce raisonnement la source de sa terreur : puisqu'elle a tant de talent, les autres artistes (francs-maçons, protestants, juifs ou de sexe féminin, telle Agnès Stalhelberg de Frumerie, artiste suédoise et amie de Rodin, qui aurait plagié ses *Causeuses*, indûment rebaptisées *Commères* en céramique, à son insu…), tous et toutes veulent l'éliminer. Elle court donc au quotidien un très grand danger.

Orgueil colossal. Peur envahissante. Camille ne s'appartient plus. Ses obsessions ni ses angoisses ne la laissent plus en paix.

Barricadée dans son atelier, transformé en bunker, elle n'ouvre plus sa porte qu'à de très rares amis qui doivent se faire connaître derrière les persiennes fermées et montrer patte blanche, comme Eugène Blot ou Maurice Pottecher. En 1906, elle refuse de participer au Salon d'automne car « le voisinage de certaines personnes ne (lui) plaît pas du tout ». Sa misanthropie aggrave son isolement mais rend aussi plus difficile le travail des critiques qui seraient pourtant prêts à l'aider. Elle écrit à un journaliste, Mary Léopold-Lacour, qu'elle accepte un article de celle-ci dans *La Fronde*, sur le thème des « Chemins de la vie », « à la condition expresse que je ne serai pas accouplée avec un ou une autre artiste inconnue à moi (quelque protégée du sieur Rodin par laquelle il me fera servir de remorqueur comme d'habitude)[1] ». Elle lui déclare qu'elle trouve certaines de ses questions « oiseuses » et « inutiles » et

1. Lettre à Mary Léopold-Lacour, 2 janvier 1907.

refuse alors d'y répondre ! Il est vrai que Mary Léopold-Lacour lui avait demandé d'où provenaient certaines pièces dites de collection (on ne sait pas
lesquelles...) que Camille avait à l'atelier. Peut-être des
souvenirs de l'époque de Rodin, qu'elle n'aurait pas
détruits ? Mais Camille s'est aussitôt sentie visée : « En
quoi a-t-on besoin de savoir à qui appartiennent mes
objets d'art[1] ? »

Toujours sur la défensive, méfiante et soupçonneuse,
elle s'enferme. Volontairement retirée du monde, elle
construit autour d'elle sa propre prison.

Devenue hargneuse, elle se met à envoyer des lettres
d'injures accompagnées d'immondices, non seulement
à Rodin mais aussi à un fonctionnaire aux Beaux-Arts
qu'elle trouve trop lent à transmettre au ministre des
exigences pourtant modestes : Eugène Morand. En
1907, celui-ci découvre horrifié « des ordures malodo-
rantes » dans les enveloppes qui contiennent des cartes
postales couvertes d'injures grossières. Rodin reçoit à
peu près les mêmes. Perdues ou détruites, elles ont,
semble-t-il, disparu des archives, mais Morand en
atteste l'existence dans sa correspondance avec le
ministre. Il ne voudra plus jamais avoir affaire à
Camille.

Non contente d'insulter, elle dénonce. Le 19 septembre 1907, elle envoie au sous-secrétaire d'Etat aux
Beaux-Arts un avis pour lui annoncer que sa *Niobide
blessée* est enfin terminée, dans la version de bronze
qu'on lui a commandée. L'Etat la destine au ministère
de l'Instruction publique pour orner le bureau du
directeur de cabinet du ministre. La *Niobide* se trouve
aujourd'hui au musée de Cambrai. Camille « profite
de l'occasion » – ce sont ses termes – pour affirmer
qu'elle connaît « l'auteur des vols et dépréciations
commis au Louvre » par de mystérieux vandales. On

---

1. Lettre à son frère, 1907.

en a parlé dans la presse, sans trouver les coupables...
Or, Camille est sûre qu'« il n'y en a qu'un ». Elle ne
dit pas son nom, mais le décrit de telle sorte qu'un
lecteur familier de ses fantasmes l'aurait reconnu aussitôt – ce qui n'est évidemment pas le cas du sous-secrétaire d'Etat. « Il paie des pauvres gens, écrit-elle, pour
faire cette besogne. Après, les objets reviennent chez
lui ; il en a des quantités. (...) C'est un chevalier d'industrie de la haute pègre. » Et d'ajouter : « Quand il
mourra, vous retrouverez ce que vous avez perdu. »

Elle connaît depuis toujours le goût de Rodin pour
les sculptures antiques. Elle a dû apprendre que la villa
de Meudon où le sculpteur s'est installé avec Rose
Beuret est un véritable musée où Rodin entasse ses
trouvailles : plâtres ou marbres de haute Egypte,
d'Etrurie, de Grèce ou de Rome. De là à l'accuser de
piller le Louvre, elle a vite franchi le pas.

Au crayon vert, en haut de la lettre, un fonctionnaire
(ou le sous-secrétaire d'Etat ?) a noté : « Prier
Mlle Claudel de préciser. »

Le 25 septembre, en réponse à sa lettre elle reçoit
quelques lignes signées du sous-secrétaire d'Etat, lui
demandant de « préciser son accusation » et pour ce,
de « se présenter au besoin à cet effet » à son bureau
du 3, rue de Valois, ouvert de 10 h à midi et de 3 h à
5 h, horaires qui n'ont guère changé depuis. On lui
indique de se présenter à un certain Monsieur Havard.

Camille délatrice ?

Il y eut une enquête. Le 24 octobre 1907, le Préfet
de Police recommande au sous-secrétaire d'Etat aux
Beaux-Arts de classer l'affaire : les accusations de
Camille, qu'elle aurait recueillies auprès d'une inconnue croisée au jardin du Luxembourg (une femme dont
elle a été incapable de décliner l'identité), lui paraissent
insuffisantes et floues. Quant à l'attitude de Mademoiselle Claudel, auquel ses agents ont rendu visite, « elle
permet de considérer son existence comme probléma-

tique ». Euphémisme par lequel il exprime son peu de
confiance à l'égard de la dénonciatrice.

Elle ne se calme pas pour autant.

A son frère, auquel elle écrit régulièrement pour lui
donner des nouvelles de son travail, sans jamais manquer d'adresser son affection à sa femme... et aux
enfants qui naissent les uns après les autres avec une
régularité de métronome, elle fait part de ce qui la
ronge : sa nature soupçonneuse ne se donne plus de
limites. Ses lettres sont émaillées de la même phrase,
qu'elle répète comme une antienne, sous des formes à
peine variées :

« Ne montre ma lettre à personne. »

« Méfie-toi des suppôts que l'on te soudoie. »

« Ne parle de rien. »

« Surtout, ne dis pas de nom, sans cela ils arrive-
raient tous me menacer. »

Le monde est un complot.

« On. » « Ils. » « Eux. » Ce sont les ennemis du
dehors, ceux de la conjuration, qui ont juré sa perte.

Mais Paul n'est pas le seul à recevoir d'aussi pres-
santes mises en garde. Elle en envoie à tous ceux
qu'elle aime encore bien. Ainsi écrit-elle, en 1913, à
Henri-Joseph Thierry, le fils de sa marraine qui est une
cousine de sa mère : « Ne montre ma lettre à personne. » Ou, quelques semaines plus tard, à son épouse,
Henriette Thierry : « Ne parlez pas de moi au Dr Ro-
billard, c'est un franc-maçon je l'ai vu dans le réper-
toire maçonnique. »

A partir de 1910, elle associe à Rodin, « gredin en
chef », la personne exécrée de sa sœur cadette, qu'elle
n'appelle plus Louise, mais avec une ironie méchante,
« la dame de Massary » – elle pense qu'elle a empoi-

sonné son mari ! – et qu'elle a bien envie de l'empoisonner aussi, pour prendre sa part d'héritage.

« Le huguenot Rodin (…) espère hériter de mon atelier avec l'aide de sa bonne amie la dame de Massary. (…) C'est de l'action combinée de ces deux
scélérats que tu me vois dans un état pareil[1]. »

Leur alliance daterait du temps des vacances à Villeneuve : « Ils ont scellé ce marché de bons baisers sur
la bouche et se sont juré une amitié réciproque. Depuis
ce moment ils s'entendent comme larrons en foire pour
me dépouiller de tout ce que je possède. »

Cette suspicion lui vient d'un fait bien réel : Louise
a toujours été agacée que leur père sacrifie une part de
sa fortune pour aider sa fille aînée à s'épanouir dans
ce domaine à ses yeux absurde des arts, où elle dépense
sans compter l'argent de la famille. Elle tient à protéger
son fils unique, Jacques, des « folies » de Camille –
« folies » étant pris ici au sens de « dépenses inconsidérées ». Louise, d'un tempérament économe et sage,
veut d'autant plus ménager son avenir qu'elle est veuve
et n'a pas d'autres ressources que ses rentes.

Camille s'en plaint à son cousin : « Louise a mis la
main sur tout l'argent de la famille par la protection
de son ami Rodin, et comme moi j'ai toujours besoin
d'un peu d'argent, si peu que ce soit, il m'en faut bien
un peu, c'est moi qui me fais détester, lorsque j'en
demande[2]. » Bien sûr, Louise, tout comme Rodin taxé
de surcroît de franc-maçonnerie, « donne dans les protestants ! ». L'alliance des deux personnages, Rodin +
Louise, est un pur produit de son imagination délirante : Louise et Rodin ne se fréquentent pas.

Pourtant l'horreur de Louise, unie à la haine de
Rodin, ne quittera plus Camille.

---

1. Lettre à Henri-Joseph Thierry, 1910.
2. Lettre à Charles Thierry, 10 mars 1913.

Inutile de tenter de la raisonner. Têtue, refermée sur une logique trompeuse, on sent bien d'une lettre à l'autre, au fur et à mesure que les années passent, ses arguments non seulement s'enchaîner et se répéter, mais se consolider, prendre du poids et de la force. Le délire s'approfondit et se développe.

Sûre d'être malade du poison que Rodin et Louise lui font verser chaque jour dans son vin ou dans son café dès qu'elle a le dos tourné – « Aussitôt que je sors, Rodin et sa bande entrent chez moi... » –, et ce, malgré les précautions qu'elle prend pour se cadenasser, elle croit que tous ceux qu'elle aime courent le même danger.

Le poison devient sa phobie. Quand Henri-Joseph Thierry meurt, en 1912, assez jeune il est vrai puisqu'il n'a que cinquante ans, elle est sûre qu'on l'a empoisonné et, en guise de condoléances, écrit à sa veuve, Henriette, qu'elle ferait bien de se méfier ! La prochaine fois, cela risque d'être son tour !

Mais c'est Paul surtout qui la préoccupe : elle n'a de cesse de le mettre en garde afin qu'il se protège.

Comme elle a bon cœur, avec ceux qu'elle aime, elle donne volontiers la recette par laquelle elle lutte contre les tentatives d'empoisonnement. Elle boit chaque jour « une tisane de feuille de plantain qui détruit tous les venins, suivie d'une tisane de racine de bardane qui fait dégorger le rein ». Mieux vaut pour elle se soigner soi-même puisque tous les médecins sont des francs-maçons – donc des empoisonneurs.

Dès 1901, donc très tôt, douze ans avant son internement, Camille se met à détruire les œuvres qu'elle juge ratées ou de facture insatisfaisante. Maurice Pottecher raconte qu'à cette date on marchait déjà sur une multitude de débris dans son atelier du quai de Bourbon. Mais après 1905, le démon de la destruction s'empare d'elle et c'est avec une véritable rage qu'elle se met à casser ce qui lui a demandé tant de travail et de sacrifices. Elle explose ses sculptures au marteau. Les plâtres sont réduits en miettes, qui lui font un tapis blanc sale. Les plus gros morceaux, elle les entasse dans une brouette pour s'en débarrasser, la nuit, on ne sait où, peut-être dans la Seine. A moins qu'elle ne les enterre, comme on l'a dit, sous les fortifications, pareils à des enfants mort-nés. Des espèces de fœtus dont il faut se débarrasser à la sauvette.

Lorsque Henry Asselin se rend en mission en Chine – est-ce que tous les gens qu'elle aime doivent forcément partir un jour pour la Chine ? –, elle lui écrit à Tcheng-Tou, capitale du Sse-Tchouan, juste pour lui annoncer, tel un faire-part, mais d'un humour décalé, cette étrange nouvelle : « Votre buste n'est plus ; il a vécu ce que vivent les roses... » Asselin a dû le déplorer, ayant posé pour elle un grand nombre d'heures et sans doute avancé un peu d'argent.

Camille casse ce qui lui tombe sous la main quand elle est en colère. Or, à l'atelier, en l'absence du moindre objet de valeur, il n'y a que les sculptures qui puissent concentrer sa rage.

Elle casse aussi quand elle a du chagrin. La mort de son cousin Henri-Joseph Thierry, qui l'a bouleversée, a été l'occasion d'un véritable massacre, ainsi qu'elle l'écrit à sa veuve, d'un ton plutôt réjoui : « Lorsque j'ai reçu votre lettre de faire-part (...), j'ai pris toutes mes esquisses de cire, je les ai flanquées dans le feu, ça m'a fait une belle flambée, je me suis chauffé les pieds à la lueur de l'incendie, c'est comme ça que je fais quand il m'arrive quelque chose de désagréable, je prends mon marteau et j'écrabouille un bonhomme. La mort d'Henri a coûté cher ! Plus de 10 000 francs[1]. » Pour

---

1. Lettre à Henriette Thierry, fin 1912-début 1913.

désigner ses destructions, elle parle d'« exécutions capitales » et même de « sacrifices humains » : ses statues,
et il peut s'agir d'un « bonhomme », sont vivantes à ses
yeux. Quand elle casse, elle tue.

C'est une part d'elle aussi qu'elle supprime dans la
douleur.

Le processus tient de l'automutilation et du suicide.

Y entre une assez forte dose de masochisme, puisque
la destruction s'accompagne, sur le moment, d'un certain plaisir. Tuer soulage, semble-t-il. Il y a de la jouis-
sance dans la pulsion de mort.

Quai de Bourbon, le voisinage prend en grippe l'habitante du rez-de-chaussée du fond de la cour. La saleté,
les bruits de marteau, les volets contre-cloués, la porte
barricadée, les insultes qui parfois la traversent, tout
cela dérange. Mais ce qui inquiète bien davantage, c'est
la silhouette de la vieille femme en manteau de velours,
sale et déguenillée, qui en sort en catimini. On sait dans
tout l'immeuble qu'elle est une artiste et qu'elle n'a pas
le sou. Mais ce dont on est sûr c'est que cette « sorcière », cette « clocharde », n'a pas un comportement
normal. On la dit folle, derrière son dos.

Paul : « Il a fallu intervenir. Les locataires de cette
vieille maison du quai de Bourbon se plaignaient.
Qu'est-ce que c'était que cet appartement du rez-de-
chaussée aux volets toujours fermés ? Qu'est-ce que
c'était ce personnage hagard et prudent, que l'on
voyait sortir le matin seulement pour recueillir les éléments de sa misérable nourriture[1] ?... »

Plus de quarante ans après ces années, il est encore
amer.

---

1. *Ma sœur Camille, op. cit.*

Des observateurs médicaux ont fait remarquer que Camille présentait dans son comportement un certain nombre de traits qui pouvaient permettre de conclure à son alcoolisme : l'irritabilité, l'humeur instable, les colères impulsives et même les éclats de rire un peu trop sonores sont autant d'indices qu'ils ont relevés. La remarque d'Henry Asselin, en 1901, selon laquelle « elle passait de la mélancolie la plus sombre à des excès de gaieté délirants » semblerait confirmer leur hypothèse.

Camille buvait en effet du gros rouge. Pour deux raisons, croit-on : elle n'avait pas de quoi se payer de grands crus de Bordeaux, ni du vin de Champagne ; puis, elle avait pris l'habitude de boire, dans les ateliers toujours mal chauffés, où l'alcool est une manière de se donner du cœur à l'ouvrage.

Dans sa détresse, le vin a pu calmer l'angoisse, détourner pour quelques heures les hantises et la peur... Mais s'il a joué son rôle, l'alcoolisme reste une hypothèse. Il n'a jamais été prouvé que Camille, bel et bien consommatrice de gros rouge, était alcoolique.

Seule certitude médicale en ce qui la concerne : son délire de persécution, qui est, lui, parfaitement avéré.

Diagnostic : « démence paranoïde ». Les médecins parleront de « psychose systématisée chronique ». Dans un traité fameux, Kraepelin en donnait en 1899 l'exacte définition : « Développement insidieux sous la dépendance de causes internes et selon une évolution continue d'un système délirant durable et inébranlable, qui s'instaure avec une conservation complète de la clarté et de l'ordre dans la pensée, le vouloir et l'action. »

Lorsque Paul, de retour de Chine, découvre *Persée et la Gorgone*, il est frappé de la similitude. Sous les serpents qui lui courent sur les joues, la Gorgone a les traits de Camille vieillie. Elle s'est représentée sans fards avec son visage tuméfié, bouffi, ses yeux cernés et même son double menton. Il la démasque au premier coup d'œil, conscient que la légende est peu flatteuse pour le modèle. La Gorgone fait partie des monstres de la mythologie : c'est une figure maléfique et redoutable. Jadis une amoureuse, une belle femme coupable d'avoir trop aimé, elle a payé son amour et sa beauté au prix le plus fort... tout comme Camille. Bien plus que la légende pourtant, c'est le regard qui a dû bouleverser Paul et peut-être même l'affoler. Regard perdu, aux pupilles révulsées... On ne peut pas fixer ce visage sans éprouver soi-même à la fois la fascination et l'horreur. On a envie de se détourner, mais on ne le peut pas. L'affreux regard captive. Camille s'est parfaitement acquittée de son projet : Méduse est une fascinatrice. Sa puissance réside dans ses yeux. Mais le malheur a voulu qu'elle possédât les mêmes. Paul ne s'y est pas trompé : les yeux de Gorgone, de Camille, ce sont les yeux mêmes de la folie.

Persée tient à la main un bouclier de bronze. Camille l'a patiné jusqu'à obtenir l'effet d'un miroir, de sorte que, sans le vouloir, Persée qui évitait prudemment de regarder Méduse, l'aperçoit malgré lui. Pris au piège de son arme, il reste pétrifié, incapable d'en détacher les yeux...

Camille qui travaille à son Persée depuis la fin des années 1890 et en expose le plâtre au Salon de 1899, l'a cependant détruit en 1902. Il a volé en éclats, rejoignant les débris qui jonchent le sol de l'atelier. Par chance, le sculpteur Pompon en qui elle a une grande confiance, bien qu'il soit toujours l'un des praticiens de Rodin, avait accepté de le traduire en marbre. Réduit d'un quart, par rapport à sa dimension d'origine (2,46 m), il n'y a pas perdu en puissance : c'est un des chefs-d'œuvre de Camille Claudel. Exposé au

Salon de 1902, à l'extérieur et sous la pluie, ce qui a provoqué la colère (justifiée) de Camille, puis vendu à la comtesse de Maigret, ce marbre extraordinaire où Pompon a laissé l'empreinte de sa main, va échapper aux destructions de son auteur... mais pas au vandalisme : Persée perdra un jour son beau bouclier-miroir.

Cette magnifique sculpture de marbre a coûté beaucoup d'argent à Camille : 9 600 francs, que Pompon acceptera de réduire de 500 francs... C'était le prix pour la sauver. Dans la pierre blanche et froide, pareille à un pain de glace, le visage de la Gorgone n'apparaît que plus terrifiant.

Cette œuvre majeure, dont les racines plongent dans l'inconscient tourmenté du sculpteur, c'est pour Paul le dernier visage de sa sœur. Sa sœur, vieillie, abandonnée, mais surtout apeurée et malade... La douceur de la *Niobide blessée*, la toute dernière œuvre de Camille, ne pourra pas effacer la vision de cette sorcière décapitée, avec son regard d'effroi. Dans son texte posthume à la mort de Camille, lui-même âgé de près de quatre-vingts ans, il en ressasse le cauchemar : « Quelle est cette tête à la chevelure sanglante (...), sinon celle de la folie ? Mais pourquoi n'y verrais-je pas plutôt une image du remords ? Ce visage au bout de ce bras levé, oui, il me semble bien en reconnaître les traits décomposés.

Le reste est silence[1]. »

Folie ? Remords ? Il a lui-même établi la balance, sans dire lequel de ces deux fardeaux était le plus lourd à porter.

---

1. *Ma sœur Camille, op. cit.*

Le 10 mars 1913

C'est un lundi.

Pas encore le printemps, mais la lumière a changé, le ciel s'éclaircit sur Paris. Sauf au fond de la cour, au rez-de-chaussée transformé en pièce aveugle et où rien ne filtre, aucun rayon d'un soleil extérieur, une douceur, une clarté annoncent les beaux jours.

Les Claudel eux sont en deuil.

Le père est mort il y a exactement huit jours, le 2 mars, un dimanche, à trois heures du matin. Il avait quatre-vingt-sept ans. Paul déplore qu'il ne se soit pas confessé.

On l'a enterré le 4, dans l'intimité du cimetière du village où, au milieu des Cerveaux, tous parents de sa femme, il est le premier des Claudel. Sa tombe, creusée exprès, s'appuie aux contreforts de l'église.

Camille n'a assisté ni à ses derniers jours ni à son enterrement, et pour cause : personne ne lui en a fait part. Elle a appris la nouvelle, par hasard, dans une lettre de condoléances qu'elle vient tout juste de recevoir de son cousin Charles, le fils de Henri-Joseph et de Henriette Thierry. Ce matin-là, 10 mars, elle a le temps d'écrire à Charles ces mots où s'exprime plus de stupeur que de chagrin : « Tu m'apprends la mort de Papa ; voilà la première nouvelle, on ne m'en a rien dit. Depuis quand est-ce arrivé ? Tâche de savoir et de me donner quelques détails. »

Même en cette occasion, ce sont encore ses obsessions qui la dominent. Sa lettre s'achève sur des soupçons : « Je m'étonne que Papa soit mort ; il devait vivre cent ans. Il y a quelque chose là-dessous. »

La matinée est déjà entamée. Les gens sont partis au travail ou s'affairent dans la cour.

Camille ne se doute pas en écrivant sa lettre que, pour elle, le compte à rebours a commencé. Elle vit ses dernières heures, bientôt ses dernières minutes de liberté.

Dure journée pour les Claudel : ce lundi vient mettre un terme à bien des hésitations, des tergiversations et à un grave cas de conscience. Ils ont consulté des médecins, probablement aussi des hommes de loi et conclu à la nécessité d'interner Camille dans une maison de santé.

Maison de santé ? On tombe dans les hypocrisies du vocabulaire. On appelle alors « maison de santé », ou encore « maison d'aliénés » et « maison spéciale », les cliniques ou hôpitaux psychiatriques. Mais les gens les nomment plutôt « des asiles » : « des asiles de fous ».

Une loi du 30 juin 1838, article 8, permet de placer un individu, contre son gré, dans l'un de ces établissements. Deux conditions sont requises à cette fin : produire un certificat médical et remplir un formulaire de « demande de placement volontaire ». Ce dernier document doit être signé par un membre de la famille ou, à défaut, par un proche. Cette loi, très controversée, dite du « placement volontaire », nommé P.V. par les initiés, simplifie le processus du « placement d'office » requérant l'intervention d'autorités policières.

Les Claudel ont beaucoup hésité et débattu entre eux. Depuis 1909, date à laquelle Louis-Prosper Claudel, dans une lettre à Paul, désigne sa fille comme « une folle enragée », la question de l'internement est dans l'air. La prise en charge de Camille, avec ses crises de violence, son agressivité permanente, ses habitudes d'indépendance et de rébellion, décourage chacun des membres de la famille. La mère, ainsi qu'en témoigne Louis-Prosper Claudel, n'en a pas la patience ; sa fille l'exaspère et la désole : elle n'a sur elle aucune influence. Lui-même manque d'autorité : tout ce qu'il sait, il le reconnaît, c'est provoquer de sa part des « scènes écœurantes ». Quant à Louise, il n'y faut pas compter – les deux sœurs se détestent.

Seul Paul pourrait amorcer un dialogue ou tenter de pacifier sa sœur. Mais il n'est jamais là. A peine rentré de Chine, il doit repartir pour la Tchécoslovaquie, puis s'installer en Allemagne avec sa famille – il a désormais la charge d'une épouse et de plusieurs enfants. Il ne peut matériellement pas assurer le suivi d'une personne qui pose tant de problèmes. La conclusion est donc on ne peut plus claire pour tous. Puisque aucun des Claudel, ni même Paul, ne peut prendre Camille chez soi, ne reste que la solution de la maison de santé : elle y sera sinon soignée, au moins suivie sur le plan médical, et surtout protégée d'elle-même, des démons qui la torturent.

Camille, toujours aux aguets, est le témoin de démarches qui amènent à plusieurs reprises ses parents à Paris. En 1910, déjà, elle écrit à Henriette Thierry qu'ils sont venus « pour la faire enfermer ».

« Si j'arrive à détourner encore une fois cet orage, je vous verrai par la suite. »

Elle est donc au courant de leurs intentions. A cette occasion-là, son délire ne l'abuse pas : « On a déjà essayé de me faire enfermer dans une maison de fous ! » proteste-t-elle. Elle au moins n'a pas peur des mots ! Ce n'est pas ici sa paranoïa qui s'exprime, mais bien la vérité, dans toute sa cruauté.

Jusqu'à sa mort, Louis-Prosper Claudel s'est opposé à la décision de l'internement. Ou il n'a pas eu le courage de la prendre. Son plus cher désir aura été que sa fille revienne vivre à Villeneuve, auprès de ses parents, comme dans son enfance. Tant que son père a tenu bon, Camille a échappé à l'hôpital. Mais à sa mort, le cas de Camille devient plus problématique encore. Car Paul, consul général à Francfort depuis octobre 1911, doit repartir pour l'Allemagne de manière imminente.

Sa mère et lui-même, désormais seuls responsables, vont trancher en faveur de la mesure extrême.

Le 5 mars, à la demande de Paul, venu lui rendre visite, le Dr Michaux dont le cabinet et l'appartement sont situés dans le même immeuble que Camille, au deuxième étage, et dont le fils, Michel, aime bien cette vieille dame un peu bizarre, délivre le certificat médical que voici :

« Je soussigné Docteur en Médecine de la Faculté de Paris certifie que Mlle Claudel est atteinte de troubles intellectuels très sérieux ; qu'elle porte des habits misérables ; qu'elle est absolument sale, ne se lavant certainement jamais ; qu'elle a vendu tous ses meubles, sauf un fauteuil et un lit ; que cependant elle reçoit de sa famille, en plus du loyer de son appartement payé directement au propriétaire, une pension de 200 F par mois qui serait amplement suffisante pour lui permettre de vivre confortablement ; qu'elle passe sa vie complètement renfermée dans son logement et privée d'air, les volets étant hermétiquement clos, les fenêtres fermées ; que depuis plusieurs mois elle ne sort plus dans la journée, mais qu'elle fait de rares sorties au milieu de la nuit ; que d'après ses lettres écrites tout récemment à son frère, d'après ses propos tenus à la concierge, elle a toujours la terreur de "la bande à Rodin", que j'ai déjà constatée chez elle à plusieurs reprises depuis 7 ou 8 ans qu'elle se figure être persécutée, que son état déjà dangereux pour elle à cause du manque de soins et même parfois de nourriture est également dangereux pour ses voisins et qu'il serait nécessaire de l'interner dans une Maison de santé. »

Le vendredi 6 mars, Paul rencontre le directeur de Ville-Evrard, établissement médical de la région parisienne, sis sur la commune de Neuilly-sur-Marne, aujourd'hui dans le département de Seine-Saint-Denis. Celui-ci demande qu'une modification soit apportée au certificat ; Paul le renvoie aussitôt au Dr Michaux, en lui demandant de s'en acquitter le plus rapidement possible. Le Dr Michaux signe le texte définitif, reproduit ci-dessus, le samedi 7 mars. Paul qui aurait souhaité faire interner sa sœur le jour même, car il ne peut plus différer son propre départ, doit cependant reporter le placement pour une question de délai dans les postes. Camille peut encore profiter de son dimanche.

Le 10 mars au matin, aux alentours de onze heures, deux hommes pénètrent de force, en brisant une fenêtre, dans l'atelier du quai de Bourbon. Ils s'emparent de Camille, terrifiée. Elle dira qu'ils l'ont « fait passer par la fenêtre » [1]. Une ambulance attend devant la porte.

Camille est emportée.

A Ville-Evrard, le médecin de l'établissement, le Dr Truelle examine Camille longuement. Il note qu'elle est arrivée « avec des vêtements en loques » et « dans un état de malpropreté extrême ». Il l'interroge : elle ne sait pas pourquoi elle est là mais on l'a

---

1. *Archives de Ville-Evrard* (premier entretien de Camille avec le médecin-chef de l'établissement, 10 mars 1913).

enlevée de force de chez elle, conduite en automobile jusqu'à cet endroit inconnu d'elle. Elle accuse aussitôt Rodin de son malheur : « Rodin a gagné sur moi des millions... », raconte-t-elle au médecin qui consigne par écrit chacune de ses déclarations. « Il m'empoisonnait au curare, à l'arsenic. (...) J'étais dans son atelier à 18 ans. Il me battait, me donnait des coups de pied. » Elle se plaint de ses violences, de sa haine, mais surtout d'avoir été exploitée : Rodin puisait sans vergogne dans son imagination, dans son talent. Le médecin n'a guère de mal à établir son diagnostic. Il rédige ainsi, le jour même de l'admission de Camille à Ville-Evrard, le « certificat immédiat » qu'exige la loi de 1838 :

« Je soussigné Médecin de l'Asile de Ville-Evrard certifie que la nommée Claudel Camille est atteinte de délire systématisé de persécution, basé principalement sur des interprétations et des fabulations ; idées vaniteuses et de satisfaction ; elle est victime des attaques criminelles d'un sculpteur célèbre (qu'elle désigne), lequel s'est emparé des chefs-d'œuvre qu'elle a créés et a cherché à l'empoisonner, comme il l'a fait d'ailleurs pour beaucoup d'autres personnes. Serait, dit-elle, depuis un an enfermée chez elle ne sortant que très rarement et ne recevant personne. »

Le Dr Truelle a bien noté chez Camille « un embonpoint un peu exagéré », « le tremblement des doigts » et « la mauvaise dentition ». Il la soumet à un test intellectuel : comme elle se montre « incapable de répondre avec justesse sur la table de multiplication », mais également « ignorante » et même « très ignorante » sur l'histoire en général et l'histoire de la sculpture en particulier, il conclut d'une manière qu'on ne peut s'empêcher de trouver hâtive, à un « affaiblissement intellectuel ».

Il est cependant frappé par deux symptômes – ou plutôt par l'absence de deux symptômes – qu'il a jugés assez importants pour les souligner :

– « pas d'hallucinations d'aucune sorte ».
– « pas de troubles de la parole ».
En marge de la première remarque, il a écrit et souligné d'un gros trait : « A revoir. »
Son diagnostic se détache au bas du troisième feuillet, en conclusion de son examen.
« Diagnostic : démence paranoïde. »
Mais ce dernier mot est suivi de trois points d'interrogation entre parenthèses :
« démence paranoïde (? ? ?) ».
Aucun commentaire, ni maintenant ni plus tard, sur ces trois points d'interrogation qui témoignent, de la main même du médecin, de l'incertitude du diagnostic. Et de la nécessité d'une observation suivie.
Quinze jours après, le Dr Lacoste, du même établissement, procède à un nouvel examen et confirme le « délire systématisé de persécution ». Tous les mois à compter de cette date, un examen médical sera effectué, exigible par la Loi, afin d'établir l'évolution de l'état mental de la patiente : ses progrès ou sa détérioration.
Un mois après l'entrée de Camille à Ville-Evrard, le Dr Truelle reçoit Louise Claudel, la jeune sœur de Camille, pour tâcher de mieux comprendre les angoisses et les obsessions de l'aînée grâce aux explications de la cadette et situer sa patiente dans son contexte familial. C'est le 8 avril 1913 : il observe que la visiteuse « ressemble étrangement à la malade ». Elle a, écrit-il, « la même intonation de voix et les mêmes tics » – on ne saura pas lesquels, le reste de la phrase est illisible. Louise confirme que Rodin « a été l'amant de sa sœur » – ce dont le médecin, jusque-là, pouvait douter.
Paul, également consulté, accorde créance à cette accusation de Camille selon laquelle tout son malheur viendrait du sieur Rodin : le médecin en est surpris. Si délire de persécution il y a, il se fonde sur une souf-

france bien réelle, dont le frère et la jeune sœur sont eux-mêmes convaincus.

Après ces diverses consultations, le dossier est en ordre. Les certificats médicaux rendent l'internement parfaitement légal : « à maintenir », telle est la sentence du Dr Lacoste.

« Et en voilà pour trente ans[1] ! » écrira Paul.

C'est à sa mère qu'est revenue la plus lourde tâche : c'est elle qui a signé la demande de placement volontaire.

« Je soussignée Louise Cécile Athanaïse Cerveaux veuve Claudel, demeurant à Villeneuve-sur-Fère (Aisne), âgée de 73 ans, déclare en ma qualité de mère que mon intention est de placer dans l'Asile de Ville-Evrard et prie en conséquence Monsieur le Directeur dudit établissement d'y recevoir pour l'y faire traiter de l'Aliénation Mentale dont elle est atteinte Claudel Camille, âgée de 48 ans, demeurant à Paris 19, quai d'Anjou. » (Elle s'est trompée d'adresse !) Signé : Louise Cerveaux veuve Claudel.

Maigre consolation : elle pourra à tout moment réclamer le retour de Camille à la vie normale, sur simple demande.

Camille est-elle si folle qu'elle mérite d'être enfermée dans une maison spéciale, interdite de sorties et bientôt de visites, coupée avec la plus stricte autorité de sa vie d'autrefois, de son atelier, de sa famille ? Le placement volontaire, entériné par des médecins dont le diagnos-

---

1. *Ma sœur Camille, op. cit.*

tic s'accompagne de points d'interrogation, était-il indispensable ? N'y avait-il aucune autre solution, à une époque, il est vrai, où l'internement demeure la seule réponse connue à la « folie » ?

A qui cette mesure convenait-elle le mieux ? Devait-elle aider Camille à guérir de son délire, à le mieux maîtriser ? A-t-elle été décidée dans l'intention de la protéger malgré elle des fantômes dont elle se voit menacée ? Ou n'était-elle pas plutôt une reprise de contrôle sur sa vie désordonnée : dans le cadre d'une maison spéciale adaptée à son cas, elle implique un retour à la norme – à l'hygiène, aux horaires réguliers, aux dépenses fixes. A la famille, inquiète de la dérive de la fille aînée, de ses mœurs dissolues, de sa bohème et de son originalité que son tempérament porte à des excès, Ville-Evrard garantit contrôle et sécurité. C'est la victoire de l'ordre sur le désordre, de la raison sur la folie. Camille, cet être indomptable et rebelle, paraît désormais à l'abri, entre les murs de cette espèce d'hôpital supposé tenir lieu de maison.

Dans la préface de *Folie et déraison*[1], ouvrage qui sera publié plus tard sous le titre *Histoire de la folie à l'âge classique*, Michel Foucault cite Pascal : « Les hommes sont si nécessairement fous que ce serait être fou par un autre tour de folie de n'être pas fou. » Et cet autre texte de Dostoïevski, dans le *Journal d'un écrivain* : « Ce n'est pas en enfermant son voisin qu'on se convainc de son propre bon sens. » Nul mieux que lui n'a souligné la fragile frontière qui rend perméables les deux mondes : « Folie et non-folie, raison et non-raison sont confusément impliquées : inséparables du moment qu'elles n'existent pas encore, et existant l'une pour l'autre, l'une par rapport à l'autre, dans l'échange qui les sépare. (...) Au milieu du monde serein de la maladie mentale, l'homme moderne ne communique

---

1. Plon, 1961.

plus avec le fou ; il y a d'une part l'homme de raison qui délègue vers la folie le médecin, n'autorisant ainsi de rapport qu'à travers l'universalité abstraite de la maladie ; il y a d'autre part l'homme de folie qui ne communique avec l'autre que par l'intermédiaire d'une raison tout aussi abstraite, qui est ordre, contrainte physique et morale, pression anonyme du groupe, exigence de conformité. De langage commun, il n'y en a pas ; ou plutôt il n'y en a plus ; la constitution de la folie comme maladie mentale, à la fin du XVIIIᵉ siècle, dresse le constat d'un dialogue rompu [1]. »

Au lendemain de l'internement de Camille, dont il apprend qu'il a suivi de près le décès de son père, son ami André Suarès écrit à Paul, en proie à ce double deuil : « Vous voilà face à face avec deux aspects de la nuit. Et la mort n'est pas celui des deux qui contient le plus de ténèbres [2]. »

Le 14 mars, Camille rédige au crayon noir, à l'asile de Ville-Evrard, sa première lettre d'internée. Elle est adressée à son cousin Charles. Lucide dans la démence, Camille y résume d'une phrase lapidaire le destin qui vient de se nouer : « On me tient et on ne veut pas me lâcher. »

---

1. *Ibid.*
2. André Suarès, Paul Claudel, *Correspondance 1904-1938*, préface et notes par Robert Mallet, Gallimard, 1951.

Le même jour, Paul est rentré à Francfort.

Avant de quitter Paris, il s'est préoccupé du Conseil de famille, ayant pour but de veiller sur les biens de sa sœur. Ce Conseil, officiel à la date du 16 avril, porte le sceau du tribunal administratif du IVe arrondissement de Paris. En font partie : lui-même, mais ni sa mère ni sa sœur. Il a choisi pour le constituer deux cousins des Vosges (Alexandre-Albert Bedon et Louis Claudel), le président du Tribunal civil de la Seine (Félix Leydet), et deux amis très chers, également liés à Camille – Henry Lerolle et Philippe Berthelot.

En l'absence de Paul, contraint de se rendre aussitôt à son nouveau poste, c'est Philippe Berthelot qui se voit confier le déménagement du pauvre atelier de Camille. Il va mettre à l'abri chez lui les dernières œuvres de l'artiste, rescapées des destructions. Elles seront rendues à sa mort, en 1934, à Paul par testament. Parmi elles, la deuxième version de *L'Age mûr* qu'il aura fait fondre en bronze et, bien que mutilé par Camille, un torse de *Femme accroupie*. Paul verra dans ce dernier témoin de la création de sa sœur « l'instinct de l'animal qui se replie et se recourbe sur soi-même pour échapper à la prise, aveugle à défaut d'invisible, quelqu'un qui cherche en soi-même un refuge contre le danger, et pas seulement contre le passé, mais contre le présent [1] ».

Ce torse, c'est Camille au moment de sa séquestration, telle qu'elle s'est imaginée avant qu'on ne l'enferme : dans le repli, la peur.

---

1. *Ma sœur Camille, op. cit.*

Remous de Ville-Evrard

C'est un domaine de trois cents hectares, avec des champs et des prés, mais aussi des serres et puis un poulailler, un verger, une bergerie, des étables et des porcheries : un cadre champêtre, avec des parfums de terre et de fumier. Bien isolé et soigneusement clos, non loin des bords de Marne, l'activité agricole y est importante. On pourrait croire à une vie paysanne, rude et tranquille, s'il n'y avait ce gardien qui veille à l'entrée et ces silhouettes entr'aperçues, pour la plupart en pyjamas ou en robes de bure, qu'escortent dans le jardin des infirmières en blouse et tablier, portant un voile bleu sur leur bonnet.

Aujourd'hui rebaptisé « Etablissement public de santé (EPS) » et diminué de plusieurs hectares, le domaine est beaucoup plus ouvert sur le monde extérieur ; les échanges sont favorisés avec la ville. A l'époque, c'est un ghetto. Les habitants, qui vivent en autarcie des produits de la ferme, sont gardés à l'intérieur de frontières qui ne s'ouvrent pas volontiers.

Douze pavillons en pierre grise, aux fenêtres et aux portes hermétiquement fermées – seul le personnel en a les clefs –, élèvent leurs façades austères au milieu des grands arbres. Six d'entre eux, les plus anciens, constituent depuis 1868 ce qu'on appelle « l'asile » de

Ville-Evrard : il abrite gratuitement les patients néces-
siteux. Ce sont ces patients-là, de même que les
malades les plus agités, qui portent des pyjamas et des
robes de bure : leur vêtement permet au gardien, qui
filtre les sorties avec la plus extrême vigilance, de les
reconnaître au premier coup d'œil. D'autres pavillons
sont consacrés à l'administration. Mais depuis 1875,
le domaine qui ne cesse de se peupler abrite une « Maison spéciale », réservée à des hôtes payants. On l'appelle aussi, par opposition à l'asile, « le pensionnat ».

C'est là qu'on a mis Camille. Enregistrée sous le
matricule 11.S.3630, elle est conduite au 7e Pavillon,
puis quinze jours plus tard ira habiter le 2e Pavillon,
où elle restera jusqu'à son prochain transfert. Voilà
pour la géographie : elle est étroite et strictement limitée, au sein du gigantesque domaine, au pavillon et au
jardin. Ce sera une vie entre femmes – à Ville-Evrard,
comme dans tous les établissements de santé de
l'époque, les sexes sont séparés. Aux dames malades,
on donne des infirmières ; les seuls hommes avec lesquels Camille entrera en contact sont le directeur (le
Dr Pierre-Auguste Blanchier), le médecin-chef (le
Dr Truelle), le médecin adjoint (le Dr Lacoste) et les
jardiniers qui s'affairent autour des pavillons ou dans
les serres.

Le coût de la pension inclut le logement, les soins,
la nourriture et le trousseau. Il peut y avoir des supplé-
ments, selon la demande des familles. Le prix de la
pension est fixé à 2 400 francs par an, en première
classe, à 1 800 francs par an en deuxième classe. Il
existe une troisième classe (coût : 1 200 francs par an)
et même une quatrième classe (900 francs par an). En
première classe, on est logé en chambre seule, la nourriture est meilleure et on peut même avoir une domestique à son service. Une infirmière particulière coûte
un supplément de 2,50 francs par jour.

Paul et sa mère ont fixé les conditions matérielles de

la vie de Camille. Elle sera pensionnaire tantôt de première classe, tantôt de deuxième classe, sans recours aux services d'une domesticité privée.

Paul ne se fait aucune illusion sur le charme de cette villégiature où il a placé sa sœur. Il l'a lui-même visitée avant de l'y faire conduire et rapporte dans son Journal, en mars 1913, l'effet qu'elle a produit sur lui : « Les folles à Ville-Evrard. La vieille gâteuse. Celle qui jasait continuellement en anglais d'une voix douce comme un pauvre sansonnet malade. Celles qui errent sans rien dire. Assise dans le corridor la tête dans la main. Affreuse tristesse de ces âmes en peine et de ces esprits déchus. »

L'atmosphère est d'autant plus lourde que les malades de la Maison spéciale ne sont pas classées selon leur pathologie : à l'exception de celles qui représenteraient un danger pour les autres pensionnaires, les cas les plus divers cohabitent.

Les repas se prennent au réfectoire, situé au rez-de-chaussée du pavillon.

Les journées sont monotones et le repos presque impossible : la Maison spéciale résonne de cris, sans répit, nuit et jour.

Le tapage incessant est la principale caractéristique des établissements psychiatriques de l'époque : aucun sédatif ni aucun neuroleptique ne viennent faire taire les pensionnaires les plus agités. Le premier neuroleptique, le Largactil, n'apparaît qu'en 1952. Hormis les bains, on ne connaît aucun moyen de les calmer.

La nuit, le jour, des infirmières circulent, contrôlent, veillent.

La surveillance est incessante, même si elle est bienveillante.

Autre caractéristique du pavillon, dont ne parle pas Paul Claudel, l'odeur. Tous les témoins en rendent compte : on y sent un désagréable mélange de chou, de médicament et de sueur. Comme on n'ouvre jamais

les fenêtres et qu'on referme la porte dès qu'on a laissé
filtrer un passage, on vit dans un air confiné.

Pour Camille, l'entrée à Ville-Evrard, opérée dans la
violence, à son corps défendant, est forcément un choc.
D'abord, elle ne comprend pas ce qui lui arrive. Dès le
premier entretien avec le Dr Truelle, elle fait part de
son « incompréhension ». Elle l'écrit à son cousin
Charles : elle ne sait pas où elle est, ni pourquoi, ni
pour combien de temps. Elle dit qu'elle est normale ;
elle dit qu'elle veut revenir chez elle. Elle s'étonne
qu'on l'ait mise « avec les folles ». Le médecin l'a également noté : elle n'exprime aucune révolte. « Indifférence » au lieu, à la situation. Elle « répond volontiers
aux questions » du médecin et, bien qu'elle soutienne
toujours des idées de persécution (craintes de vol et
d'empoisonnement), après quelques jours d'observation, le médecin délivre une autorisation de visite.

Elle ne sera pas appliquée : Madame Claudel interdit
formellement à sa fille toute communication avec l'extérieur. Ni visites, ni correspondance. Le personnel
médical suivra ses consignes à la lettre.

A Ville-Evrard, où ni sa mère ni sa sœur ne vien-
dront la voir, Camille ne reçoit qu'une seule visite,
celle de son frère, au mois d'août : cinq mois après le
10 mars fatidique. Paul, de retour en France pour les
vacances d'été, attend l'avis d'un nouveau poste, après
Hambourg. Loin de se précipiter à Ville-Evrard, il
voyage d'abord avec sa famille. En juillet, il visite l'Al-
sace et les Vosges, « en auto[1] », puis s'attarde dans la
région des lacs d'Annecy et du Bourget. En août, il est

1. *Journal* I, Bibliothèque de la Pléiade, Gallimard, 1968.

sur le lac d'Aiguebelette, à Saint-Laurent-du-Pont, à Grenoble, à Villard-de-Lans. Veut-il retarder le moment poignant où il va retrouver la grille de l'asile, la loge du gardien qui veille, puis les grands arbres, les serres, le 2ᵉ Pavillon, le couloir, la chambre... et le visage émacié de sa sœur ? D'après le dossier médical de Camille, il aurait dû la trouver très changée : bien que le médecin ne diagnostique aucune maladie et juge toujours son état « bon », elle est passée de 72 à 62,5 kilos.

C'est le 23 août 1913 : on ne sait rien de ce tête-à-tête du frère et de la sœur.

Paul l'a bien noté sur son Journal entre une visite aux Berthelot, la veille, et au cardinal Amette, l'après-midi même. Mais en termes si succincts qu'on les remarque à peine. Deux mots. Rien qu'un jour et un lieu de rendez-vous.

« Vendredi, Ville-Evrard. »

Voilà tout.

Pour décrire Camille ou au moins les sentiments qu'elle lui inspire, les mots lui manquent. Il est incapable d'écrire. Lui, si prolixe, si prompt à faire jaillir les images, à traduire en abondantes cadences la moindre de ses émotions, devant l'horreur de la situation, il est rendu au silence. Il est devenu mutique.

Le Journal n'enregistrera que par bribes le rappel de la dure réalité : Camille est « chez les folles ». Ainsi, avant d'aller la voir, le 23 août 1913, il a une espèce de fulgurance et note à la date du 12, comme si cela avait la moindre importance, ces deux mots terribles dans leur nudité :

« 12 août. Un fou, un *aliéné*. »

Cet été-là, *L'Art décoratif*, « revue de l'art ancien et de la vie artistique moderne », dont le directeur est

Fernand Roches, consacre un numéro spécial (juillet-décembre) à l'œuvre de Camille Claudel. On peut y admirer quarante-huit reproductions de ses sculptures, dont une pleine page en couleurs, et y lire en accompagnement un texte de Paul Claudel, déjà paru en 1905 dans *L'Occident* : « Camille statuaire ». Il y rend un vibrant hommage à l'art de sa sœur et ne se prive pas de lacérer de quelques coups de plume bien aiguisée le cauchemar de ses nuits de l'asile : Rodin. C'est dans cet article qu'il définit Camille comme « le premier ouvrier de cette sculpture intérieure », pleine de ses « rêves interdits ».

La parution de ce numéro exceptionnel, tout à la louange de Camille, va cependant provoquer dès le mois de septembre les remous d'une virulente campagne de presse. *L'Avenir de l'Aisne*, un journal de couleur républicaine qui couvre la région de Château-Thierry, donc aussi Villeneuve-sur-Fère, déclenche les hostilités. Paul ne doit pas le lire souvent : c'est l'organe du parti anti-clérical. Le 19 septembre, il signale dans ses colonnes la parution du numéro spécial de *L'Art décoratif*, afin que ses lecteurs puissent être fiers de compter parmi leurs compatriotes « un sculpteur génial » à l'art « puissant et tout vibrant de lumière intérieure ». Il salue également le talent de poète de Paul Claudel, dont le texte est vivement applaudi. Mais après les louanges, vite expédiées, il en vient au sujet qui préoccupe toute la rédaction : l'artiste de génie, « en pleine possession de son talent et de ses facultés intellectuelles », est aujourd'hui « enfermée dans une maison de fous ». Le journal dénonce « cette chose monstrueuse et à peine croyable », qu'il tient à rendre publique. Il s'insurge contre une séquestration arbitraire, qui lui semble parfaitement injuste.

Lorsque la presse nationale s'empare de l'information, plus personne ne pourra ignorer que Camille est dans « un asile d'aliénés » – le terme sera celui-là.

Le 8 décembre, dans *Le Grand National*, quotidien politique, économique et littéraire que dirige Paul Emile à Paris, Paul Vibert en fait le sujet de son éditorial. Mais il s'intéresse moins à l'art de Camille Claudel qu'à la loi inique et scélérate, selon lui, du 30 juin 1838. Son combat porte sur le fameux article 8, dit du placement volontaire. Il le compare aux lettres de cachet de l'Ancien Régime qui vous envoyaient illico, sans autre forme de procès, finir vos jours à la Bastille.

Plaidoyer vibrant. Plaidoyer en colère.

« Il y a deux moyens de supprimer une personne de la société ; le premier moyen est l'assassinat. Le second moyen est l'internement légal, que l'on convertit, pour les besoins de la cause, en séquestration. L'internement arbitraire est provoqué couramment par des personnes qui désirent se débarrasser d'un parent gênant, afin de satisfaire leur vengeance ou leur cupidité... » Vibert accuse le Législateur, qui a permis cet état de fait, aussi « monstrueux » que « révoltant ». Mais pour illustrer ses propos, jusqu'ici théoriques, il cite l'exemple d'une famille, celle de Mademoiselle C., « artiste de grand talent », que « sa mère et son frère ont fait séquestrer. » Non seulement il emploie « séquestrer » pour « interner », mais il donne force détails sur les circonstances de cet internement : la mort du père, les deux hommes venus chercher Mademoiselle C. chez elle, la fenêtre arrachée, l'ambulance, montrant ainsi qu'il est parfaitement informé.

Cet article sera suivi d'un second, trois jours plus tard. Plus court mais non moins violent, impliquant cette fois dans l'iniquité de la loi « l'Eglise et la soldatesque » – les grands dadas de l'époque –, il déclare vouloir s'allier à *L'Avenir de l'Aisne*, pour approfondir l'enquête et promet des révélations.

Le 12 décembre, c'est-à-dire le lendemain, ledit *Avenir de l'Aisne*, dans ses pages locales, signale aux habitants de Villeneuve-sur-Fère que leur village abrite en son sein les auteurs de la séquestration. A Villeneuve, on n'aura pas de mal à les reconnaître... Le journal lance un appel pour arracher « l'infortunée statuaire... aux griffes de la maison d'aliénés où l'a fait enfermer sa famille ».

L'enquête devient brûlante. Quand Paul Vibert reprend la plume, le 17 décembre, c'est pour lâcher le nom des Claudel. « Il s'agit de Mlle Claudel. »

Il demande à Paul Claudel de sortir sa sœur de l'asile. Toujours usant du terme « monstrueux », il soutient que Mademoiselle Claudel ne mérite pas le sort que sa famille a décidé pour elle. Car elle lui paraît en parfaite santé mentale. Pour mieux convaincre ses lecteurs, il cite des lettres de Camille qu'un mystérieux comparse lui a donné à lire, et qui sont en effet, conformément à son type de délire, aussi claires que logiques : on ne la prendra jamais en défaut de raisonnement. Vibert ne doit pas connaître cette forme subtile de paranoïa, qui déroute si souvent les médecins eux-mêmes et la rend difficile à soigner.

La campagne de presse a été orchestrée par la famille Thierry, cousine des Claudel. Henriette Thierry et son fils Charles se sont affolés des lettres que Camille leur envoie depuis le mois de mars : des appels au secours. Elle y déclare avec beaucoup d'énergie et de conviction son incompréhension de la situation – il lui a fallu plusieurs jours pour en mesurer l'horreur – et ses griefs à l'égard des siens. Ils ont voulu, dit-elle, « l'empêcher de nuire au petit Jacques en réclamant ses biens[1] ». (Jacques est le fils de Louise.)

---

1. Lettre à Charles Thierry, 10 mars 1913.

Ils sont persuadés qu'elle paye à Ville-Evrard une sordide histoire d'héritage et de gros sous.

Ce sont eux qui ont alerté la presse locale puis communiqué au *Grand National* les lettres que Camille a adressées les premiers jours à Charles – les citations de Vibert, on peut les reconnaître aujourd'hui, en sont tirées.

Doublée d'une affaire de famille qui met aux prises les Claudel avec les Thierry, auxquels se sont ralliés quelques parents éloignés, la campagne de presse va durer jusqu'à Noël, puis s'éteindra. Il en restera le nuage de suspicion qui survit à toute diffamation.

A aucun moment Paul n'exige de droit de réponse. Là encore, seul le silence lui paraît convenir. Sans doute s'est-il expliqué avec ses cousins. On le suppose.

Il préfère balayer le problème, du revers de la plume. Son unique commentaire est plutôt méprisant et il le garde pour lui-même, au secret de son Journal : « Atroces calomnies contre nous à propos de l'internement de Camille à Ville-Evrard dans *L'Avenir de l'Aisne* et diverses feuilles de chantage dénonçant un "crime clérical". C'est bien. J'ai reçu tant de louanges injustes que les calomnies sont bonnes et rafraîchissantes ; c'est le lot normal d'un chrétien. »

Il signale en revanche que c'est Noël et qu'il voit tomber « la première neige de l'année ».

Résultat dramatique de la campagne de presse : c'est à partir de ce moment que Madame Claudel, sous le choc du scandale, interdit toute visite à sa fille. Ne lui sont plus dès lors permises que celles de sa famille proche – Paul, Louise ou elle-même. Elle demande aussi au directeur de filtrer sa correspondance et de ne poster que les lettres adressées aux trois personnes précitées. De sorte que l'isolement de Camille est renforcé.

Pendant ce temps, dans l'ignorance du tollé qu'elle vient de provoquer, la « pensionnaire » s'occupe comme elle peut. Au lieu de rapiécer ses vieilles robes, elle en fait un joli patchwork et l'envoie à sa nièce, Chouchette. Ce sera son dernier ouvrage manuel. La dernière trace de sa main d'artiste. Paul le note avec étonnement, à l'automne : « La dernière chose qu'ait faite ma sœur est une couverture en morceaux de soie de ses vieilles robes pour ma petite fille. Je regarde ces larges fleurs éclatantes et toutes diverses, écloses sous les doigts d'une folle. »

Autre campagne. Autres remous, qui eux remontent du passé. Remous tendres et amoureux, dont la famille entend effacer l'empreinte.

Rodin apprend l'internement de Camille, sans doute par la presse. Victime d'une hémiplégie, montrant déjà quelques signes de gâtisme et ne sortant plus guère de sa villa de Meudon, il est cependant si frappé par la nouvelle qu'il décide d'intervenir. Mais il doit le faire en secret, car s'agissant de ses amours, il redoute les yeux suspicieux de Rose. Tandis qu'il vient de rompre avec la duchesse de Choiseul – Claire –, sa dernière maîtresse en titre, il n'a pas renoncé aux muses et les femmes, surtout quand elles sont jeunes, pourvues de beaux corps appétissants, continuent de le tenter. Mais il n'a jamais oublié Camille. Il voudrait lui faire parvenir une somme d'argent afin d'adoucir ce qu'il appelle d'un mot juste : sa « géhenne ».

Comme il sait que Camille ne veut plus entendre parler de lui, il contacte Mathias Morhardt, afin qu'il s'entremette auprès du directeur de Ville-Evrard. Celui-ci ne pouvant rien décider sans l'accord de la famille, Morhardt a l'idée de plaider la cause de Rodin auprès de Philippe Berthelot. Il lui adresse une lettre et obtient une entrevue particulière à son bureau du Quai d'Orsay, au printemps 1914. Le chèque est rédigé mais toujours refusé. Car la famille Claudel – et Paul, le premier – s'oppose à ce que Camille reçoive quelque cadeau que ce soit de celui qu'elle considère comme le grand responsable de ses malheurs.

Rodin, c'est pathétique, appelle Camille « Mlle Say » (pour C.) dans ses lettres à Morhardt. Craint-il la jalousie de sa vieille compagne ? Ou que d'autres maîtresses lisent par-dessus son épaule le nom de celle qu'il a tant aimée ?

Camille recevra 500 francs anonymes, en juillet 1914, par le biais de la Caisse de l'Etat.

Morhardt a toutefois profité de cet échange épistolaire avec le sculpteur pour lui suggérer l'idée de consacrer une salle de son futur musée à Camille. Depuis 1908, Rodin loue en effet deux pièces au rez-de-chaussée d'un vieil hôtel particulier parisien, à moitié en ruines : l'hôtel Biron, rue de Varenne. Son beau jardin n'est alors qu'un verger sauvage. Rilke, Cocteau, Matisse viennent y travailler, sous les plafonds qui menacent de s'effondrer. Ils y savourent le parfum d'un ancien pensionnat de jeunes filles, tenu par les sœurs du Sacré-Cœur ! En 1911, l'Etat qui en est propriétaire a décidé de le raser et de vendre le terrain. Il a voulu en expulser les artistes, y compris cette gloire nationale de Rodin. Soutenu par une campagne menée par ses amis, parmi lesquels il compte des gens importants, et grâce à l'enthousiasme de la duchesse de Choiseul, infatigable à défendre son grand homme, Rodin a finalement obtenu de conserver son atelier rue de Varenne, à la condition expresse de restaurer l'hôtel Biron à ses frais. Des fonds doivent être réunis pour financer les travaux. Cela prendra du temps.

Mais Rodin le promet aussitôt à Morhardt, avec des fautes d'orthographe : « qulque soit la proportion et si la chose se finie, elle aura sa place. »

Camille, bien sûr, n'en saura rien. Rodin continue à être sa bête noire au quotidien.

Quant à Debussy, loin des remous disharmoniques qui agitent les Claudel en 1913, cette année est celle d'une œuvre importante : il compose *Le Martyre de saint Sébastien*.

Aucun de ses biographes n'a souligné la coïncidence avec la Niobide percée d'une flèche au sein, ni avec le martyre de Camille, qui vient tout juste de commencer.

IV
L'ASILE ET LE CHÂTEAU

Le nomade sans attaches

Paul ne cesse pas de voyager.

Il parcourt la planète en tous sens. Après la Chine, nommé consul à Prague en 1909, puis à Francfort en 1911 – des pays froids, quand il aime tant le soleil ! –, il devient consul général à Hambourg, en octobre 1913, quelques mois après l'internement de Camille à Ville-Evrard. L'Allemagne, et c'est un euphémisme, n'est pas son pays préféré : « Tout est saucisse en Allemagne, une enveloppe bourrée de choses disparates : la phrase allemande est une saucisse, l'Allemagne politique est une saucisse, les livres de philosophie et de science, avec leurs notes et leurs références, Goethe, saucisse !... *Ganz Wurst*[1] ! »

Lui d'ordinaire si enthousiaste à découvrir de nouveaux horizons, se montre par exception fermé à cette culture dont il ne reconnaît qu'à grand-peine les lumières. Le protestantisme de la plupart des Etats allemands en est la principale cause : c'est une religion qu'il considère dévoyée et nocive, l'ennemie héréditaire du catholicisme. Il est plus indulgent vis-à-vis des chrétiens orthodoxes. La guerre va fournir une justification

---

1. *Journal* I, *op. cit.*

à son antipathie compulsive. Il comparera les soldats allemands aux hordes barbares d'Attila.

Scs pièces de théâtre et même ses œuvres poétiques sont pourtant traduites dans la langue de Goethe, grâce à de fervents admirateurs, assez fins stylistes pour rendre en allemand la qualité lyrique de sa plume. De 1912 à 1916, Jakob Hegner traduit *L'Annonce*, *L'Echange*, *Tête d'or* et *Connaissance de l'Est*. On étudie Claudel à l'Université. Il devient un auteur important et son théâtre connaîtra dans l'entre-deux-guerres, et jusqu'aux années soixante, un grand succès en Allemagne.

Il y écrit *Le Pain dur*, la suite de *L'Otage*, où Sichel parle des yeux de Lumir – « ces yeux fixes et tranquilles comme ceux d'un enfant (...) mais qui noircissent et se chargent de furie et qu'on voit l'âme là-dedans ».

Il quitte ce pays, en août 1914, au moment de la déclaration de guerre ; il découvre le mot *Krieg*, affiché sur tous les murs de Hambourg, un dimanche matin, en allant à la messe. Son départ ressemble à une fuite, puisqu'il s'effectue « sous les huées, les crachats et les projectiles de la foule[1] », tandis que Madame Claudel et ses premiers-nés se cachent sous des couvertures, sur la banquette arrière. L'image lui restera.

Revenu en France, il suit son ministère à Bordeaux, où il se voit chargé des services des Prisonniers de guerre et de la Propagande. En 1915, il donne des conférences en Suisse et en Italie. Il passe quelque temps à Hostel, dans le Bugey, au château de son beau-père Sainte-Marie Perrin, puis repart en mission en Italie, porter la bonne parole aux alliés : de Milan à Rome, en passant par Bologne, Turin et Florence, il fait rédiger et distribuer des tracts – il a lui-même créé cette « propagande active ». Mais il en profite pour

1. *Ibid.*

visiter monuments, musées et basiliques – même la guerre ne peut freiner sa boulimique curiosité.

Nommé ministre plénipotentiaire au Brésil, grâce à Philippe Berthelot qui veille à ce qu'il progresse dans la hiérarchie du Quai, il va y représenter la France de février 1917 à novembre 1918. A peine arrivé, à bord de l'*Amazone*, un paquebot où il a embarqué à Lisbonne, il est ébloui : non seulement par la baie de Rio qui est une des plus belles au monde, par la plage de Copacabana qui déroule son long ruban de sable entre la mer turquoise et les palaces, par le Pain de sucre ou le Christ du Corcovado, mais par le pays tout entier. Il visite les régions superbes et misérables du Nordeste, escalade le mont Campo dos Antes, explore le Sertao et le Mato Grosso et poursuit son périple jusqu'au Rio Grande do Sul. Pour ne rien perdre des paysages, il se fait ligoter sur le toit d'une locomotive, en même temps que son secrétaire et ami, le compositeur Darius Milhaud. Il navigue sur l'Amazone, arrive aux confins du Panama, ne compte plus les plantations de café, de coton, de tabac, qu'il aura parcourues.

« Nulle partie du monde n'a marqué davantage mon existence », écrira-t-il à un ami[1]. Le Brésil offre à ses yeux l'avantage, tout comme la Chine, d'être aussi vaste qu'un continent : distances immenses, régions contrastées, melting-pot de races et de cultures, cette « terre d'avenir », selon son contemporain Stefan Zweig qui viendra y mourir en 1942, répond à son désir d'espace et à sa soif de découvertes. Il y écrit un mimodrame musical, *L'Homme et son désir* et y traduit des psaumes que Milhaud mettra en musique. Initié par un ami brésilien, amateur de photographies de femmes nues, il s'entraîne à cet art, nouveau pour lui, qui – pour autant qu'on le sache – se limite à des visages et ne s'étend pas à l'esthétique ni à l'érotisme

---

1. Lettre à Jean-Louis Barrault, 12 avril 1950.

des *curiosa*... C'est au Brésil qu'il fête ses cinquante ans, le 6 août 1918.

Le Brésil, « un de ces pays mordants qui imprègnent l'âme et lui laissent je ne sais quel ton, quel tour et quel sel, dont elle ne parviendra plus à se défaire[1] », pourrait incarner le pays baroque par excellence : selon Eugenio d'Ors, on « y veut tout en même temps » ; les paysages, les gens, la nature y sont d'une étonnante exubérance. C'est un pays claudélien : mystérieux, lascif et excessif, débordant d'énergie, de rythmes et de couleurs.

Aussi est-ce à son grand regret que Paul, en 1919, au lendemain de l'armistice, doit quitter la résidence de France où il a été si heureux, rua Paysandu, sur les hauteurs de Rio. Retenu par tant de charmes, il n'a aucune envie de se rendre à New York où le Quai l'envoie pour une autre mission. Ses adieux seront déchirants.

En janvier de l'année suivante, après un bref intermède américain, il passe de courtes vacances en France, puis, à bord de la *Marseillaise*, rejoint son nouveau poste à Copenhague. Changement radical de décor.

« Le Nord vient refroidir dans mon sang les ardeurs brésiliennes », dira-t-il avec une pointe de nostalgie. Le Danemark, où il va rester deux ans, va pourtant le séduire et même le retenir. « Te souviens-tu de ces eaux intérieures entre des rives chargées de moissons pareilles à la pensée du ciel au fond d'un cœur paisible ?... La revois-tu, écrira-t-il, cette mer elle-même, cette mer changeante et chatoyante, hésitant entre le rose et le bleu, où tout est reflet plutôt que couleur, songe plutôt que réalité ? Te souviens-tu même de ces heures où les ombres ne semblent s'épaissir et la neige

---

1. « Au Brésil » : dans *Contacts et Circonstances, Œuvres en prose, op. cit.*

obstruer l'espace que pour mieux nous empêcher d'être ailleurs qu'avec ceux que nous aimons[1] ? »

Ne se contentant pas des charmes de la petite sirène ou des brumes médiévales d'Elseneur où vécut Hamlet, Paul ne se lasse pas de découvrir ce petit pays danois, au relief découpé par le Grand-Belt, le Petit-Belt, le Skager-Rack et le Sund. Avec les Britanniques, les Norvégiens et les Suédois, il participe aux négociations sur l'avenir du Schleswig-Holstein : ce minuscule Etat, au sort incertain, figure lui aussi sur sa carte de géographie personnelle. L'univers, avec son gigantisme et son esprit chauvin (ou national ?) n'est jamais ni trop vaste ni trop subtil pour Paul Claudel.

Même si, au fond, « quitter les ombres du protestantisme et de la nuit polaire » le réjouit plutôt, au moment de quitter le Danemark, là encore, l'arrachement est difficile. Il gardera une dette envers ce pays froid, où les gens sont si chaleureux, et où, soit dit en passant, il aura appris à faire de la bicyclette !

Cinq mois et demi en France, pour retrouver l'air du pays natal, passer par Paris, par Villeneuve, par Hostel, sa tournée des familles, et le voilà à nouveau sur la mer : Philippe Berthelot n'a pas eu à beaucoup insister, c'est avec le plus grand bonheur qu'il s'apprête, paraphrasant la célèbre formule de Descartes, à « rouvrir le grand livre de l'Orient[2] ». Et même de l'Extrême-Orient. En septembre 1921, il embarque sur l'*André-Lebon* pour un périple de deux mois. Route des plus exotiques, incluant la bouleversante découverte du Cambodge et du site d'Angkor mais aussi des escales en Indochine et en Chine – il revoit Fou-Tcheou, où l'accueil des Français fut cependant glacial (il a laissé un mauvais souvenir…). Destination :

---

1. « Au Danemark, sur la banquette arrière » : dans *Contacts et Circonstances, Œuvres en prose, op. cit.*
2. *Journal* I, *op. cit.*

Tokyo, où l'attend son premier poste d'ambassadeur. Berthelot lui a fait là un magnifique cadeau.

Nouveau voyage. Nouveau pays. A chacun de ses différents postes, tous les deux, trois, cinq ou six ans, il lui faut se réadapter à une culture différente, à d'autres paysages, qui sont souvent aux antipodes des précédents. Ces changements, abrupts et décidés en haut lieu, ne lui laissent pas toujours le temps de se préparer et c'est sans transition – sinon celle d'un voyage en mer – qu'il débarque venant de Chine, au Brésil, aux Etats-Unis, au Danemark ou au Japon. Il s'informe, lit non seulement les guides touristiques et historiques mais les écrivains locaux, tâchant de s'imprégner de l'âme inconnue de ces lieux qui vont provisoirement constituer son chez-lui.

Vie en perpétuel mouvement. Vie de nomade.

Tête d'or a tenu ses promesses :

> « *J'ai erré.*
> *J'ai nourri beaucoup de rêves ; (...)*
> *J'ai vu d'autres chemins, d'autres cultures, d'autres villes. On passe et tout cela est passé.*
> *Et la mer très loin, et plus loin que la mer !* »

L'existence de Paul, tout à l'opposé de celle de sa sœur, se nourrit du changement et s'enrichit d'horizons sans cesse renouvelés. Ces expériences multiples finissent par superposer leurs strates et, sur les racines champenoises, dessinent un univers à la fois vaste et profond, où les couleurs, les parfums, les musiques s'enchantent mutuellement. Il n'est peut-être pas indifférent qu'il ait écrit *L'Otage* à Pékin et à Prague, *L'Annonce faite à Marie* à Prague, *Le Pain dur* à

Hambourg, ou conçu *Le Père humilié* à Rome. La vie de Paul, c'est le théâtre claudélien, avec ses repères et ses planètes bizarres, ses cloches et ses sirènes de paquebots, ses palanquins et ses cariocas, ses chants grégoriens, ses hululements celtes et ses rythmes de samba.

Vie exotique. Vie d'un infatigable voyageur.

Vie en permanent exil : « De nouveau je vais partir et ce qui m'entoure reprend son aspect distant, fantomatique. Je n'ai d'attache à aucun point de la terre[1]. » Mais vie qui se nourrit abondamment à chacune de ces rencontres, à chacune de ces aventures. C'est elle, par sa diversité, sa richesse, qui alimente son territoire le plus profond, l'œuvre et la poésie : « pour trouver ce qui avait besoin d'être dit (...) ce n'est pas trop de fourrager la mer et le ciel et d'aller jusqu'au bout de la terre[2] ».

Donc Tokyo.

Paul y est « Shigin Taishi » : poète-ambassadeur. Un titre des plus honorifiques dans un pays qui a toujours su honorer ses lettrés. *Tête d'or* y est d'ailleurs traduit depuis 1903. Pour les Japonais, l'ambassadeur de France est non seulement un jongleur de mots, un troubadour et un dramaturge, mais un fin calligraphe. On sait bien qu'il continue de copier à la plume des rapports que la machine à écrire va rendre impersonnels dans la forme, trop peu esthétiques au regard de cet amateur d'absolue beauté.

Deux ans au Brésil. Deux ans au Danemark. Ce seront six ans au Japon, dans une communion inces-

---

1. *Journal* II, *op. cit.*
2. « La Messe là-bas », *Œuvre poétique, op. cit.*

sante. Si Claudel a découvert l'Extrême-Orient et l'amour en Chine, s'il a passionnément aimé le Brésil, c'est au Japon qu'il est le plus lui-même : entre l'eau et les volcans.

> « Le Japon comme une truie noire au milieu des flots, tendant vers le ciel ses rangées de mamelles volcaniques[1]. »

Il apprend que son nom, en japonais, signifie « Oiseau noir ».

La résidence, dans le vieux quartier de Kanda, est une bâtisse vermoulue, « prise entre les douves mélancoliques du vieux château des Shogun et un canal boueux[2] ». Malgré ses camélias et ses arbres-à-singes, et malgré le corbeau de Sibérie qui s'y pose chaque année en escale dans son voyage migrateur, elle ne possède ni la gaieté ni les baies inondées de soleil de celle de Rio, ni ses chambres spacieuses, mais cela lui importe peu : le confort matériel le préoccupe moins que la stimulation mentale et surtout spirituelle, que le Japon élève à un degré qu'il n'a jamais connu. Fruit de cette rencontre entre un homme et un pays d'exception : *Le Soulier de satin*... Claudel l'écrit entièrement au Japon.

Comme à son habitude, à peine arrivé et jusqu'à la veille de son départ, il se lance dans une exploration méthodique des lieux, des mœurs, des gens et de la religion. Il effectue cinq tournées de l'archipel : dans les villes de l'Ouest, au Kyushu, d'Osaka à Yokohama, puis à nouveau Kobé-Tokyo-Osaka, et une dernière croisière émerveillée dans la mer intérieure. Il visite trois fois l'antique cité de Kyoto, où va sa préférence. Il se rend dans des temples, dans des théâtres, dans des

---

1. *Journal* I, *op. cit.*
2. « La Maison du Pont-des-Faisans », dans *Contacts et Circonstances*, *Œuvres en prose, op. cit.*

maisons de thé, dans des industries et même, par deux fois, dans des léproseries. Il escalade le Fuji-Yama, « ce cône laiteux qui a l'air de flotter dans l'éther » et devient une image récurrente de ses futurs poèmes. Il aime la laque, le Nô, les ombres sur le visage blanc des geishas, les cerisiers en fleur, la mer bleue et les feuillages écarlates que dessinent les mets, artistiquement et symboliquement disposés dans les assiettes. Il est fasciné par les mouvements telluriques que l'on peut ressentir à tout moment sur cette terre volcanique où « des soupapes claquent, des soupes minérales cuisent. L'air est imprégné d'odeurs chimiques... et du flanc des volcans, parmi des monceaux de scories pareilles au cyanamide, s'échappent des ruisseaux fumants de soufre et de vitriol et des fusées bouillonnantes dardent des parois verticales comme des robinets de purge[1] ».

Le 1er septembre 1923, il va assister à l'un des séismes les plus violents de tous les temps. Vers midi, heure des premières secousses, il doit fuir en toute hâte la résidence de France ; d'abord épargnée, elle sera entièrement détruite par l'incendie qui ravagera les trois quarts de la capitale et fera plus d'un million de sans-abri, des centaines de milliers de morts. « Le choc prit très vite une violence épouvantable et, par la porte vitrée, je me précipitai au-dehors. Tout bougeait. C'est une chose d'une horreur sans nom que de voir autour de soi la grande terre bouger comme emplie tout à coup d'une vie monstrueuse et autonome. (...) Ma vieille Ambassade se débattait au milieu de ses étais comme un bateau amarré[2]. »

Le boy japonais sauve son uniforme d'ambassadeur, son bicorne et ses décorations ! Lui-même est tellement bouleversé qu'il en oublie son manuscrit du *Soulier de satin* : le troisième acte périra dans les flammes, de

1. « L'Arrière-Pays », *ibid.*
2. « A travers les villes en flammes », *ibid.*

même qu'un long poème en prose sur Angkor... Il ne
pense en vérité qu'à sa fille, en vacances au bord de la
mer, à Dzouschi. Aussi part-il aussitôt en voiture, avec
son attaché militaire, pour tenter de la rejoindre. La
route est dévastée, jonchée d'arbres et de maisons déjà
calcinées – on progresse à la vitesse d'un marcheur à
pied. Bientôt ce sont les cadavres, mutilés, brûlés,
entassés. Spectacle d'apocalypse. Horreur jamais
vécue. Lui qui, en poste au Brésil, a évité la Grande
Guerre, le front et les tranchées, la vue des morts, des
amputés et des gueules cassées, il affronte l'enfer au
Japon. Parvenu à Yokohama, il découvre, tel un tas de
ruines fumantes, l'ancienne et opulente capitale de la
soie, que le séisme vient de rayer de la carte. Le consulat de France s'est écroulé sur ses occupants : le premier cadavre que Claudel peut identifier est celui du
consul Déjardin, qui fut son chancelier à Francfort. Tel
un grand reporter plongé dans une action dont il ne
maîtrise pas le déroulement mais dont il se veut le
chroniqueur de sang-froid, il racontera son expérience
dans un texte assailli d'émotions et d'images, qu'il inti-
tulera « A travers les villes en flammes ». Il assiste à
des scènes qui dépassent l'entendement – un homme,
avec le cadavre de son enfant dans ses bras, lui tend
une poire toute noire, elle aussi brûlée, le seul trésor
qu'il ait sauvé des flammes... Un millier de femmes qui
a cru trouver refuge dans des mares a péri quand l'eau
s'est mise à bouillir : il n'en reste qu'une épaisse couche
de graisse humaine, dont ses yeux ne peuvent se
détacher... A quelques kilomètres de là, sa fille, réfu-
giée chez des amis japonais, est saine et sauve. Elle a
échappé au raz-de-marée qui a encore accru le nombre
inouï des victimes. Bouleversantes retrouvailles. A
Tokyo, Madame Claudel, rentrée de sa résidence d'été
de Chuzenji avec ses deux autres filles, se montre d'un
dévouement remarquable. Elle attrapera le typhus en

soignant les malades dans la vague d'épidémies qui succède au tremblement de terre.

En décembre 1924, Paul inaugure la Maison franco-japonaise, qui a d'abord pour but l'aide matérielle et les secours au Japon meurtri.

De retour en France en mars 1925 pour des vacances méritées, il ne se résout pas au repos. Cette seule année-là, il se rend en Italie, en Espagne, en Angleterre, en Belgique et en Suisse ainsi que dans de nombreuses provinces françaises, pour prononcer des conférences sur des sujets aussi variés que la philosophie du livre, la littérature japonaise ou son œuvre. Une œuvre désormais importante, qui s'est étoffée de nouveaux personnages et d'un nombre incroyable de pages au rythme de ses voyages au long cours.

En 1926, il est de retour à Tokyo, pour un an.

En décembre 1926, le voici nommé ambassadeur à Washington : un poste qui peut être considéré comme le sommet de la Carrière. Il y prend ses fonctions en mars 1927. Le rôle d'ambassadeur de France aux Etats-Unis va le passionner au-delà de ses espérances, sans pour autant lui faire oublier le Brésil ni surtout le Japon qui gardent dans son cœur une place privilégiée. Bien que dans l'entre-deux-guerres le français ait encore vocation de langue universelle, Paul parle bien anglais, quoique avec l'accent du Tardenois. Il peut même composer un poème, tel ce *Speech Tree Ballad*, imité de la fameuse rengaine de *Mignon*, où il célèbre avec humour l'art du diplomate, orateur improvisé des fins de banquet :

« Washington, La Fayette, augustes Dioscures,
Accourez au secours d'un orateur obscur !
C'est en votre mémoire, héros insurpassés,
Que je lève mon verre empli d'une eau glacée,
Rien ne séparera la France et l'Amérique,
Hail, Columbia ! Vive la république ! »

L'eau glacée, évoquée dans ce poème, rappelle que Paul débarque en Amérique en pleine Prohibition.

Les relations ne sont pas au meilleur entre les deux pays : la question des dettes, contractées pendant la guerre auprès des Etats-Unis, pèse lourdement sur la diplomatie. Les six premiers mois, Claudel participe à la conférence sur le Pacte Briand-Kellogg, traité d'arbitrage et de conciliation.

« Je serrai des mains cordiales à me dévisser l'avant-bras », écrira-t-il [1]. La seconde de ses tâches, non moins importante, consiste à renouer le plus solidement possible les liens de l'amitié franco-américaine.

Il passe l'été en France. De retour aux Etats-Unis en novembre, il trouve tout de même le temps de s'arrêter en Guadeloupe, ravagée par un cyclone. Il y apporte une aide substantielle de la métropole.

1929, en pleine crise économique et sociale, Paul est à New York, où il vit les conséquences dramatiques du krach boursier. Apprenant par Louise que leur mère, souffrant depuis plus d'un an d'un cancer, est sur le point de mourir, il obtient de Philippe Berthelot l'autorisation exceptionnelle de rentrer en France. Il est trop tard pour recueillir son dernier soupir. Tout juste arrive-t-il à temps pour son enterrement, le 21 juin, à Villeneuve. Il se console quand Louise lui apprend que cette mère, jadis si peu pratiquante, bien qu'elle fût nièce de curé, est morte dans la foi et bénie des sacrements.

---

1. « L'Amérique et nous », dans *Contacts et Circonstances*, *Œuvres en prose*, *op. cit.*

*« Quand la journée est faite et le soulier
ôté
Voici l'ombre, voici l'étoile et la soirée
Voici que le cœur des vieux êtres a cédé[1]... »*

La diplomatie ne lui laisse pas le temps de s'attarder dans son village, où les morts reposent tout contre la maison de son enfance. De retour à New York, il y demeure jusqu'au mois d'août 1931. Deux mois de vacances en France. Nouveau retour aux Etats-Unis en octobre.

Vie morcelée. Vie saccadée.

Vie de transits et d'escales.

Il traverse le continent américain de l'Est à l'Ouest, de La Nouvelle-Orléans au Canada. Il visite plus de vingt villes prestigieuses – il les a comptées : Boston et Philadelphie, Los Angeles, San Francisco, Chicago... « En auto, en chemin de fer, en avion, je parcourus les Etats, je reçus les degrés d'une douzaine d'universités (...). On me vit dans des villes comme celles du Sud où aucun Français ne s'était montré depuis La Fayette[2]. » En Louisiane, il est ému de parler français avec ses « compatriotes acadiens », en Nouvelle-Angleterre avec des descendants d'immigrés du temps de la Révolution. Mais il s'intéresse autant à la Californie et au Middle West : les diversités géographiques du Nouveau Monde fascinent cet amoureux d'immensités.

Paul quitte définitivement l'Amérique au printemps 1933. Ce long poste américain de six années (comme au Japon) aura été fragmenté non seulement de ses innombrables déplacements intérieurs, mais de ses séjours rituels en France, eux-mêmes entrecoupés de déplacements multiples dans les capitales européennes

---

1. « Larmes sur la joue vieille », *Œuvre poétique, op. cit.*
2. « L'Amérique et nous », *Œuvres en prose, op. cit.*

de la culture, où tantôt il donne des conférences, tantôt assiste à des lectures ou à des représentations de ses pièces, désormais traduites dans le monde entier et qui commencent à être jouées. Son théâtre voyage autant que lui-même.

Il écrit un vibrant *Adieu à l'Amérique*, en hommage à ce pays qui a comblé ses vœux d'espace et de liberté. Il lui reconnaît des qualités qui sont aussi les siennes : l'« élasticité » – une manière de savoir s'adapter sans cesse à de nouveaux décors, à de nouveaux interlocuteurs, à de nouvelles conditions de vie ; la générosité – toute innovation, tout progrès, toute réussite y sont aussitôt applaudis ; et surtout « le rythme de dynamo » – les Américains lui paraissent être toujours en mouvement, obéir sans réserve à la flamme de l'énergie et à l'élan vital. « C'est cette pulsation rythmique et nerveuse pareille aux pistons d'une machine à vapeur entrecoupant le ronflement cyclique de la dynamo qui se fait sentir à travers toute la vie américaine et dont le jazz est la suprême expression [1]. » A soixante-cinq ans, Paul Claudel a encore autant de ressort que la société américaine. Sa curiosité, son allant restent entiers. Son rythme ne ralentit pas. Il n'est pas prêt à déposer ses bagages ni à vivre, paisible, au même endroit.

Voici venue, enfin, l'heure de la Belgique. Nommé ambassadeur à Bruxelles, « cette petite grande ville » comme il l'écrira, il se rend à Liège, à Bruges, à Anvers. Fidèle à ses performances enragées de tout voir et de tout connaître, il ne manquera aucun musée ni aucune cathédrale, aucun port, aucun rivage ni aucune province intérieure de cet Etat où il se plaît beaucoup (formule qu'il emploie dans une lettre à Gabriel Frizeau). Il en aime surtout les artistes, ceux d'autrefois comme ceux d'aujourd'hui, remarquant que la Belgique est un

---

1. « L'élasticité américaine », *Œuvres en prose, op. cit.*

des pays au monde le plus ouvert et le plus propice
aux arts. En Belgique, son dernier poste officiel, il dira
avoir retrouvé « le parfum du pays natal » : aux odeurs
de la campagne se mêlent les embruns d'une mer toujours proche, qui prolonge la terre et se fond en elle
dans le paysage inédit des polders.

Hommage de ses pages sur les peintres flamands[1] :
Jan Steen, Nicolas Maes, mais surtout Rembrandt,
dont *La Ronde de nuit* lui paraît concentrer la mystérieuse lumière de la Flandre, le « choc moelleux de cet
or thésaurisé ».

« Je ne suis qu'un vieux fou qui passe son temps
à voltiger au-dessus des continents[2]. » Même après la
retraite, qui survient en 1935, après quarante-cinq ans
au service de la diplomatie française, il continue à
voyager.

Il sillonne la France.

Il se rend en Belgique et aux Pays-Bas, en Suisse,
en Espagne, à Londres, à Alger, à Cambridge... Ses
déplacements, moins éloignés, n'en sont pas moins
nombreux qu'autrefois.

Même quand il est supposé travailler au calme, chez
lui, dans sa maison, il voyage dans ses livres : il écrit
ses souvenirs des pays qui lui ont ouvert leurs frontières et offert leurs horizons. Il ne s'enferme pas : de
grands vents continuent d'oxygéner sa prose. Il a placé
toute sa vie sous le signe d'Orion, la grande constella-
tion amie des voyageurs, « le pèlerin du Ciel qui visite
tour à tour les deux hémisphères[3] ».

---

1. « Introduction à la peinture hollandaise », *Œuvres en prose*,
op. cit.
2. *Journal I*, *op. cit.*
3. « A travers les villes en flammes », *Œuvres en prose*, *op. cit.*

C'est le climat de son œuvre : on y respire à pleins poumons un air de grand large et d'océan.

D'autant qu'il a beaucoup navigué : la mer, au moins autant que les pays lointains, a été l'une de ses grandes amours. Un de ses biographes a calculé qu'il a passé au total plus de trois ans de sa vie en mer. Il regrettera que l'avion, trop rapide, trop efficace, le prive du bonheur de ces enclaves à chercher sa route, des tropiques à la Flandre et du Far West au Far East, entre les vagues et la voûte étoilée.

Seul dénominateur commun du frère et de la sœur pendant ces longues années de séparation et d'exil : la marche à pied. Camille, acculée à un destin de recluse et limitée par les murs de l'asile, ne cesse pas d'arpenter sa chambre et son jardin. Lui parcourt des kilomètres dans les villes et dans les campagnes. Que le décor soit danois ou japonais, plage du Brésil, forêt américaine, île d'Extrême-Orient, ou pauvre enclos de malades enfermés dans leur hôpital comme dans une léproserie, le mouvement est le même, au rythme conquérant des Claudel.

Camille et Paul partagent encore la même vitalité au seuil de la vieillesse. Leurs corps résistent, leurs énergies ne s'épuisent pas.

Le temps altère leur apparence. Ils vieillissent : l'une prend la silhouette amaigrie et voûtée d'une vieille dame dans de vieux oripeaux. L'autre, en Belgique, a rasé sa moustache. Cela ne le rajeunit pas pour autant. Il s'alourdit, perd ses cheveux et, à quarante-cinq ans, commence déjà à devenir sourd : il souffre d'un bourdonnement continu dans les oreilles qu'il nomme « rumeur de l'Océan éternel ». Pourtant Camille continue d'appeler Paul son « petit Paul », comme s'il n'avait jamais grandi. Et lui ne cesse de revoir dans la pensionnaire misérable de Montdevergues, l'image de sa sœur de toujours, avec sa beauté, son génie, son courage.

Les visites de Paul à Camille sont à mettre au compte de ses voyages.

Il y en aura quatorze en trente ans.

En voici le détail :

– Une seule visite à Ville-Evrard, en août 1913 ; il est consul général à Hambourg.

Toutes les autres l'amènent dans le Vaucluse, où Camille a été transférée au bout d'un an, à cause de la guerre, avec les autres pensionnaires de l'asile.

– Mai 1915 : Paul vit provisoirement à Bordeaux. La Première Guerre bat son plein.

Nommé ministre plénipotentiaire au Brésil, où il va passer près de trois ans, il ne pourra rentrer en France qu'après l'armistice et une mission urgente aux Etats-Unis. Ce qui explique le long laps sans visites.

– Octobre 1920 : nommé à Copenhague, donc moins éloigné d'elle, il ne peut cependant venir la voir qu'une seule fois.

– Mars 1925 : une visite au milieu d'un long séjour de six ans au Japon.

– Août 1927.

– Août 1928.

– Août 1930.

– Août 1931.

– Septembre 1932 : cinq visites au cours de ses vacances régulières en France. Il est ambassadeur aux Etats-Unis.

– Septembre 1933.

– Septembre 1934 : deux visites alors qu'il est en poste en Belgique. Chacune a lieu l'été, au moment des vacances.

– Juillet 1935 : il vient de prendre sa retraite de diplomate.

– Juillet 1936.

Les visites de Paul s'interrompent alors pendant sept ans : le plus long intervalle sans aller voir sa sœur. Il est vrai qu'il souffre d'une anémie qui lui ôte ses dernières forces. La mort d'un de ses petits-fils va aussi beau-coup l'affecter. A cette interruption, il n'a jamais donné d'explication. Fatigue ? Accaparement de la vie de famille ? Egoïsme de l'écrivain qui consacre son temps à ses œuvres ? Ou peur de revoir Camille, mar-quée par des années de misère et de solitude ?

– Septembre 1943 : la dernière visite. Camille meurt un mois plus tard.

« Amer, amer regret de l'avoir abandonnée... », écrira-t-il à la date de sa mort.

Durant toutes ces années, il est presque toujours venu la voir seul.

L'un ou l'autre de ses enfants l'ont quelquefois accompagné : ses fils Pierre et Henri, sa fille aînée Marie et son gendre Roger Méquillet. Camille connaît par cœur le nom et même le surnom de ses neveux et nièces. Elle se tient informée des événements majeurs de leurs vies. Renée, la plus jeune des enfants de Paul, se souvient de la très vieille dame « à laquelle on ren-dait visite tous les étés ».

Quatorze visites en trente ans... et peut-être quelques autres que Paul n'aurait pas notées : c'est à la fois peu et beaucoup. Cela témoigne de sa fidélité. Contrairement à ce que l'on a pu dire ou écrire, les ponts n'ont pas été coupés entre le frère et la sœur.

Reste l'énigme : pourquoi n'a-t-il pas mis fin, lui qui avait acquis pouvoir et autorité, à son statut de recluse ?

L'amour, de part et d'autre, survit aux séparations, aux absences et même à l'apparente étrangeté de leurs destinées. Les lettres de Camille, les visites de Paul en témoignent. Pas de rancune chez Camille ; pas de véri-table désertion chez Paul. Après le médecin et les infirmières de Montdevergues, il a été le principal témoin de son calvaire. Ni la distance, qui l'empêche le plus souvent de la rejoindre, ni ses charges de famille, ni son travail de poète et de diplomate ne lui ont fait oublier la sœur cloîtrée et malade.

Sur ce qu'ils se sont dit, sur ce qu'ils ont pu échanger, rien n'a filtré.

De Camille, on recueille ce message d'éternelle tendresse : « mon petit Paul »... Elle prononcera encore ces mots sur son lit de mort, devant le médecin et les infirmières. « Mon petit Paul » : voilà ses dernières paroles.

Pour lui, il l'a écrit : à l'égard de sa sœur, rien ne vaut le silence. Ce prolixe, débiteur de phrases au kilomètre, prosateur impénitent et poète abondant, lui a offert ce qui est chez lui le plus rare : une absence voulue et radicale de mots. Son mutisme, c'est sa meilleure preuve d'amour et de respect.

Une paria dans un abîme de solitude

Camille vit confinée.

Privée de liberté, surveillée dans chacun de ses faits et gestes, elle habite un lieu clos. Une barrière, de hauts murs, des fenêtres barricadées, des portes fermées à clef ; elle ne peut aller et venir qu'à l'intérieur d'un domaine gardé ; même au sein de son pavillon, des infirmières, relayées la nuit par des veilleuses, observent le moindre de ses mouvements.

Internée à Ville-Evrard en mars 1913, elle est transférée le 7 septembre 1914 dans le Sud de la France avec les autres malades de l'établissement : seule l'avancée des troupes allemandes vers la capitale a pu justifier ce voyage, sous haute surveillance. Elle ne quittera plus l'asile de Montdevergues, dans le Vaucluse, où le Dr Broquère atteste et confirme à son premier examen qu'elle est atteinte du « délire systématique de persécution ». Elle y mourra en 1943, au terme d'une longue vie recluse.

Au total, trente ans d'internement ininterrompu. A l'exception de quelques rares promenades en Avignon, elle ne sera jamais sortie des limites de son petit monde, refermé sur soi.

Destinée sédentaire. Emploi du temps monotone et statique, dans un décor qui mêle l'hôpital, le monastère et la prison.

Ses mouvements ?

Camille marche dans sa chambre où, les infirmières en sont frappées, elle fait souvent les cent pas, y compris la nuit quand, en proie à une insomnie, elle ne peut pas dormir. La marche défoule son énergie, intacte malgré l'enfermement et la mauvaise nourriture, et l'aide à décharger ses idées noires, invariablement les mêmes – on veut la piller, on veut l'empoisonner.

Inlassable, elle parcourt aussi le jardin. Là, elle est plus détendue, plus gaie. Dans son dossier médical, les rapports des infirmières ne varient pas : ils attestent le plaisir que prend Camille à arpenter de long en large les allées de Ville-Evrard et de Montdevergues. Ville-Evrard lui offrait plus de variété : les serres, le verger, le potager, le poulailler et les étables où elle pouvait aller voir les bêtes, lui rappelaient le temps de son enfance campagnarde.

Elle aime faire des emplettes. Comme elle dispose d'un peu d'argent de poche, elle fréquente le débit de tabac – un kiosque où l'on vend aussi des biscuits, des bonbons, des œufs. N'ayant pas renoncé à ses obsessions d'empoisonnement et se méfiant de ce qu'on lui sert au réfectoire, elle se nourrit elle-même de bric et de broc. La nourriture qu'elle s'achète fait partie de ses rares joies.

Hormis ces déplacements très limités au cœur de l'asile, elle aime à rester assise sur une chaise qu'elle place, l'hiver, à la porte de sa chambre, dans le couloir, et l'été, à l'air frais, à côté de la porte d'entrée du pavillon. Elle passe des heures ainsi, à méditer. Les infirmières la surprennent à parler, à sourire et même à rire toute seule – dans ces circonstances accablantes, elle n'aura jamais perdu le sens de l'humour. Le reste du temps, elle demeure immobile et silencieuse, telle une statue.

Camille vit seule. Elle ne se fait pas d'amies. Elle connaît forcément les malades, les infirmières, mais elle garde ses distances. Elle se méfie de tout le monde, surtout des médecins. Elle ne tisse pas de liens.

Elle va tenir trente ans dans cet isolement.
Trente ans de solitude.

20 juillet 1914 : rapport de la veilleuse Lagarde, à
Ville-Evrard.

« Se tient à l'écart de tout le monde. Parle et rit
seule. Ne s'occupe à aucun travail manuel, fait les
courses ce qui lui fait plaisir, se demande par moments
pourquoi on l'a enfermée dans une maison de folles
pour la faire souffrir, car ce n'est que des maisons de
torture et de souffrance, la nuit comme le jour on vous
travaille. Répète sans cesse qu'elle est "une pauvre
séquestrée sans famille". »

Les visiteurs sont rares. Et même rarissimes. Hormis
Paul, elle a beau réclamer à grands cris sa mère,
Louise-Athanaïse s'abstient du voyage. Aucune visite
en trente ans. Sa sœur Louise ne se montre pas plus
assidue : elle lui rend une visite, qui restera la dernière,
en octobre 1930. Les deux sœurs ne se sont pas vues
depuis dix-sept ans et ne se reverront plus. Louise,
qu'accompagnent en cette unique occasion son fils et
sa jeune épouse, préférera les décourager de retourner
auprès de leur tante.

L'amie anglaise de Camille, Jessie Lipscomb, qui
partagea son atelier et les premiers cours de Rodin,
viendra la voir deux fois à Montdevergues, avec son
mari William Elbourne : en mai 1924 et en décembre
1929. C'est une exception. William Elbourne photographie Camille, assise sur sa chaise – elle a déjà

soixante-cinq ans. C'est le seul témoignage visuel de ses années d'asile.

Trois visites donc, en trente ans, s'ajoutent aux quatorze de Paul : en moyenne, moins d'une visite par an !

C'est que Madame Claudel a donné de sévères consignes au directeur de Montdevergues, après celui de Ville-Evrard. Sa fille doit être tenue au plus strict isolement. « Visites interdites » : l'ordre est noté et souligné dans le Livre de Loi de Montdevergues, où tous les pensionnaires sont enregistrés dès leur arrivée. Il ne sera jamais abrogé.

A Ville-Evrard, Charles Thierry avait tenté de voir Camille. Il s'était même présenté à la loge du concierge, mais il avait dû rester à la grille et rentrer à Paris sans avoir vu sa cousine. Les consignes maternelles sont scrupuleusement respectées. Pour Jessie, il a fallu une autorisation spéciale ; la levée de l'interdit ne s'est pas renouvelée par la suite.

Camille, pour seuls contacts avec l'extérieur, doit donc se contenter des lettres qu'elle reçoit. Or, même celles-ci sont rares car Madame Claudel, traumatisée par l'« affaire de Ville-Evrard », n'a plus jamais levé l'interdiction qui gèle la correspondance de Camille. « Lettres interdites », consigne le Livre de Loi. Il mentionne les noms et adresses des seuls correspondants autorisés : Madame veuve Claudel, à Villeneuve-sur-Fère-en-Tardenois, Madame de Massary, à la même adresse et Monsieur Paul Claudel, ambassadeur de France, enregistré d'abord rue de Passy, à Paris, puis à son château de Brangues.

Aucune autre personne, ami(e), cousin(e), ou consort n'a le droit de communiquer avec Camille. L'interdiction de Madame Claudel, souvent réitérée, est formelle. Les lettres de Camille adressées à un correspondant qui ne serait pas enregistré dans le Livre de Loi, ne doivent pas être postées, et celles qui lui sont destinées, d'un correspondant autre que les précités, ne doivent pas lui être remises. Le directeur de l'établissement, chargé de filtrer l'abondant courrier de la pensionnaire, respectera là aussi la consigne : nombre de lettres de Camille ou de ses destinataires se trouvent encore aujourd'hui, pour la plupart non décachetées, dans son dossier médical.

Madame Claudel à la Supérieure de Montdevergues, le 16 janvier 1915 : « Ma fille me dit dans une de ses lettres qu'elle écrit de tous côtés des quantités de lettres. J'espère que celles-ci restent chez vous, car j'ai bien des fois recommandé qu'on n'envoie jamais et à qui que ce soit ces maudites lettres qui, l'année dernière, nous ont tant de fois causé des misères. Sauf à moi et à son frère Monsieur Paul Claudel, j'interdis formellement qu'elle écrive à qui que ce soit et qu'elle reçoive de n'importe qui, aucune communication, visite ou lettre. Je ne puis vous dire quel danger il y a de la laisser écrire à n'importe qui. J'espère qu'on ne l'a fait sous aucun prétexte. »

Ou encore, cette fois au directeur : « Je me demande avec la plus grande inquiétude comment elle s'y prend pour me faire parvenir des lettres par d'autres intermédiaires que le médecin ou vous-même. J'en suis excessivement inquiète car elle peut tout aussi bien écrire à d'autres personnes. (...) Je vous supplie à nouveau, Monsieur le directeur, de vous informer par qui elle fait passer des lettres et de lui interdire d'écrire par d'autre voie que celle de l'administration. »

L'isolement de Camille est ainsi rendu total. Elle s'en insurge. Sa mère lui envoie régulièrement des colis, contenant de la nourriture et des vêtements. Mais aucun colis, si généreux soit-il, ne remplace l'affection d'une visite ou d'une lettre.

Le 23 mars 1913 : « Ma bonne mère,

J'ai bien reçu les objets que vous m'avez envoyés. Voilà bien de l'argent dépensé. Avec le quart de cet argent-là, j'aurais vécu bien tranquille, longtemps, dans mon quai Bourbon où j'étais si bien. Ça va-t-il durer longtemps cette plaisanterie-là ? Y en a-t-il encore pour longtemps ? Je voudrais bien le savoir.

Vous ne pourriez pas me donner quelques renseignements à ce sujet ? Je n'en serais pas fâchée.

Je ne me doutais pas de ce qui m'attendait encore cette année, c'est une drôle de surprise ! Après avoir déjà tant souffert !

Drôle de fête de Pâques que vous me faites passer là. Veuillez s.v.p. me faire savoir une réponse si vous le pouvez toutefois.

Camille. »

Surveillée, ayant pleinement conscience des interdits qui pèsent sur elle et n'ayant pas perdu les ressources de son intelligence, elle parvient à détourner l'autorité maternelle pour tenter de renouer des contacts avec son entourage. Elle envoie des messages au-dehors, par l'intermédiaire d'une garde ou d'une infirmière plus indulgentes ou auxquelles elle a « graissé la patte [1] », selon son expression. Comme cette Madame Veuve Blanc, résidant Tour Philippe Le Bel à Villeneuve-lès-Avignon, dont elle écrit à Henriette Thierry, en 1915, qu'elle a été « assez bonne pour lui offrir son aide ». Elle recommande à sa cousine de glisser ses lettres dans une petite enveloppe indiquant son nom, à l'intérieur d'une plus grande, rédigée au nom et à l'adresse de son intermédiaire… Atmosphère de secret, de complot. Pauvre subterfuge, imaginé par une prisonnière mise au ban.

Madame Claudel s'en aperçoit : « J'ai reçu hier, par je ne sais quel intermédiaire, deux lettres de ma fille dans lesquelles elle se plaint beaucoup [2]… » Elle demande qu'on resserre la surveillance. Elle veut que Camille soit gardée hors de tout contact avec le monde extérieur. Elle

---

1. Lettre de Camille à Paul, 1932.
2. Lettre de Madame Claudel à la Supérieure de Montdevergues, 16 janvier 1915.

se montre le plus sévère des gardiens de Camille. La solitude de sa fille et le chagrin qu'elle en ressent lui importent moins que les médisances ou les calomnies.

Ni indulgence ni pitié de sa part : jusqu'à sa mort, Madame Claudel restera inflexible. Quand Camille la supplie de la laisser rentrer à Villeneuve et de revenir vivre près d'elle « comme autrefois », elle écrit aussitôt, affolée, au directeur.

11 septembre 1915 : « Cela n'est pas possible. Je suis très âgée et ne veux à aucun prix accéder à sa demande. Je n'aurais aucune autorité sur elle et devrais souffrir tout ce qui lui plairait. Jamais je ne consentirai à cet arrangement. Elle nous a trop souvent fait marcher. »

20 octobre 1915, Camille insiste : « Je ne veux à aucun prix la retirer de chez vous (...) et quant à la prendre avec moi ou la remettre chez elle, comme elle était autrefois, jamais, jamais. J'ai 75 ans, je ne puis me charger d'une fille qui a les idées les plus extravagantes, qui est remplie de mauvaises intentions à notre égard, qui nous déteste et est toute prête à nous faire tout le mal qu'elle pourra. S'il faut ajouter un supplément au prix de sa pension pour qu'elle ait un peu plus de confortable je ne demande pas mieux, mais gardez-la, je vous en supplie.

(...) Enfin elle a tous les vices. Je ne veux pas la revoir, elle nous a fait trop de mal. »

Même quand les médecins de Montdevergues, après cinq ans dans leurs murs, constatent chez leur patiente une diminution et un espacement rassurant des signes paranoïaques, Madame Claudel refusera de la laisser sortir. Elle suppliera les médecins et le directeur de la garder encore. Car elle a peur de sa fille – « elle nous déteste... elle est toute prête à nous faire tout le mal qu'elle pourra ». Voici ce qu'elle écrit au directeur de l'asile, en juin 1920 : « Si elle sortait de chez vous elle recommencerait immédiatement j'en suis certaine et nous causerait les plus grands ennuis. On ne peut mettre en liberté les persécutés sans grand danger car en se retrouvant dans leur milieu, ils reprennent vite leurs idées.

Je ne suis pas chez moi mais chez ma seconde fille ; je suis très âgée, souvent malade, je ne puis donc recevoir celle qui est chez vous, ni vous autoriser à tenter cet essai de sortie. »

Camille : « celle qui est chez vous »... L'expression en dit long sur la volonté de garder la distance et de marquer la séparation.

En revanche, la mère dit souvent « nous » au lieu de « je ». Qui ce « nous » désigne-t-il ? Elle-même sans doute, mais collectivement ceux qui partagent sa vie au quotidien : sa fille Louise et le fils unique de cette dernière, Jacques de Massary, auquel elle vient de vendre sa maison de Villeneuve ! Pour assurer l'avenir de ce petit-fils, qui est maintenant marié (à Cécile Moreau-Nélaton) et s'apprête à lui donner des arrière-petits-fils Massary, elle compromet définitivement le retour de Camille dans la maison de son enfance. Mais elle lèse aussi son fils Paul, qui a toujours aimé entre deux postes à l'étranger retrouver le vieux foyer, près de l'église et du cimetière. Il est vrai qu'aux yeux de sa mère, il passe beaucoup de temps ailleurs, non seulement à l'étranger mais, même quand il est en France, parmi la nombreuse parentèle de sa femme, à Hostel, dans le Bugey.

Quoiqu'elle associe Paul à chacune de ses démarches et promette chaque fois au directeur d'en discuter avec son fils, « Monsieur Paul Claudel », quand un problème se présente, le « nous » de la mère, « nous » familial, qui regroupe Madame Claudel et le clan Massary, et lui associe le fils lointain et prestigieux, ce « nous » exclut Camille.

Elle ne fait plus partie de la famille.

Le patriarche et ses tentations

Paul vit au sein d'une famille nombreuse. Son épouse lui a donné rapidement cinq enfants. Trois filles et deux garçons. L'aînée, Marie, de même que le premier fils, Pierre, sont nés en Chine, respectivement en 1907 et 1908. Reine est née à Prague, en 1910. Puis, Henri, à Francfort, en 1912. La petite dernière, Renée, voit le jour en 1917, alors que son père exerce ses fonctions de ministre plénipotentiaire à Rio de Janeiro. La tribu Claudel plonge ses racines dans le monde entier. La marraine de Reine est une amie tchèque, Zdenka Braunerova, artiste peintre qui illustre des livres et crée des ex-libris. Paul fait souvent appel à son talent. Celle de Renée est la célèbre comédienne italienne Eleonora Duse – la Duse – qu'aima le poète Gabriele D'Annunzio.

Les enfants ont chacun un surnom qui a tendance à faire oublier le prénom de baptême. Marie est dite Chouchette et Reine Gigette, Pierre est Bobiche et Henri, bien sûr, Riri, Renée, tantôt Dodine et tantôt Nénette. « Mon mariage est en deçà de la mer, une femme et ces enfants que j'ai eus en rêve. Tous ces yeux où j'ai lu un instant qu'ils me connaissaient, tous ces gens comme s'ils étaient vivants que j'ai fréquentés. Tout cela est pareil une fois de plus aux choses qui n'ont jamais été [1]. » Très tendre avec ses enfants, ému aux larmes quand l'un d'eux pose une joue contre la sienne ou sa tête contre son épaule, il aime leurs babils, leurs rires, leurs jeux. Il en invente souvent pour eux : il les amuse ou les terrifie en inventant des contes à dormir debout. Souvent lointain ou distrait, ou plongé dans la lecture d'un journal, il se montre affectueux et indulgent à leur égard, démentant sa légende d'homme intransigeant : « J'ai des enfants, écrit-il à Louis Massignon. Il me semble qu'ils pourraient m'avouer les pires erreurs et que je leur pardonnerais toujours... » Autour de lui, en famille, l'atmosphère ne rappelle en rien celle de Villeneuve où il vécut une enfance tendue et ombrageuse. A table, on parle, on rit, on chahute. On ne se dispute pas trop, la bonne humeur est de mise. Paul a banni de chez lui les tensions qui ont gâché ses jeunes années.

S'il tutoie les enfants, il vouvoie sa femme, qui remplit parfaitement son rôle d'épouse, de mère et de maîtresse de maison. Ce n'est pas facile quand il faut chaque fois trouver de nouvelles écoles et aider les enfants à s'adapter à de nouveaux pays. Petits, ils suivent leur père dans ses périples. Pierre, le fils aîné, est mis en pension en France, au collège Stanislas. Henri souffre très jeune d'une tuberculose osseuse, qui l'oblige à une longue cure à Berck et le prive notamment du Brésil : Madame Claudel passera des mois entiers à ses côtés. Ce sont les deux filles aînées qui ont le plus profité des déplacements de leur père : elles ont nagé à Rio, monté à cheval dans les propriétés de leurs amis brésiliens, visité elles aussi les sites fabuleux du Japon, joué au bridge dans les clubs huppés des Occidentaux et connu leurs premiers flirts dans des décors de cinéma où les palmiers, les cerisiers en fleur,

---

1. *Le Repos du septième jour*, *Théâtre* I, *op. cit.*

les peaux métissées des cariocas et les visages maquillés des acteurs du théâtre Nô ont dû plus d'une fois se confondre dans des rêves hauts en couleur.

Le bruissement familial, fait des innombrables conversations avec les enfants, accompagne Claudel partout. Il instaure avec eux un dialogue, se préoccupe de leurs joies, de leurs peines, bientôt de leurs amours. Inévitablement, la tribu s'agrandit. Marie épouse Roger Méquillet, dont elle aura trois fils. Pierre épouse Marion Cartier, fille du créateur de la célèbre maison de joaillerie : ils auront cinq enfants ; leur fille aînée s'appelle Violaine.

Henri se marie à une jeune Grecque, Christine Diplarakos. Quatre enfants sont issus de leur union, dont une fille appelée Marie-Sygne.

Reine, après un amour déçu pour Victor Point, le fils « adoptif » du peintre Armand Point, ami de Berthelot, (Victor Point se suicidera), convole en justes noces avec le diplomate Jacques-Camille Paris, ancien secrétaire d'ambassade de Claudel à Washington et l'un des futurs fondateurs du Conseil de l'Europe. Là, six enfants naîtront, dont une petite Camille… et Reine-Marie Paris qui consacrera toute une œuvre à la mémoire de sa grand-tante.

Quant à la dernière, Nénette, elle devient Madame Jacques Nantet, et met au monde deux enfants.

Au total, cinq enfants, deux brus, trois gendres et vingt petits-enfants.

Parmi ceux-là, une mort tragique : celle, en bas âge, du petit Charles-Henri, fils de Reine et de Jacques Paris. Paul Claudel demandera à être enterré près de ce petit-fils dont la mort l'a bouleversé et dont le prénom composé, semblable à celui que ses parents avaient donné à son frère, mort avant sa naissance, après quinze jours d'existence, devait être un gage de malheur.

Cette vaste famille, sur laquelle Paul exerce une aura de paterfamilias, n'en souligne que davantage la solitude de Camille : elle vieillit seule, au milieu de malades qui lui sont indifférents. Exclue du cercle et de la vie de famille, elle reste une pestiférée. On ne la sort sous aucun prétexte. Elle n'assiste à aucun mariage, à aucun baptême. Ni à un seul Noël ou à une fête de Pâques.

On la tient à l'écart même des enterrements. Elle ne sera présente ni à celui de sa mère, morte à quatre-vingt-sept ans, en juin 1929, ni à celui de sa sœur Louise, emportée par la maladie en mai 1935, ni à celui du petit Charles-Henri, ou à celui de son neveu, Jacques de Massary – ce neveu au profit duquel elle a cru autrefois qu'on voulait la déposséder.

La vie, la mort des siens se déroulent sans elle.

A l'extrême opposé de cette solitude, une multitude de gens – pour la plupart des relations plutôt que des amis – entoure son frère. Son métier exige qu'il sorte dans le monde. C'est même un des principes de sa fonction. La diplomatie s'exerce dans le contact.

Combien de personnalités composent son carnet d'adresses ? La liste, par son exubérance, aurait sans doute ahuri Camille, tout à l'étroit dans son pavillon.

Visages et silhouettes... Ce réseau de relations, plus ou moins étroites, plus ou moins marquantes ou essentielles, entoure Paul Claudel, tel un deuxième cercle après celui de sa famille.

Parmi les personnalités de ce deuxième cercle, figurent d'abord les diplomates : ambassadeurs étrangers, ambassadeurs de France, chargés de mission, consuls généraux et simples consuls, attachés militaires, culturels ou commerciaux, secrétaires d'ambassade, jusqu'au secrétaire général du Quai d'Orsay, longtemps son ami Berthelot (que remplacera son homologue, le poète Saint-John Perse, qui fut pendant quinze ans en poste en Extrême-Orient). Claudel aura personnellement connu au long de sa carrière une ribambelle de ministres des Affaires étrangères, qui alternent ou se succèdent selon le rythme saccadé propre à l'histoire de la Troisième République. Avec « sa voix de violoncelle » et son « nez de marin pour prendre l'air du temps », Aristide Briand a de loin sa préférence, qui fut avec Berthelot, longtemps, son principal protecteur ; il a surtout apprécié ses qualités d'écoute et son immense amour du parler-vrai. « Quand l'Europe a pris congé du bon sens, Briand a pris congé de la vie », écrit-il pour lui rendre hommage[1]. Alexandre Ribot, Louis Barthou, Pierre Laval, André Tardieu l'ont moins marqué. Edouard Herriot, maire de Lyon et pianiste amateur, Normalien épris de toutes les formes d'art, président du parti radical-socialiste qui sut entraîner avec lui « le flot populaire et bourgeois comme le Rhône qui avale d'un seul trait la verdâtre Araris sous le pont de la Guillotière[2] », lui impose à son tour respect et admiration. De même que Briand, il le considère comme un ami. Il est vrai qu'Herriot aime bien Claudel et veille à son tour à sa carrière qui s'achève avec les ministères de Joseph Paul-Boncour et d'Edouard Daladier. Hautes figures de la laïcité, ils n'ont pas tous été indulgents à l'égard de son catholicisme militant.

« Monsieur le Consul », « Monsieur le Ministre », « Monsieur l'Ambassadeur »... Ses titres en imposent. Il porte uniforme, bicorne et décorations, quand il rend visite à un roi ou à un président.

---

1. « Briand », dans *Souvenirs de la Carrière*, *Œuvres en prose*, *op. cit.*
2. « Edouard Herriot », dans les *Nouvelles littéraires* du 23 mai 1936.

A l'étranger, grâce à ses fonctions, le cercle de ses relations s'élargit.

Il reçoit, afin de défendre les intérêts français, des banquiers, des industriels, des hommes d'affaires et même des affairistes – c'est un défilé incessant. Déjeuners, dîners, cocktails et réceptions composent son ordinaire. Il déteste les mondains et les mondanités, mais il ne peut pas les éviter. C'est même, en apparence, le tissu de sa vie.

Il reçoit à la résidence de France des hommes politiques, des artistes, des professeurs et des recteurs d'université, des aventuriers et des femmes du monde. Il ne sait pas toujours qui il reçoit.

Il rencontre trois présidents des Etats-Unis : Calvin Coolidge, « avec ses petits yeux inquiets et perçants, au-dessus d'une bouche toujours à grignoter quelque noisette[1] », Herbert Clark Hoover, « spécialiste en catastrophes et calamités diverses[2] », et enfin Franklin Roosevelt, « vaste crâne », « mâchoire puissante »[3], dont il peine à reconnaître le charisme mais qu'il finit par saluer comme un grand homme d'Etat.

Il assiste aux funérailles du Mikado ; il est reçu par le roi des Belges, Albert Ier, auquel il remet ses lettres de créance, et par le pape Benoît XV, qui lui donne la communion le jour de la Pentecôte.

Au Brésil, Ruy Barbosa, le fondateur de la République, qui mène un difficile combat contre l'esclavage, l'accueille à bras ouverts. Il fait la connaissance d'un colonel qui répond au nom impressionnant de Virginien de la Partoncule et d'un chef de bandits, qui le retiendra un bref moment prisonnier, Gonzalve-à-la-dent-d'or.

---

1. *Cahiers Paul Claudel* XI : « Claudel aux Etats-Unis », Gallimard, 1982.
2. *Ibid.*
3. « Mes souvenirs sur Franklin Roosevelt », dans *Contacts et Circonstances, Œuvres en prose, op. cit.*

Eclectisme. Mais aussi richesse de ses rencontres, qui stimulent son imagination et sa curiosité. Voici le pianiste Arthur Rubinstein. Claudel qui le reçoit à Rio, à l'occasion d'une tournée en Amérique du Sud, lui demande de poser pour une série de photographies... Voici Vaslav Nijinski, le fabuleux danseur des Ballets russes, l'interprète aérien du *Prélude à l'après-midi d'un faune* et du *Sacre du printemps*. Comme Camille, un jour, il sera « fou »... mais Claudel l'ignore quand il accueille cette idole vivante, « dieu aux pieds ailés », à sa résidence de la rua Paysandu. « Les pieds enfin ont quitté la terre ! (...) Elance-toi, grand oiseau !... » Il ne connaîtra pas « le voile noir sur la face du divin danseur ».

Des visages anonymes, non moins nombreux que les illustres, se gravent dans sa mémoire. Tirés de ce fonds de voyages, de terres et d'océans, ils jouent leur propre partition, mêlant leur folklore au sens profond de tout voyage : deux pêcheurs chinois sur une barque, un jour de fête et de feux d'artifice ; un grand esclave noir, au Brésil, portant un cercueil d'enfant sur la tête et chantant, en grattant sa guitare, sur la route du cimetière ; ou le lutteur de sumo, ce dieu vivant, qui se frotte avec du sel et se gargarise avec une gorgée d'eau avant la lutte. Les plus humbles individus ont intéressé Paul Claudel autant que les hauts dignitaires, au cours de ses pérégrinations. Mais jamais il n'a été comme sa sœur, hors du monde et de son ébullition.

Il participe en acteur aux grands événements de son temps. Parfois même, comme aux Etats-Unis, au moment du pacte Briand-Kellogg, et au Danemark pour décider du sort du Schleswig-Holstein, il est assis à la table des négociations. Il signera le premier, posera son sceau sur le second traité. Autant Camille est repliée sur elle-même, autant sa vie est faite de rencontres, d'entretiens, d'échanges.

De très belles femmes circulent également dans l'univers de Paul et provoquent chez lui des tentations qu'il ne se donne pas le droit d'assouvir. « La violence des femmes est dans leurs appas. » Les pièces qu'il écrit et qui commencent enfin à être jouées lui valent des admiratrices ferventes de son œuvre.

On peut le croire comblé d'attentions, de respect, de tendresse, voire d'amour. Or, tout ce tumulte, où se mêlent enfants, ministres, ambassadeurs, mondains de toutes sortes, écrivains, comédiens, n'est peut-être qu'un leurre, qui cache une solitude profonde. Un cœur jamais consolé.

Il suffit de lire quelques pages de Paul Claudel, en vers ou en prose, quelques répliques de son théâtre, sinon tout *Le Soulier de satin*, pour s'en persuader : il est un homme seul.

Et un homme dont les désirs ne peuvent pas être comblés. « Tout plaisir que le monde peut nous offrir n'est qu'une allusion. On ne se nourrit pas d'allusions. L'Art ne fait pas autre chose qu'irriter le désir sans le satisfaire[1]. »

D'où lui vient ce sentiment d'extrême solitude, sinon de la blessure de l'art ? Il essaie de la guérir, en écrivant sans cesse, comme un enragé.

A moins qu'elle ne lui vienne de la blessure de sa sœur – un drame qu'il n'affronte pas.

Ou, de la plaie jamais refermée d'un premier amour bafoué ?

Il a revu Rosie.

D'abord, elle lui a écrit : c'est elle qui a pris l'initiative. Lorsqu'il a reconnu son écriture, le 2 août 1917,

---

1. *Emmaüs*, Gallimard, 1949.

parmi l'abondant courrier diplomatique qu'il reçoit à Rio, il a pâli, est sorti arpenter à grands pas le jardin de la résidence. Il lui a aussitôt répondu : treize ans s'étaient écoulés.

Ce même jour, sa femme lui apprend la naissance de sa dernière fille, Renée.

C'est la guerre – l'année de la bataille de Verdun. John Lintner est prisonnier en Pologne, les trois fils aînés de Rosie sont au front : Teddy va y laisser la vie, cette même année. Elle a beaucoup de soucis, notamment matériels, et lui demande son aide. Son appel n'est pas désintéressé, loin s'en faut...

Il la retrouve quatre ans plus tard, à Paris, alors qu'il transite entre le Danemark et le Japon : l'hôtel Meurice est le cadre de ces retrouvailles secrètes, en décembre 1920. Paul fait la connaissance de sa fille Louise, l'aînée de tous ses enfants. Elle ne porte pas son nom mais, « boulotte, intelligente » (c'est lui qui la décrit), elle lui ressemble par plus d'un trait. Plus tard, avant que la vie diplomatique ne le reprenne dans son maelström, il accompagne Rosie à Londres, escorté par ses amis Berthelot, comme au bon vieux temps de Fou-Tcheou... Ils logent à l'hôtel Grosvenor.

Il entretient dès lors une correspondance assidue avec Rosie. Il la revoit à maintes reprises. Tenu informé des moindres détails de la vie de son ancienne maîtresse et de leur enfant adultérin, il les entretient financièrement, leur allouant une rente dont il se préoccupe qu'elle puisse continuer d'être versée après sa mort : il en confie le soin à l'aîné de ses gendres. Apprenant cette « fidélité », Madame Claudel ferme la porte de sa chambre à son époux. Apparences sauves, mais couple fracturé. Elle écrit à Rosie, qui ne renoncera jamais à aucun luxe, pour lui demander de ne pas ruiner sa famille avec ses exigences.

D'autres visages se superposent cependant au visage vieillissant de l'aimée.

Une jeune comédienne belge, aux yeux verts pailletés de jaune – des yeux de jeune crocodile, lui dira-t-il [1] –, récite si bien ses poèmes qu'il est tombé amoureux d'elle. Elle s'appelle Eve Francis : un prénom prédestiné pour jouer du Claudel. Eve, la femme au serpent, la tentatrice, la damnatrice... Elle crée le rôle d'Ysé, lors de la toute première représentation de *Partage de midi*, en 1916 : soirée théâtrale privée, devant une assistance choisie, dans le salon des Berthelot. Sa somptueuse robe noire et or, sa voix chaude et mélodieuse s'emparent aussitôt du cœur du poète, sous les applaudissements d'Alexis Léger, de Misia Sert, du peintre André Derain. Séduit, presque envoûté, il l'emmène en tournée pour une récitation de ses œuvres : d'abord en Suisse, où Eve Francis lit le *Cantique du Rhône* ainsi que des *Poèmes de guerre* qui « feraient marcher les pierres [2] ». Puis en Italie. Elle y remporte un grand succès avec des vers de *L'Otage*, tandis que, tout inspiré par le double charme d'Eve et de l'Italie, Paul commence d'écrire près d'elle *Le Père humilié*. Elle visite avec lui Milan, Turin, Bologne et le quitte à Florence tandis qu'il continue seul son voyage jusqu'à Rome, « ville éternelle, berceau du christianisme » – la ville d'Italie qu'il préfère et aurait voulu lui faire connaître. Il lui explique les églises et les peintures, les places, les statues de l'Italie du Nord. Elle l'écoute avec dévotion. Lui n'est pas tout entier absorbé par les vestiges et la culture, les paysages ou la douceur du climat. La jeune femme le fascine. Il croit voyager avec Ysé. D'autant que ce voyage de poésie se déroule dans une troublante intimité. Ils descendent dans les mêmes hôtels, déjeunent, dînent aux mêmes tables. Paul tâche

---

1. Eve Francis, *Un autre Claudel*, Grasset, 1973.
2. *Ibid.*

de résister au feu qui le consume mais un jour, malgré ses bonnes résolutions, il finit par céder à son élan. C'est le printemps à Milan : assis à côté d'elle, « dans le frémissement des feuilles sur les platanes de la place », il appuie tout à coup sa joue sur son épaule et lui dit : « Je vous aime, Francis[1]. »

La belle comédienne a beau révérer le poète, elle n'est pas du tout attirée par l'homme. Elle le repousse avec gentillesse et fermeté, le renvoyant à sa vie ordinaire : la solitude peuplée d'enfants de sa Maison fermée et la nostalgie de ses ardeurs de jeune homme, à Fou-Tcheou. Ils resteront amis.

> « *Adieu Eve, fini notre rêve (...)*
> *Fin de ce visage défendu et l'amère douceur de ces choses qui sont interdites.*
> *Halte au buffet d'Arona, le petit gant blanc qui s'agite*
> *Et le commencement du silence*[2]. »

Une autre tentatrice, anglaise cette fois, épouse d'un diplomate britannique en poste à Rio, lui fait à son tour perdre la tête. Audrey Parr est brune, bien en chair, piquante et virevoltante. Avec un profil grec admirable (d'après Arthur Rubinstein) et des yeux noirs. Elle ne récite pas ses vers, mais elle dessine pour lui des illustrations de ses pièces, des projets de décor ; charmé, il les adresse à son éditeur pour de futures éditions illustrées, mais Gaston Gallimard, sans doute moins sensible à la main qui les a dessinés, les lui renvoie par retour de courrier... Paul la surnomme Margotine, comme la fée noire d'un conte pour enfants.

---

1. Eve Francis, *op. cit.*
2. Paul Claudel, Francis Jammes, Gabriel Frizeau, *Correspondance, op. cit.*

La fée l'accompagne à des réceptions, au théâtre, au concert, et à de longues promenades en tête à tête. Le diplomate Henri Hoppenot, qui travaille alors à ses côtés : « Claudel tournait comme un gros papillon de nuit autour de cette flamme virevoltante. »

De même qu'à Eve Francis, il a plus tard l'idée de lui offrir un kimono. Ou, plus exactement, un haori, sorte de long manteau, assez ample pour contenir les formes généreuses de ces deux reines de beauté. Un haori rouge pour Audrey la brune et un haori bleu pour Eve la blonde... Mais là encore, malgré son assiduité et ses cadeaux, malgré ses mots de poète et ses prières ardentes, il n'obtient pas de réponse à son amour. Audrey le repousse, comme Eve, même si elle se dit elle aussi heureuse de pouvoir rester son amie. Très libre, elle lui raconte ses folies, ses conquêtes, mais ce sont d'autres hommes qui bénéficient de ses faveurs. Remariée avec un officier britannique, elle mourra en 1940, au volant d'une ambulance qu'elle propulsera sur un platane.

Eve, de son côté, l'interprète sans rivale qui a prêté sa voix et son visage, tout son corps souple et musical, à ses héroïnes fétiches – Ysé, Marthe ou Violaine –, épousera le cinéaste Louis Delluc. C'est Madame Claudel qui en informe son époux : elle a soigneusement découpé le faire-part, à son intention, dans *Le Figaro*.

D'autres femmes le feront rêver : l'Américaine Agnes Meyer, épouse du directeur du *Washington Post*, traductrice de Thomas Mann et auteur d'un livre sur le peintre chinois Li Lung-Lien. Son protestantisme excite son désir de la convertir et il lui lit, feuille à feuille, ses commentaires de l'Apocalypse. Il y aura également la romancière roumaine Marthe Bibesco : authentique princesse aux immenses yeux clairs, amie de Proust (que Claudel déteste !) et cousine d'Anna de Noailles (qu'il a beaucoup fréquentée), auteur de ce roman paru en 1936, *Egalité*... Elle voit malheureusement en lui un père. Il éprouvera une vive attraction pour Aliki Weiller, la femme de Paul-Louis Weiller, ancienne reine de beauté qu'il appelle « la belle Grecque ». Sœur de sa belle-fille (épouse d'Henri), née Diplarakos, il encourage ses efforts pour devenir comédienne et lui fait réciter, sans grand succès, des tirades de ses pièces ! Il y aura Daisy Fellowes qui l'initie aux bals apaches et Macha Romain-Rolland, qui fut bolchevique au temps de sa jeunesse russe ! Hormis Rosie, la douce, passive et molle Rosie, il aime les femmes originales et talentueuses : les actrices, les romancières, les peintres-graveurs, les dessinatrices, en bref toutes celles qui possèdent une âme d'artiste.

Mais ce sont, à chaque fois, des amours impossibles, interdites ou déçues.

Même si chaque jeune et beau visage entr'aperçu fait battre son cœur jusqu'après ses quatre-vingts ans, la Maison fermée est décidément tout ce qu'il peut avoir : comparée au grand Amour, c'est la portion congrue. Ce refuge de tendresse, solide et bien ancré sur la terre, qu'il respecte et qu'il aime, est cependant dépourvu du feu qu'il préfère, et de tout ce que son théâtre dit si bien – la fièvre, la folie, les bouleversements de la passion.

Après Rodin, Camille n'a plus jamais aimé.

Après Rosie, Paul n'a jamais cessé de poursuivre des chimères : le rêve d'une union impossible où seraient réconciliées la douceur, la fidélité du cœur et les délices de la chair. Seules ses héroïnes peuvent donner corps à ses désirs. Les femmes dont il s'éprend, en se refusant à lui, demeurent inaccessibles.

Les routes ? La fatigue ? Le remords ? Ou la peur de ce qui l'attend à la Maison spéciale ? Il peine de plus en plus, les années passant, à se rendre dans l'asile du Vaucluse où Camille, jadis aussi belle qu'Eve, Audrey ou Agnes, n'est plus devant ses yeux qu'une petite vieille, enlaidie d'un vilain chapeau cloche et d'un manteau de laine élimé. Une pauvresse.

Peut-il alors entendre l'écho de ces vers qu'il a écrits à vingt ans, sans savoir qu'ils préfigureraient le tragique destin de sa sœur ? Car c'est bien elle qu'on entend quand la Princesse de *Tête d'or*, « revêtue de feuilles et de peaux de bête et étendue par terre », s'écrie :

> *« J'ai froid ! J'ai faim !*
> *Est-ce que cette nuit affreuse ne va pas finir ?*
> *Et cependant déjà je vois les astres du matin et*
> *Mars rose et doré brille au-dessus de ma tête.*
> *O constellations qui vous penchez sur les hommes !*
> *O cité du ciel nocturne, ayez pitié de moi ! »*

Tandis que le Capitaine, touchant son corps du bout de sa lance :

> *« Cela vit. Mais je ne sais si c'est une bête ou une femme. »*

« *Ta sœur en exil* »

Construit sur une colline battue par le mistral quand
il se déchaîne, l'asile de Montdevergues est un des plus
anciens établissements en France à accueillir les
patients souffrant de maladies mentales. Plus ancien
encore que Ville-Evrard, puisque les premiers « aliénés » y sont attestés dès 1866. A l'origine une ferme
fortifiée, l'« Asile public d'aliénés », ainsi appelé jusqu'en 1942, offre un ensemble composite de bâtiments
de pierres, pour la plupart à deux étages, austères et
nus. Peu d'arbres sur cette colline pelée. Ce sont surtout des platanes qui bordent les allées en pente. Un
petit temple et une église, quelques pauvres boutiques
où se fournir en produits de première nécessité. L'asile
de Montdevergues, comme celui de Ville-Evrard, vit
alors en autarcie. Des cultures, un potager, un verger
et des étables, un poulailler permettent de subvenir
aux besoins des malades. Mais les cultures comme les
animaux de ferme sont plus éloignés qu'à Ville-
Evrard et n'offrent pas un but de promenade. Les
patients sont plus circonscrits et plus resserrés, même
si les moins atteints, comme Camille, peuvent en prin-
cipe aller et venir dans son enceinte avec une relative
liberté.
Elle va beaucoup souffrir de la promiscuité avec les

autres pensionnaires. Conçu pour moins d'un millier de malades, ce qui est déjà considérable quand on songe qu'aujourd'hui avec les moyens de la médecine moderne, il en compte à peine cinq cents..., l'établissement a frôlé jusqu'en 1937 les deux mille patients ! Les soins, le confort, la nourriture se ressentent de cette affluence. « Plus ça va, plus c'est dur, écrit Camille à son frère, en mars 1927. Il arrive tout le temps de nouvelles pensionnaires, on est les unes sur les autres. »

Camille, à Montdevergues, est d'abord un numéro sur la page du Livre de Loi : le n° 2307.

Inscrite en première classe, puis rétrogradée à sa demande en troisième classe après la guerre, mais logée en chambre seule, elle repassera à la première classe à compter de février 1927 et y restera inscrite jusqu'à sa mort. En 1905, les tarifs de Montdevergues ont ainsi été définis : 1 879,75 francs par an en première classe ; 894,25 francs en troisième classe. Il est prévu un tarif pour les indigents : 529,25 francs en quatrième classe. La « classe exceptionnelle », avec domesticité et nourriture spéciale, à 3 400 francs par an, dépasse les moyens financiers des Claudel.

Les religieuses de Saint-Charles, aidées d'infirmières venues pour la plupart des régions pauvres de l'Ardèche ou de la Lozère, veillent sur les maisons de femmes – non plus nommées ici pavillons comme à Ville-Evrard, mais sections ou pensionnats. A son arrivée, Camille est conduite au Grand Pensionnat. Au bout de quelques mois, elle déménage à la Section de femmes n° 10, où elle restera, passant du rez-de-chaussée au deuxième étage, à la suite de travaux dont elle s'était plainte. Ce bâtiment, avec son inconfort et son insalubrité, ses mauvaises odeurs et les hurlements constants de ses occupantes, sera sa maison. Son seul foyer pendant vingt-huit ans et demi.

Elle n'en sortira qu'à de rares reprises, pour aller

« se faire arranger les dents » chez un dentiste d'Avignon, accompagnée de la sœur sainte Hildefonse, en 1915.

Elle y souffre, l'hiver, du froid : le Vaucluse connaît des saisons contrastées, sous l'influence des Alpes voisines. Quand le mistral souffle sur la colline de Montdevergues, les arbres plient, les flaques d'eau gèlent et il ne fait pas bon mettre le nez dehors, surtout quand on prend de l'âge. Les pensionnaires dorment dans une atmosphère glaciale : les chambres ne sont pas chauffées. Une « amie » de Camille, du moins lui donne-t-elle ce nom, un ancien professeur du lycée Fénelon, échouée dans le même bâtiment, est retrouvée morte de froid dans son lit. La seule cheminée du bâtiment, avec « un maigre feu », se trouve dans la salle commune du rez-de-chaussée mais Camille n'aime pas y séjourner : elle fuit le chahut incessant, les cris et les grimaces des malades qui sont pour elle « une compagnie affreuse ».

« Je ne me suis pas réchauffée de l'hiver, je suis glacée jusqu'aux os, coupée en deux par le froid[1]. »

« Rien ne peut donner l'idée des froids de Montdevergues. Et ça dure, 7 mois au grand complet : jamais tu ne peux t'imaginer ce que je souffre. »

Elle n'exagère pas : les Avignonnais connaissent la rigueur de leurs hivers. Pour Camille, chacun d'entre eux – vingt-huit, au total – fut une épreuve à surmonter. Assez solide pour résister, elle a pourtant enduré de longs mois ce calvaire, au point parfois de ne plus pouvoir écrire à sa mère – exercice des plus réguliers, des plus fidèles chez elle. « J'ai beaucoup tardé à

---

1. Lettre à Madame Claudel, 2 février 1927.

t'écrire car il faisait tellement froid que je ne pouvais me tenir debout. Pour écrire je ne puis me mettre dans la salle où se trouve tout le monde, où brûlote un méchant petit feu, c'est un vacarme de tous les diables. Je suis forcée de me mettre dans ma chambre au 2ᵉ, où il fait tellement glacial que j'ai l'onglée, mes doigts tremblent et ne peuvent tenir la plume[1]. »

Le 3 mars 1927, le printemps étant encore loin de se montrer, elle trouve cette image pour mieux faire comprendre à Madame Claudel ce qu'elle endure : « L'océan glacial arctique n'est rien à côté de ça. »

Le chauffage central ne sera installé à Montdevergues que pour l'hiver 1933 : il lui faudra encore en subir les travaux.

Elle ne rêve que de la vaste cheminée de la maison de son enfance, du bon feu de bois des forêts tardenoises, et du parfum des ragoûts que sa mère y mettait à mijoter.

Parmi ses dernières sculptures, avant d'être enfermée, figurent plusieurs scènes « à la cheminée » : une jeune femme, à genoux, cassée en deux par un mystérieux chagrin, se penche vers un feu, sans doute rassurant et caressant, qui brûle dans une cheminée. L'une d'elles, intitulée *Rêve au coin du feu*, exposée en plâtre à l'Exposition universelle, en 1900, puis transcrite en marbre rose par Pompon, montre la même jeune femme – copie conforme de Camille avec son profil à la romaine et ses beaux bras nus –, assise sur une chaise et la tête appuyée au chambranle, dans l'expression de la plus extrême solitude. Une Cendrillon, abandonnée par ses sœurs un jour de bal... Ces sculptures à la cheminée préfigurent étrangement son destin à Montdevergues, comme si elle en avait eu quinze ans auparavant la rude prémonition.

Paul : « Un femme assise et qui regarde le feu, c'est

1. *Ibid.*

le sujet d'une des dernières sculptures de ma pauvre
sœur... Quand il m'arrive de me rappeler son âme,
c'est ainsi que je la verrais... Assise et qui regarde le
feu. Il n'y a personne. Tout le monde est mort ou c'est
la même chose[1]. »

A Montdevergues, elle n'a pas seulement froid. Elle
a faim. Elle trouve la nourriture exécrable, surtout
celle de première classe qui serait à son avis pire encore
que dans les classes inférieures, où l'on reçoit au moins
quantité de bonnes pommes de terre « en robe des
champs ». Elle a d'ailleurs remarqué que les pensionnaires de première classe « ont la dysenterie d'un bout
de l'année à l'autre, ce qui n'est pas signe que la nourriture est bonne »[2].

Voilà ce qu'on lui sert : « De la soupe, c'est-à-dire
de l'eau de légumes mal cuits sans jamais de viande.
Un vieux ragoût de bœuf en sauce, noire, huileuse,
amère d'un bout de l'année à l'autre, un vieux plat de
macaronis qui nagent dans le cambouis, ou un vieux
plat de riz du même genre en un mot le graillon jusqu'au bout, comme hors-d'œuvre quelque minuscule
tranche de jambon cru, comme dessert de vieilles
dattes chanvreuses ou 3 vieilles figues racornies ou
3 vieux biscottins, ou un vieux morceau de fromage
de bique (...). Le vin, c'est du vinaigre, le café, c'est de
l'eau de pois de chiche[3]. »

Aussi les colis de sa mère sont-ils pour elle d'un
grand secours. Camille dresse des listes pour qu'elle lui
envoie ce qui lui manque le plus :

---

1. *La Rose et le rosaire.*
2. Lettre à Madame Claudel, 2 février 1927.
3. *Ibid.*

« Ne mets pas de chocolat car j'en ai encore beaucoup.

Mets 1 kg de café du Brésil (il est excellent).

1 kg de beurre

1 kg de sucre et plus

1 kg de farine

1 livre de thé toujours le même

2 bouteilles de vin (blanc)

1 bouteille d'huile ordinaire

1 petit paquet de sel

1 morceau de savon

2 boîtes de cubes (j'en ai encore une)

si tu peux mettre un petit bocal de cerises à l'eau de vie mais si ça coûte trop cher n'en mets pas

quelques mandarines

cela suffira comme ça

Camille [1] »

Camille continue d'avoir peur d'être empoisonnée. Elle se méfie des cuisinières, des infirmières et même des médecins auxquels Rodin a sûrement donné l'ordre d'user de poisons à son égard... Elle lave soigneusement ce qu'elle mange, évite les plats cuisinés donc suspects, et se contente de consommer des œufs, cuits avec leur coquille, ou des pommes de terre, à condition qu'elles aient encore leur peau, seule garantie qu'elles sont sans danger pour elle.

Son attitude, après avoir exaspéré les surveillantes, finit par être acceptée. Dans le Livre de Loi, en octobre 1916, on note qu'« elle a insulté l'interne qui lui disait de manger comme tout le monde et menacé de lui donner un soufflet ».

Elle préfère bientôt cuisiner elle-même ses aliments. Au risque de mettre le feu au bâtiment, elle dispose d'un petit réchaud pour cuire ses œufs ou ses pommes de terre comme elle l'entend. D'où l'importance des

---

1. Lettre à Madame Claudel, 2 février 1927.

produits de première nécessité que sa mère lui envoie. Elle l'en remercie chaleureusement : « La maison Potin est très consciencieuse, tu peux leur faire mes compliments. Le vin est délicieux et me fait un bien extraordinaire ; le café est délicieux, le beurre aussi : quelle différence avec toutes les saletés des maisons d'aliénés. Je revis quand ton colis arrive, je ne vis d'ailleurs que de ce qu'il contient. (…) Je t'embrasse en te remerciant vivement de ton superbe cadeau [1]. »

Le froid. La faim. Il y a aussi le peu de soins. A Montdevergues, les gens meurent plus souvent qu'ailleurs : deux à trois décès par jour y sont enregistrés entre les deux guerres ! Il fallait, comme Camille, jouir d'une bonne santé physique et d'une nature extrêmement résistante, pour survivre tant d'années dans un pareil contexte. Les conditions d'hygiène y étaient en effet des plus élémentaires.

Le nombre des pensionnaires de Montdevergues n'autorisant pas l'espace, Camille vit dans une chambre minuscule et sans air puisqu'il est interdit d'ouvrir les fenêtres. Elle la décrit ainsi à sa mère : « Quant à la chambre, il n'y a rien du tout, ni un édredon, ni un seau hygiénique, rien, un méchant pot de chambre la plupart du temps ébréché, un méchant lit de fer où on grelotte toute la nuit (moi qui déteste les lits de fer, il faut voir si je peine de me trouver là-dedans) [2]. »

C'est cependant un régime de faveur, en comparaison des chambres à plusieurs pensionnaires et surtout

1. Lettre à Madame Claudel, 18 février 1927.
2. Lettre à Madame Claudel, 2 février 1927.

des immenses dortoirs de quarante où les lits, côte à côte à se toucher, se font face sur une double rangée.

Le réfectoire, placé dans le même bâtiment que les chambres, y répand en permanence des odeurs de mauvaises soupes et de mauvais ragoûts. Quant à la salle de bains, elle est évidemment commune et sise dans un bâtiment séparé. A Montdevergues, on se rend aux Bains une fois par semaine. Camille, qui s'était abandonnée à la saleté au moment de sa prise en tutelle, réclame désormais des bains fréquents : elle se fâche, elle insulte les infirmières, pour qu'on lui accorde le droit de se laver plus souvent – ses scènes sont notées dans le Livre de Loi. Les douches, sous la forme d'un tuyau d'arrosage glacé, étant réservées aux indigents et aux malades dangereux, le plaisir d'entrer dans une baignoire devait être gâché par la crasse du cuivre entartré par le passage des innombrables patientes, et par le degré de l'eau, jamais assez chaude…

Avec le savon, Madame Claudel envoie des vêtements de laine, des bas, des chaussures que Camille ou parfois le directeur lui-même lui réclament pour habiller plus décemment sa fille. Pauvreté du décor. Pauvreté de la mise.

Mais il y a pire que la pauvreté. Dans le bâtiment des chambres, Camille doit endurer la surveillance permanente des gardes : nuit et jour des infirmières circulent dans le couloir et pénètrent chez elle sans frapper, à n'importe quel moment. L'asile est une prison.

Lettre à Paul, de 1932 : « Dis-toi bien que ta sœur est en prison. En prison, et avec des folles qui hurlent toute la journée, font des grimaces, sont incapables d'articuler trois mots sensés. Voilà le traitement que depuis vingt ans on inflige à une innocente ! Tant que Maman a vécu, je n'ai pas cessé de l'implorer de me sortir de là, de me mettre n'importe où, à l'hôpital, dans un couvent, mais pas chez les fous. Chaque fois, je me heurtais à un mur... »

Dans l'atmosphère, non seulement empuantie mais sonore, des cris retentissent sans aucun répit. Cris d'effroi, de fureur. Cris obscènes ou idiots. Cris grinçants ou suppliants. Cris de bêtes. Elle s'en plaint à sa mère : « Je ne peux plus supporter les cris de toutes ces pauvres créatures, cela me tourne le cœur[1]. »

Il y a aussi les appels au secours, les chants plaintifs et désespérés. Les suppliques, que personne ne veut entendre.

A Paul, toujours : « Tout cela crie, chante, gueule à tue-tête du matin au soir et du soir au matin. Ce sont des créatures que leurs parents ne peuvent pas supporter tellement elles sont désagréables et nuisibles. Et comment se fait-il que moi, je sois forcée de les supporter ? (...) Ce n'est pas ma place au milieu de tout cela, il faut me retirer de ce milieu[2]. »

Il est certain qu'au milieu des malades plus gravement atteintes, Camille, avec ses obsessions et sa paranoïa, apparaît comme une femme ordinaire. Pas de scènes de violences, en dehors de ses fâcheries récurrentes avec les infirmières ou l'interne, pas de hurlements, pas de tentatives suicidaires ni d'actes d'agression ou d'automutilations, qui sont le quotidien d'un établissement comme Montdevergues. Elle se tient tranquille dans son coin, la plupart du temps apaisée, presque sereine. Ce qui frappe, c'est la fermeté de ses raisonnements.

La logique éclaire ses pensées. Elle conserve son intelligence. Sa mémoire est intacte, de même que

---

1. *Ibid.*
2. Lettre à Madame Claudel, 3 mars 1927.

l'acuité de son regard sur le monde qui l'entoure. Elle garde aussi son humour : dans les pires moments de son existence, quand elle écrit aux siens, elle trouve encore un mot pour se moquer d'elle-même. Elle n'a même pas perdu le sourire.

C'est une femme très forte : physiquement mais aussi moralement, elle oppose une extraordinaire résistance à l'adversité, à la souffrance, au malheur.

Les médecins sont d'accord pour dire qu'aujourd'hui sa paranoïa serait sans aucun doute traitée : les médicaments, en particulier les neuroleptiques, et la psychothérapie, sans l'éliminer tout à fait, amenuiseraient considérablement ses troubles et lui permettraient de revenir à la vie normale. Elle ne resterait pas trente ans, aujourd'hui, trente ans d'affilée, dans un hôpital psychiatrique.

A l'époque, même si l'on sait depuis peu la diagnostiquer, on ne soigne pas la paranoïa. On enferme, voilà tout.

Camille, d'après les témoignages des médecins de Montdevergues, conservés dans son dossier, manifeste tout au long de son enfermement les mêmes signes cliniques, « chroniques » et « persistants ».

Son délire s'apaise mais ne disparaît pas : encore dans les années trente, alors que Rodin est mort depuis plus de quinze ans et qu'elle le sait, elle est persuadée qu'il a laissé des ordres derrière lui pour continuer de la persécuter. A Paul, 3 mars 1930 : « Aujourd'hui, c'est l'anniversaire de mon enlèvement à Ville-Evrard : cela fait 17 ans que Rodin et les marchands d'objets d'art m'ont envoyée faire pénitence dans les asiles d'aliénés. Après s'être emparés de l'œuvre de toute ma vie (...), ils me font faire les années de prison qu'ils auraient si bien méritées eux-mêmes. »

Rodin, toujours Rodin... Elle n'en démord pas : c'est son bourreau, le génie du Mal de toute sa vie.

Il a voulu la piller, lui voler ses idées, ses dessins, ses

sculptures, puis s'assurer que son talent d'artiste ne lui porterait pas ombrage. D'où ses tentatives pour l'empoisonner : seule sa mort pourrait le tranquilliser, jusque dans la tombe, en supprimant sa concurrence.

« Tout cela au fond, écrit-elle à Paul, sort du cerveau diabolique de Rodin. Il n'avait qu'une idée, c'est que lui, étant mort, je prenne mon essor comme artiste et que je devienne plus que lui : il fallait qu'il arrive à me tenir dans ses griffes après sa mort comme pendant sa vie. Il fallait que je sois malheureuse lui mort comme vivant. Il a réussi en tous points car pour être malheureuse, je le suis !

Cela ne peut pas te déranger beaucoup mais je le suis [1] ! »

Les passages où elle incrimine Rodin dans sa correspondance sont à la fois nombreux et monotones : ses griefs se répètent inlassablement. Paul en sera lui-même le témoin, à l'occasion de ses visites. Ainsi le 21 août 1930 : « Montdevergues. Camille, vieille, vieille, vieille ! la tête remplie de ses obsessions, elle ne pense plus à autre chose, me sifflant à l'oreille tout bas des choses que je n'entends pas [2]. »

Tracassée par le sort qu'ont subi ses sculptures, lorsqu'on l'a enlevée de force de son atelier, Camille confie à plusieurs reprises à son frère le soin de veiller sur son œuvre. Ou sur ce qu'il en reste, après ses destructions massives. C'est une de ses antiennes : qu'on pense à mettre à l'abri ses sculptures, dans le grenier de Villeneuve, qu'on les garde hors de portée du sieur Rodin !

Elle regrette parfois son « cher atelier » – « ce cher atelier où j'étais si heureuse » –, mais de loin en loin, et de moins en moins souvent à mesure que le temps passe.

---

1. Lettre à Paul Claudel, 3 mars 1930.
2. *Journal* I, *op. cit.*

Moins tourmentée, moins angoissée avec les années, il apparaît aux médecins que sa famille pourrait reprendre Camille dans son foyer. Ou au moins lui permettre de sortir de l'asile, pour passer provisoirement quelque temps près d'eux.

Le rapprochement avec la cellule familiale serait certainement un bienfait pour elle : ils le recommandent vivement à Madame Claudel mère, qui s'y refuse.

Quant à seulement déplacer Camille, à la rapprocher de Paris en l'inscrivant à Ville-Evrard, à Sainte-Anne ou à La Salpêtrière, comme les médecins de Montdevergues le préconisent, ce qui permettrait à sa famille de lui rendre des visites un peu moins espacées (et c'est peu de le dire...) que si elle restait dans le Vaucluse, cette simple perspective donne des cauchemars à sa mère. Madame Claudel s'oppose formellement à ce qu'elle quitte son asile, fût-ce pour quelques jours, et met son veto à tout projet de rapprochement physique ou géographique.

Après sa mort, survenue en 1929, Camille sera maintenue à Montdevergues par son frère et sa sœur : elle les suppliera en vain de la « libérer ».

Car après l'empoisonnement, le désir du retour chez soi est la seconde obsession de l'éternelle pensionnaire.

A Paul, le 3 mars 1927 : « Après quatorze ans aujourd'hui d'une vie pareille, je réclame la liberté à grands cris. Mon rêve serait de regagner tout de suite Villeneuve et de ne plus en bouger. »

Elle en ressasse les paysages, les odeurs, les trésors de tendresse perdue : « Ah ! ce joli Villeneuve qui n'a rien de pareil sur la terre ! »

Elle supplie Louise, à son unique visite en 1930, son fils et sa belle-fille de l'autoriser à y revenir. En vain.

Elle supplie Paul, à chacune de ses lettres et à chacune de ses quatorze visites. En vain.

« Je m'ennuie de cet esclavage. Je voudrais bien être chez moi et bien fermer ma porte [1]. »

---

1. Lettre à Paul Claudel, 3 mars 1930.

« Je ne sais pas si je pourrais <u>réaliser ce rêve, être chez moi</u>[1]. » Elle a souligné ici les mots importants.

Ses appels pathétiques ont dû beaucoup secouer les siens, sans pour autant obtenir le moindre résultat. Elle dira à Jessie, le 29 octobre 1930, parlant de Louise et de Paul : « Impossible d'obtenir quoi que ce soit pour le départ. »

A Paul, 4 avril 1932 : « Ô Dieu que c'est ennuyeux ! je voudrais bien être au coin de la cheminée de Villeneuve mais hélas ! je crois que je ne sortirai jamais de Montdevergues du train où ça va ! Ça ne prend pas bonne tournure ! »

Elle vieillit en effet, consciente de perdre sa vie, dans le souvenir jamais éteint de la maison de son enfance, où la cheminée avec « son bon feu » représente pour elle le comble du bonheur.

Comment croire en Dieu dans un pareil contexte ?

Paul, fidèle à son credo et qui se montre plus attentif à l'espoir de « conversion » de son incrédule sœur qu'à la cruauté de son sort d'internée, tâche de la consoler. A sa manière, toujours la même : l'oraison, le prêche et la prière.

Alors elle se met en colère, redevient violente, trouve même le ton du blasphème. Lettre à Paul, 1933 : « Tu me dis, Dieu a pitié des affligés, Dieu est bon, etc., etc. Parlons-en de ton Dieu qui laisse pourrir une innocente au fond d'un asile. Je ne sais pas ce qui me retient de... »

Mais sa révolte est rare.

Si consciente soit-elle d'un destin qu'elle jugera « injuste » jusqu'à la fin, elle subit. Elle se résigne.

---

1. *Ibid.*

Et le gâtisme a bientôt raison de ses dernières défenses : elle sombre alors dans la vraie nuit des déments. C'est la guerre, la deuxième, en 1939 – elle a passé soixante-dix ans. Sa dernière lettre connue date de novembre 1938 : elle dit à Paul qu'elle pense toujours à leur « chère maman », au portrait qu'elle a fait d'elle autrefois, aux « grands yeux où se lisait une douleur secrète, à sa modestie, à son sentiment du devoir ».

« C'était bien là notre pauvre mère ! Je n'ai jamais revu le portrait (pas plus qu'elle !) Si jamais tu en entends parler, tu me le diras. » Elle accuse encore « l'odieux personnage », c'est-à-dire Rodin, de se l'être attribué : « ce serait trop fort, le portrait de ma mère ! »

Puis vient le silence.

Cette dernière lettre contient des souhaits de bonheur pour Paul et tous les siens. Citant les neveux qu'elle connaît, les seuls qui soient venus la voir – Chouchette et son mari, ainsi que Pierre et Henri –, elle ajoute « et toute la lyre », désignant ainsi la famille nombreuse du poète.

Cette lettre, si pleine de nostalgie, elle la signe d'un mot terrible qui, faute de tout autre document, sera son testament : « ta sœur en exil ».

Du jour de son internement à Ville-Evrard en 1913 jusqu'à celui de sa mort, à Montdevergues, trente ans plus tard, Camille cesse de sculpter.

Elle ne touche plus à la terre.

Lorsque le directeur ou les infirmières, dans l'espoir de l'occuper, lui apportent une motte de glaise, elle croise les bras. La glaise sèche sur place. A l'asile, Camille ne fait rien. Ni un dessin, ni une esquisse ne sortiront de ses doigts qui ne lui servent plus qu'à décortiquer ses œufs, à peler ses pommes de terre ou – mais c'était à Ville-Evrard, au début de sa vie de recluse, et ces exceptions ne se répéteront plus – à coudre une couverture en patchwork.

« En réalité, on voudrait me forcer à faire de la sculpture ici, voyant qu'on n'y arrive pas on m'impose toutes sortes d'ennuis. Cela ne me décidera pas, au contraire[1]. »

Passive, ou résolument inactive, elle ressasse le passé. Du présent ne l'occupe que le strict quotidien : manger, boire, se laver, dormir... et écrire les quelques lettres qui maintiennent le lien avec les siens. Il lui arrive de se souvenir de son « cher travail » et de son « cher atelier » où elle était heureuse. A son cousin Thierry : « C'était bien la peine de tant travailler et d'avoir du talent pour avoir une récompense comme ça. Jamais un sou, torturée de toute façon, toute ma vie. Privée de tout ce qui fait le bonheur de vivre et encore finir ainsi. » Et encore à la date de cette lettre, 21 mars 1913, ne sait-elle pas les longues années de réclusion et d'absolue solitude qui l'attendent.

Sa principale occupation consiste à compter les jours, à regarder le temps qui passe. Elle fête les anniversaires de son internement, en se trompant parfois d'un jour ou deux. A sa mère comme à Paul, elle rappelle qu'« il y a quatorze ans aujourd'hui... » ou qu'« il y a dix-sept ans... », elle était libre d'aller et de venir. Libre aussi de sculpter, de créer.

« Ce n'est pas sans regret que je te vois dépenser ton argent dans une maison d'aliénés. De l'argent qui pourrait m'être utile pour faire de belles œuvres et vivre agréablement ! quel malheur ! j'en pleurerais[2] ! »

Dans leurs asiles respectifs ou successifs, Van Gogh

---

1. Lettre à Paul Claudel : novembre ou décembre 1938.
2. Lettre à Paul Claudel, 3 mars 1927.

continue à peindre en Arles, entre ses crises ; Antonin Artaud, enfermé après Camille à Ville-Evrard, puis à Rodez, écrit ; Robert Schumann, dans l'asile du Dr Richarz, près de Bonn, cesse de composer.

Privée de liberté, pendant trente ans la création de Camille Claudel est réduite à néant.

Paul :

> *« Il y a une chose plus triste à perdre que la vie, c'est la raison de vivre,*
> *Plus triste que de perdre ses biens, c'est de perdre son espérance,*
> *Plus amère que d'être déçu, et c'est d'être exaucé[1]. »*

---

1. *L'Otage, Théâtre* II, *op. cit.*

Le deuil orgueilleux du bonheur

C'est un château dans le Dauphiné. Claudel l'a acheté en 1927 au marquis de Virieu, avec les meubles, grâce aux dédommagements versés par le gouvernement français à son ambassadeur, après le séisme de Tokyo. La belle-mère du marquis est la fondatrice de l'ordre des Orantes de l'Assomption : voilà de quoi le mettre en confiance. Bâtisse imposante, au style disparate, flanquée d'une tour du Moyen Age et de dépendances récentes : la propriété, entourée d'un parc et fermée par une grille, se situe en bordure du village de Brangues.

« Brangues : en gaulois, *brô* : terre ; *brog* : habitation (Allobroges) ; *bren* : chef[1]. » Il a tout de suite cherché l'étymologie de cet étrange nom dont les sonorités barbares n'auraient pas déplu à Tête d'or ni à Turelure.

Région rustique, encore un peu sauvage, comme Claudel les aime, avec des forêts, des champs, des bêtes et un ciel où grondent souvent des orages, elle doit lui rappeler son enfance dans les paysages de l'est de la France : un même climat austère ; un même village peuplé de paysans taciturnes dont la vie est réglée par

---

1. *Journal* II, *op. cit.*

le carillon des cloches. Le Rhône, que vient rejoindre une petite rivière appelée la Dave, coule à trois kilomètres et des collines, rompant la monotonie des prairies, préfigurent les Alpes lointaines. Il parlera de leur « puissante ondulation ». A l'écart de la foule et des touristes, il s'est aussitôt senti chez lui dans cette terre dauphinoise et, à soixante-dix kilomètres de Lyon, après avoir tant parcouru le monde, y a avec soulagement transplanté ses racines. « Pour la première fois, je me trouve entouré de ma femme et de mes cinq enfants sous un toit qui m'appartient », note-t-il à la date du 14 juillet 1927.

Brangues sera la maison fermée : refuge et cocon familial, halte du voyageur, si longtemps « absent professionnel », et antre de l'écrivain, heureux de pouvoir enfin travailler en paix, entouré de ses livres. Il appellera Brangues sa « niche ». L'éternel nomade y devient un ermite. De juin à septembre, chaque belle saison le ramène, fidèle, en son château – rebaptisé bientôt « l'éléphant blanc » en raison du coût faramineux de son entretien. Le reste du temps, il habite un appartement en location, 11, boulevard Lannes, à Paris (XVIe arrondissement).

Privé de Villeneuve, qui appartient désormais aux descendants de Louise, il a eu presque autant de mal à se détacher d'Hostel, propriété de son beau-père Sainte-Marie Perrin, dans le Bugey. Il y a passé pendant plus de vingt ans, avec femme et enfants, toutes ses vacances d'été, quand il n'était pas en poste à l'autre bout du monde. Il en a aimé là aussi, entre Bellegarde et Nantua, les parfums de campagne, l'air vif et les couleurs de brume, comme le caractère de sauvagerie. Il aurait volontiers racheté Hostel aux cousins de sa femme mais l'accord n'a pu être conclu. Trop d'enfants (son épouse, « la petite dernière », était la dixième de la liste !), trop d'héritiers : Hostel ne pouvait assurer à Claudel la tranquillité nécessaire à son travail d'écrivain. D'où la recherche d'un « toit » et cette rencontre inopinée qui ressemble à un coup de foudre : Brangues.

> *« Ce mouvement immobile, cette ligne en pèleri-nage vers l'infini, comme elle parle à mes yeux, comme elle chante ! Que de souvenirs elle amène, et vers quelles promesses encore elle m'entraînerait, s'il n'y avait derrière moi ce gros château plein d'enfants et de petits-enfants qui me dit : "C'est fini maintenant, voyageur ! et vois la forte maison pour toujours avec qui tu as choisi de te marier par-devant notaire [1] !" »*

Il établit d'abord son bureau dans « la chambre de la belle Judith », ainsi appelée à cause de la tapisserie qui en couvrait les murs ; puis dans une petite pièce du rez-de-chaussée que ses enfants surnomment avec humour « la chambre du roi ». La fenêtre en donne sur la grande pelouse et l'allée de tilleuls qu'il parcourt chaque matin pour se rendre à l'église du village. Il y a sa place réservée. Là il prie la Vierge de Brangues : « Celle qui écoute ».

Un fait divers a rendu célèbre cette petite église : un jeune homme, Antoine Berthet, y tira un coup de pisto-let mortel sur l'épouse du maire, un certain Michoud de la Tour, qui l'avait engagé comme précepteur de ses enfants. Il fut guillotiné en 1828. Stendhal devait s'inspirer de cette histoire pour écrire un roman où Julien Sorel et Madame de Rênal remplacent les gens du crû. Pour Claudel qui n'aime pas Stendhal – et c'est peu de le dire ! Il le trouve « plein d'ennui » et « inepte » –, chacun de ses rendez-vous matinaux avec la Vierge contient, mêlé à l'encens, un parfum corus-

---

1. « Brangues » (dans *Maisons et villages de France*, Laffont, 1943).

cant du *Rouge et le Noir*. Ironie du sort : il devra partager Brangues avec l'« inepte » Stendhal.

Une énorme cuisine d'autrefois, avec une table en chêne. Un salon aux nobles proportions, où Claudel installe ses meubles japonais, chinois, et les sculptures de Camille. Une salle à manger pourvue d'une armée de chaises. Des chambres en nombre suffisant pour y loger ses enfants, leurs maris et femmes, et tous ses petits-enfants. Il y a au premier étage une belle galerie-bibliothèque, contenant ses auteurs fétiches – Virgile, Shakespeare, Dostoïevski – et bien d'autres livres.

Une cuisinière femme de chambre. Une aide pour le ménage. Un jardinier... Madame Claudel, secondée par les domestiques, a cependant beaucoup à faire pour assurer la bonne marche de la maison. Un potager et un poulailler apportent à la table de famille des produits frais : légumes, œufs, poulets... Même les pâtés sont faits avec le lapin du château. Claudel n'aime rien tant que les grandes tablées qui réunissent autour de lui sa nichée. Plusieurs générations de Claudel, de Nantet, de Paris. Quand la rentrée des classes bat le rappel des enfants, il retrouve de son propre aveu, avec un peu de désarroi, ses tête-à-tête silencieux avec Reine.

> « Les enfants commencent d'arriver. Le matin avant de partir pour la messe, c'est un grand bonheur pour moi de regarder tous ces bols rangés. Rien ne manque à notre plénitude. Le Vieillard et sa femme, les enfants, filles et gendres, les petits-enfants et le dernier, Daniel, pétri de neige, de rose et de lumière, blond comme le soleil levant. Et dans l'écurie il y a le cheval et les vaches, le cochon, les poules et les lapins, et même le chien, un gros briard tout hérissé de poils noirs, qui fait la joie des tout-petits ! Quelle bénédiction que tout cela dans une espèce de solennité[1] ! »

---

1. Lettre à Marie Romain-Rolland, 1949.

Voici Claudel dans son nouveau rôle : le Patriarche chargé d'ans, d'honneurs et de petits-enfants.

Les ans passent en effet ; Paul vieillit. Il a fallu lui implanter une double rangée de fausses dents, ce qui n'améliore pas son élocution rocailleuse. Il devient sourd, porte des prothèses auditives de la marque Zénith, que son fils Pierre lui a fait parvenir des Etats-Unis, mais s'isole de plus en plus dans un silence intérieur. Sa femme s'en plaint à ses enfants : elle n'a plus avec lui aucune conversation.

Sa santé, jadis florissante, se ressent des atteintes de l'âge. Il souffre d'anémie : ses numérations sanguines trop souvent mauvaises, il note avec soin le taux de ses globules rouges dans son Journal. Il doit à plusieurs reprises garder le lit, de longues semaines, contraint à un repos qui l'exaspère mais qu'il ne peut éviter. Des ennuis circulatoires lui donnent à l'en croire « des jambes d'éléphant ». De surcroît, une fatigue générale, des douleurs dans les articulations lui rendent la marche pénible et handicapent ses mouvements. Bientôt, à Brangues, la promenade jusqu'à l'église deviendra une performance – il mesure au temps qu'il met à descendre l'allée de tilleuls sa réserve de forces. Elle va s'amenuisant. Le promeneur infatigable, qui a parcouru des kilomètres à pied au Brésil et en Chine, se déplace chichement, à pas comptés désormais. Cherchant à définir la vieillesse, c'est une image géographique qui lui vient : « L'horizon, dit-il, se rétrécit à la mesure d'un pas plus lourd. »

Ajoutons à cela des bronchites à répétition. Des insomnies, qui affectent ses nuits autrefois parfaites. Il en tire des poèmes : *Insomnie I*, *Insomnie II* ou *Ténèbres* :

« *Rien que la nuit qui est commune et incommuni-*
cable
    La nuit où l'on ne fait point d'œuvre et l'affreux
amour
    impraticable. »

Il doit aussi compter avec des ennuis cardiaques...
Seule sa capacité de travail est intacte. Même obligé de
rester au lit, il continue d'écrire, inlassable. Si son
corps alourdi est de plomb, sa plume a toujours des
ailes.

Dès 1924, il en a fini avec le théâtre. Quelques pièces
ou drames sortent encore de son imagination : *La*
Danse des morts, « oratorio dramatique » pour lequel
Arthur Honegger compose la musique ; *Le Jet de*
pierre, « suite plastique » ; *La Lune à la recherche*
d'elle-même, « extravagance radiophonique ». Il y
aura *Jeanne au bûcher*, à laquelle Ida Rubinstein dans
les années quarante, puis dix ans plus tard la toute
jeune et débutante Ingrid Bergman prêteront leur visage ; et l'*Histoire de Tobie et de Sara*, drame qu'il a tiré
du très saint *Livre de Tobie*. Ce sont là les derniers
feux de l'astre Claudel – la queue encore miroitante de
la comète. « Avec *Le Soulier de satin*, déclare-t-il à
Jean Amrouche, une partie de mon œuvre s'achevait. »
C'était au Japon, au lendemain du séisme.
    Le Livre de Christophe Colomb, conçu aux Etats-
Unis en 1927, sur une idée du metteur en scène américain, d'origine autrichienne, Max Reinhardt, rappelle
encore en des excès baroques sa passion pour un
théâtre qui engloberait tous les genres : la farce, l'épo-
pée, le lyrisme. Rêve d'un théâtre total, qui serait à la
fois livre, pièce et opéra, la figure tragique de Colomb

y incarne le génie aux prises avec sa propre malédiction – un thème cher à son cœur. Reinhardt ayant abandonné le projet, sans doute à cause de son ambition scénique extravagante, le « Livre » est représenté pour la première fois à l'Opéra de Berlin, en 1930. En dépit de quelques réactions nationalistes, il y rencontre un si vif succès que Francis de Miomandre écrit dans *Les Nouvelles littéraires* son « humiliation » à voir que « le plus grand poète dramatique français n'arrive pas à se faire jouer à Paris » et en est « réduit à donner sa Première à Berlin » *unter den Linden*.

Preuve de son amour pour l'universalité, Claudel traduit lui-même sa pièce en anglais, aidé en cela par son amie américaine Agnes Meyer, qui relit le manuscrit. Elle est publiée, la même année 1930, aux Yale University Press. « Chains on my feet, chains on my hands, chains all around my body... », clame Colomb.

La musique de Darius Milhaud, en accord avec la vision claudélienne du monde, unit la fanfare et la mélodie, la grâce et la puissance. Plus tard, dans les années cinquante, Jean-Louis Barrault donnera à l'œuvre une mise en scène en accord avec son ambition, au Grand Théâtre de Bordeaux : une immense voile de bateau, simple et ondoyant décor, symbolise à la fois, tel l'arbre dans *Tête d'or*, le voyage, le mouvement de la vie, mais aussi le rêve des ciels lointains ou le battement d'une aile d'oiseau. Frêles, gracieuses, deux colombes survolent la scène ; l'auteur les a baptisées Christophe et Isabelle. Pendant les répétitions, Christophe aimait se poser sur la main de Claudel, de préférence à toute autre, comme s'il y avait entre eux une mystérieuse ou magique entente.

Se détournant du théâtre, pour lequel il n'entend plus rien créer, il revoit les pièces qu'il a précédemment écrites, en modifie l'action ou les dialogues pour les rendre plus faciles à monter. A la demande de divers metteurs en scène, dont Jean-Louis Barrault qui offrira

au public le plus large une œuvre encore secrète, il
tente d'en modérer le fleuve, d'en calmer les débordements, sinon tout à fait les délires.

Mais à partir de 1924, il l'a lui-même décidé,
l'époque de la grande dramaturgie est révolue. C'en
est fini de son œuvre fictive – il considère que la part
romanesque de sa création, avec ses personnages imaginaires, ses lieux légendaires et ses histoires de
conquête et d'amour, est bel et bien achevée. Il ne s'intéresse plus désormais qu'aux Ecritures saintes.

Brangues consacre une œuvre d'exégète : commentaires et interprétations. Si le grand public ignore cette
nouvelle manière et s'intéresse peu à l'effort d'élucida-
tion dont elle procède, lui-même y attache une importance capitale. C'est en poète autant qu'en érudit qu'il
lit et relit la Bible pour en tirer des pages étonnantes,
d'une facture authentiquement claudélienne.

Travail acharné, digne des moines bénédictins qu'il
admire : en 1929, il publie *Au milieu des vitraux de
l'Apocalypse*, en 1931 *La Révélation de La Salette*,
en 1933 *Un poète regarde la croix*, en 1937 *Du
sens figuré de l'Ecriture*. Déjà, au Brésil, sous l'œil
attentif de Darius Milhaud qui compose maintenant la
musique de la plupart de ses pièces, se disputant ce
rôle avec Honegger, il traduisait les psaumes ; ces
textes mystérieux et très poétiques lui inspiraient une
étude de l'Eau, essentielle selon lui dans la représentation de la Foi, de l'Esprit. A travers fleuves et ruisseaux, océans, lacs, puits et fontaines, pluie, larmes ou
déluge, il cherchait Dieu dans ces fluides et insaisis-
sables transparences où Milhaud trouvait, lui, des correspondances musicales.

La Seconde Guerre mondiale le trouve à Brangues :
un écrivain en marge des mouvements et des actions

qui ébranlent non seulement son pays mais le monde. Pétainiste d'abord, avec quarante millions de ses compatriotes, il compose sur un élan de lyrisme des *Paroles au Maréchal* qui gravent dans le bronze – car il n'a pas eu la plume légère en la circonstance – l'admiration et la fidélité qu'il porte au vainqueur de Verdun. Récitées par Eve Francis au Casino de Vichy, le 9 mai 1941, à l'entracte d'une représentation de gala de *L'Annonce faite à Marie*, elles mêlent grandiloquence et naïveté, mystique de la France et opportunisme personnel. Si ce ne sont pas là ses meilleurs vers, ni les plus nobles malgré leur ton déclamatoire, ils figurent dans ses œuvres complètes : comparables à ceux que composeront d'autres poètes pour d'autres héros de l'Histoire, il ne les reniera pas. Même s'il les regrettera un jour, confiant à son ami Raymond Brugère, ancien diplomate, qu'il a commis là « une bourde ».

> « *Monsieur le Maréchal, il y a un destin pour les morts*
> *qui est de ressusciter.*
> *Et certes nous ressusciterons tous au jour du Jugement*
> *Dernier.*
> *Mais c'est maintenant et aujourd'hui même qu'on a besoin de nous et qu'il y a quelque chose à faire !*
> *France, écoute ce vieil homme sur toi qui se penche et qui te parle comme un père.*
> *Fille de Saint Louis, écoute-le !*
> *(...)*
> *Lève la tête et vois dans le ciel quelque chose d'immense*
> *et de tricolore !*
> *(...)*
> *Quelque chose qui ne fait pas exprès d'être plus fort que la nuit, et c'est l'Aurore !* »

En politique, il n'est pas à une contradiction près. S'il a écrit cet hommage dithyrambique au Maréchal, il déteste l'entourage de Pétain, n'a pas de mots assez durs dans son Journal et sa correspondance pour fustiger Laval – « Type de *gipsy*. Marchand de chevaux et maquignon[1]. » Il a pu le rencontrer à plusieurs reprises, notamment aux Etats-Unis avant guerre, comme ministre des Affaires étrangères et président du Conseil. Il méprise également « ces petits infatués déchaînés » et autres « crapules », les conseillers de Vichy, qu'il appelle « les Pétaigneux ».

Il condamne haut et fort la Collaboration, qu'il écrit Kollaboration, a horreur de la délation et des mesures racistes prises contre les Juifs. Son antisémitisme d'antidreyfusard, voire de catholique traditionnel, n'est plus de mise devant le spectacle de tant d'injustices et de cruautés odieuses. Il en a honte au nom de la France et au nom de l'Eglise : il demandera un jour à celle-ci de faire repentance des crimes qu'elle a laissé commettre sans les condamner ni tenter de manifester officiellement aux victimes un quelconque secours. « Oui, je crois à la nécessité pour les chrétiens d'instituer une cérémonie d'expiation pour répondre à l'horreur des crimes commis en Europe contre les juifs[2]. »

A la veille de Noël, en 1941, dans l'attente d'événements dont il ne peut encore mesurer l'atrocité, il écrit au Grand Rabbin de France, Isaïe Schwartz, dont son ami Wladimir d'Ormesson lui a communiqué l'adresse, pour lui dire « le dégoût, l'horreur, l'indignation » qu'il éprouve à l'égard des « iniquités, spoliations, mauvais traitements de toutes sortes » infligés à ses « compatriotes israélites ».

« Un catholique ne peut oublier qu'Israël est tou-

---

1. *Journal* I, *op. cit.*
2. *Cahiers Paul Claudel* VII : « La Figure d'Israël », Gallimard, 1968.

jours le Fils aîné de la Promesse, comme il est aujour-
d'hui le Fils aîné de la Douleur. »

Si plusieurs de ses enfants entrent dans la Résistance
– son gendre Jacques Paris est à Londres depuis 1941,
où sa fille va le rejoindre, et ses deux fils sont en Amérique –, ce n'est cependant pas son cas. Certes, il écoute
Radio-Londres ; vibre jour après jour à la lecture des
nouvelles favorables aux Alliés ; explose de joie selon
son expression quand Hitler décide d'attaquer l'URSS,
en juin 1941, brisant ainsi le Pacte d'acier : « Merci mon
Dieu ! Les monstres se dévorent[1] ! » ; ou quand les
Etats-Unis entrent en guerre : y comptant beaucoup
d'amis, il n'a pas ménagé ses forces pour plaider auprès
d'eux, avec l'abandon de l'isolationnisme, la cause de
l'engagement. Mais enfin, il ne s'engage dans aucune
action d'éclat. Il est vrai qu'en 1940, il a déjà soixante-
douze ans.

Pendant la guerre, fidèle à la règle qu'il s'est imposée
depuis toujours, il a surtout prié et écrit – deux tâches
quotidiennes qui désormais se confondent.

A l'abri dans son château de Brangues, où les vivres
manquent moins qu'à Paris et où il a recueilli ses belles-
filles et ses petits-enfants, son œuvre d'exégète s'aug-
mente de *Paul Claudel interroge l'Apocalypse* (1940-
1943) et de *Paul Claudel interroge le Cantique des Cantiques* (1943-1945). Avec la publication d'*Emmaüs* en
1946 et celle, en 1948, de *L'Evangile d'Isaïe* qui
contient le fragment *Une voix sur Israël*, ce sont ses travaux de guerre. Ces livres témoignent de sa communion
avec les souffrances du monde et avec l'espérance.

La poésie : voilà son combat. Pour elle, qui justifie
sa vie, il est prêt à tous les efforts, à tous les sacrifices,
et même aux imprudences. Elle se confond dans le
même élan que la prière.

1. *Journal* II, *op. cit.*

« Il est midi. Je vois l'église ouverte. Il faut entrer.
Mère de Jésus-Christ, je ne viens pas prier.

Je n'ai rien à offrir et rien à demander.
Je viens seulement, Mère, pour vous regarder.

Vous regarder, pleurer de bonheur, savoir cela
Que je suis votre fils et que vous êtes là.

Rien que pour un moment pendant que tout s'arrête.
Midi !
Etre avec vous, Marie, en ce lieu où vous êtes[1]. »

Depuis 1935, il est administrateur de la société Gnome et Rhône, qui fabrique des moteurs d'avion pour l'armée française. Il a cédé à la demande de son directeur-gérant, qui est aussi le beau-frère de son fils Henri, le commandant Paul-Louis Weiller. Un héros de la Première Guerre. Inquiété comme ressortissant juif, puis emprisonné malgré les diverses lettres que Claudel envoie au Maréchal pour tenter de l'aider, celui-ci finit par quitter la France et rallier l'Amérique. Claudel, lui, se maintient à son poste pendant toute l'Occupation, avec l'ensemble du conseil d'administration : les usines continuent à fonctionner, donc à alimenter la Luftwaffe, et, ce qu'on ne manquera pas non plus de lui reprocher, lui-même continue à percevoir dividendes et jetons de présence.

A la Libération, le directeur est arrêté, les membres du conseil d'administration convoqués par le juge d'instruction. Claudel doit expliquer pourquoi Gnome et Rhône a poursuivi son activité au profit de l'Occupant. Réponse des plus simples : il invoque et justifie

---

1. « La Vierge à midi », dans *Poèmes de guerre*, *Œuvre poétique*, *op. cit.*

la résistance passive de l'ensemble de la société. Les 14 000 ouvriers ont pu conserver leur emploi et ainsi ne pas être déportés en Allemagne au titre du travail volontaire. Le rythme de la production a pu être volontairement ralenti : Gnome et Rhône n'a livré que huit mille moteurs au lieu des vingt-cinq mille qu'il avait l'habitude de fabriquer. Enfin, les usines ont employé comme main-d'œuvre des Juifs, des prisonniers en fuite ou des Résistants, auxquels elle a pu offrir un abri et souvent du matériel et des outils.

Le directeur, de même que les administrateurs, seront tous acquittés et blanchis, après cinq ans de procès. Et les usines nationalisées. Demeure cette image d'un Claudel allié à l'industrie : fabricant d'armes et livreur de moteurs d'avion – Rimbaud sans l'Abyssinie ! –, propre à embrouiller davantage, si besoin en était, sa haute figure de poète en marge des politiques, prenant des risques inutiles mais lucratifs avec le Capital. Il y a toujours chez lui plus de naïveté que de cynisme et, à côté de l'idéalisme, un sens aigu, tout aussi puissant, du concret, la peur de manquer et le goût du confort.

A la fois Coûfontaine et Turelure, ces personnages antinomiques et complémentaires de la Trilogie, il conjugue leur force d'âme, leur tempérament éruptif, leur instinct bouillonnant. De même que sa sœur, il agit sur une impulsion, il juge sur un élan du cœur.

Mais comme Camille est loin, très loin, de ces affaires et de ces procès, de ces jetons de présence !

Son frère, lui, tandis qu'elle végète dans une solitude désespérante, tâche de débroussailler l'époque tumultueuse qu'il traverse, en retraité que préoccupent pourtant les questions d'avenir. Il n'en a pas fini avec les poussées de fièvre. Mais il est souvent difficile à suivre, tant il tient à demeurer libre au milieu des partisans, militants ou autres engagés qui fleurissent plus que jamais à la Libération. A soixante-quinze ans, il peut encore déconcerter et semer le trouble. Non qu'il n'aime la clarté, le soleil, l'éclat de la vérité – il n'en reconnaît qu'une seule, dit-il, répondant aux disciples de Pirandello –, mais il aime aussi le doute et la balance, peser le pour et le contre, tergiverser parfois. Comme le jour et la nuit, comme le feu et l'eau, comme l'amour et la haine, il vit de ses contraires. Il traverse les miroirs.

Conversations dans le Loir-et-Cher, en 1934, met ainsi en scène quatre personnages, qui sont chacun lui-même – il s'en expliquera souvent : Furius l'anarchiste, c'est lui ; mais aussi Flaminius le modéré ; Civilis l'apôtre social ; et Acer le blagueur. Il a tous ces visages. Impossible de le figer dans aucune idéologie politique ou philosophique, dans aucun engagement partisan. Seule sa religion n'a jamais varié et lui indique la route à suivre : il est tout entier dans son credo catholique. Mais là encore, s'il respecte les consignes de l'Eglise, il lui arrive de remettre en question le dogme et les principes, pour mieux les faire siens. Claudel n'est au fond jamais un théoricien. Quelle que soit son érudition, quelle que soit son expérience, il reste un homme de passion.

Souvent – presque toujours, faudrait-il dire – ses emballements le guident.

Accès de colère ou d'indignation plus souvent que d'indulgence. Ou cris d'amour. Quand l'enthousiasme s'empare de lui, il l'exprime. Il le chante.

Ainsi en est-il de son *Ode au général de Gaulle*, publiée le 28 septembre 1944 dans *Le Figaro littéraire*, exact contrepoint à ses *Paroles au Maréchal* de 1941.

Bien qu'il ait totalement ignoré l'homme du 18 Juin 1940 et ne se soit guère empressé de lui trouver des qualités, l'émotion le submerge là encore lorsqu'il écrit, prenant la parole telle Jeanne au nom de la France :

> « *Que les autres pensent de moi ce qu'ils veulent ! Ils disent qu'ils se sont*
> *battus et c'est vrai !*
> *Et moi depuis quatre ans, au fond de la terre toute seule, s'ils disent que*
> *je ne me suis pas battue, qu'est-ce que j'ai fait ?* »

Grandiloquent, à peine moins lyrique qu'en 1941, il apostrophe le Général au nom de la France, comme jadis il apostrophait le Maréchal :

> « *Et vous, Monsieur le Général, qui êtes mon fils, et vous qui êtes mon sang, et vous, Monsieur le soldat ! et vous, Monsieur mon fils à la fin qui êtes arrivé !*
> *Regardez-moi dans les yeux, Monsieur mon fils, et dites-moi si vous me reconnaissez !*
> *Ah ! c'est vrai qu'on a bien réussi à me tuer, il y a quatre ans ! et tout le soin possible, il est vrai qu'on a mis tout le soin possible à me piétiner sur le cœur !*
> *Mais le monde n'a jamais été fait pour se passer de la France, et la France n'a jamais été faite pour se passer d'honneur !* »

Comme dans les précédentes *Paroles* qui célébraient le maréchal Pétain, il ne ménage pas la brosse à reluire. Mais il déborde d'une ferveur sincère. On l'imagine, comme au théâtre où les acteurs étonnés le voient pleurer d'émotion aux répétitions de ses propres pièces, les yeux pleins de larmes, le cœur au bord du sanglot.

De Gaulle en fut touché : « Merci de ce simple témoignage auquel votre signature donne un tel poids », lui écrit-il le 19 septembre 1944. Il insérera le poème de Claudel dans les documents annexes de ses *Mémoires d'espoir*.

Au moment d'écrire son grand livre, il le cite avec Eschyle, Shakespeare et Chateaubriand, comme l'un de ses auteurs de chevet et se montre particulièrement sensible à la lecture de ses commentaires sur les Psaumes.

Claude Mauriac raconte que, de Gaulle a récité de mémoire, le dimanche 19 novembre 1944 à 23 h 25, l'ode dithyrambique que Jean-Louis Barrault avait déclamée au théâtre quelques jours plus tôt. D'une voix tonnante et martelant son bureau de son poing, c'est si beau, disait-il, quand Claudel fait dire à la France :

> « *J'ai trop souffert ! on m'en a fait trop ! on m'a tordue et retordue. On m'a tapé la tête contre le mur ! on a trop piétiné sur mon ventre nu ! Tout cela, c'est le corps après tout, les coups, ce n'est pas cela qui compte, je suis vieille, on m'en a fait de toutes sortes jadis, mais je n'étais pas habituée à la honte !* »

Et de répéter, toujours tonnant et martelant :

> « *Je n'étais pas habituée à la honte !* »

Après cette flambée d'amour de 1944, les relations entre de Gaulle et l'écrivain, chantre d'une France catholique, restent cordiales et même chaleureuses. Claudel envoie ses œuvres dédicacées ; le Général l'en remercie en l'assurant de son « admiration profonde ». Ainsi lui écrit-il le 22 novembre 1946, à la réception de *L'œil écoute* : « Il m'est précieux, dans les circonstances présentes, de m'abreuver à la source de pensée et de sentiment que vous excellez à faire jaillir. »

Les deux hommes ont en commun une foi qu'ils pratiquent avec ferveur l'un et l'autre, mais aussi une certaine idée de la France : patrie vivante, une et indivisible, et modèle universel. L'écrivain Pierre de Boisdeffre, trouvant plus d'une ressemblance dans leurs vies parallèles, s'est plu à les comparer : « C'est leur solidité qui me frappe. Deux monolithes. Deux blocs de granit que l'érosion n'a pas atteints, deux témoins d'une très ancienne histoire, quand la France s'appelait encore la Gaule. Deux hommes de l'Est, nés hors de la "douce France" (ce mot exaspérait de Gaulle), paradoxalement tournés, non vers la terre et ses morts, chers à Barrès, mais vers le grand large, l'avenir, "la mer et les vivants". (...) Deux poètes, l'un de l'action, l'autre de la contemplation. Peu importe que l'un soit très grand, l'autre de petite taille ; que l'un soit né à Lille et l'autre à Villeneuve-sur-Fère-en-Tardenois ; que l'un ait été longtemps mince et même assez maigre, l'autre massif et corpulent, je les vois de la même race, celle des durs paysans d'autrefois[1]. » Il dit aussi, dans ce texte digne de figurer dans une anthologie, que « l'humour noir du Général (...) était le pendant de la causticité claudélienne ». Et que chacun à sa manière avait « attaché son char à une étoile ».

Durant la traversée du désert, quand le Général est écarté du pouvoir, Claudel lui reste fidèle. En avril 1947, au moment de fonder le Rassemblement du Peuple français, le Général songe à lui demander son avis sur la situation politique. « Je lui expose mes idées », note Claudel dans son Journal. Il faut, dit-il, « prendre nettement parti contre le communisme, contre la Russie et pour l'Amérique[2]. » A cette date, entre les deux hommes « l'accord est alors parfait[3] ».

En octobre 1947, nouvelle consultation. Claudel conseille au Général de « prendre le pouvoir immé-

---

1. Pierre de Boisdeffre, « De Gaulle et Claudel », article paru dans *Espoir*, revue de l'Institut Charles-de-Gaulle, n° 72, septembre 1990.
2. *Journal* II, 30 avril 1947, *op. cit.*
3. Jean-Hervé Donnard, « De Gaulle et Claudel, une certaine idée de la France », dans *De Gaulle et les écrivains*, PUG, 1991. Préface de Régis Debray et commentaires de Jean Lacouture.

diatement, dans les formes légales, c'est-à-dire en acceptant la présidence du Conseil[1] ». Trouvant que de Gaulle « après avoir réclamé le pouvoir, en a peur », il est assez déçu qu'on ne suive pas la voie qu'il indique. Sa ferveur s'en ressent.

En mai 1948, Claudel accepte de siéger au conseil national du RPF. Mais il en refuse la présidence, même à titre provisoire, se jugeant trop vieux, trop fatigué. Les motifs de rupture ne vont pas manquer. La question des nationalisations, où Claudel voit une influence communiste, refroidit d'abord son enthousiasme. Il n'approuve pas non plus la politique du Général à l'égard de l'Amérique, dont il est lui-même, au sein de l'Association France-Amérique, un supporter fidèle. Partisan enfin d'une réconciliation avec l'Allemagne en vue de bâtir une future Europe, il s'insurge quand les gaullistes, d'accord avec les communistes, s'opposent au « plan Schuman » et au projet d'une armée européenne. Il fait part de son indignation au Général dans une lettre d'un ton si vif que de Gaulle, « surpris et peiné », se donne pourtant la peine de lui répondre, afin d'expliquer et de justifier son choix. On le voit s'efforcer d'éviter la rupture, avec diplomatie, quand il lui écrit le 30 décembre 1951 en conclusion d'un long plaidoyer : « Quant au Plan Schuman et à l'armée européenne, je les condamne au nom de l'Europe dont ils ne sont que de fragmentaires caricatures. (...) J'espère que ma lettre aura le bonheur de vous amener à réviser le jugement que vous venez de porter. Quant à vous séparer de moi, ce serait de la part de Paul Claudel sur le terrain et dans le temps même où se joue le destin de la France, une variation que je ne puis imaginer. Etant donné mon admiration pour vous, ce serait

---

1. *Journal* II, 31 octobre 1947, *op. cit.*

aussi me porter, d'homme à homme, une bien injuste blessure[1]. »

Claudel, inflexible, refuse de cautionner une politique qu'il désapprouve. Il démissionne du RPF en 1952 : la rupture est consommée. Il continue à envoyer ses livres dédicacés au Général. Celui-ci garde son admiration « profonde » et même « dévouée » à l'écrivain. Après sa mort, il assistera à la représentation de *Tête d'or*, en 1959, et à celle du *Soulier de satin*, en 1963, allant jusqu'à confier en coulisses à un témoin médusé : « Ce Claudel tout de même il a du ragoût[2] ! » Mais l'histoire d'amour que le poète a célébrée dans des vers de circonstance n'aura pas duré beaucoup plus longtemps que celle qu'il avait chantée aux débuts de la guerre pour le vieux Maréchal.

Ne reniant ni l'une ni l'autre, il a tenu à les réunir en 1945 dans le même recueil : *Poèmes et Paroles durant la guerre de Trente Ans.*

27 novembre 1943 : aux heures les plus sombres de l'Occupation, Claudel a rendez-vous avec la gloire. Le théâtre, pour lequel il n'écrit plus, va enfin le porter aux nues.

Jusque-là, la critique l'a plutôt boudé. Ainsi qu'il le déclare, non sans humour, à Jean Amrouche, « vous pouvez feuilleter toute la collection de la NRF. Vous ne verrez pas beaucoup d'articles qui me sont consacrés. La NRF a presque toujours gardé le silence sur moi, même du temps de Rivière, qui cependant était mon ami, n'est-ce pas[3] ? » Seuls, dira-t-il encore, « Duhamel et Mauclair m'ont très généreusement soutenu ». Quand un article portait enfin sur l'une de ses

---

1. Lettre publiée dans *Espoir*, n° 1, décembre 1989.
2. Jean-Louis Barrault, *Souvenirs pour demain*, Seuil, 1972.
3. *Mémoires improvisés, op. cit.*

pièces ou l'un de ses recueils de poésie, c'était en général un éreintement. André Thérive, l'auteur de *Querelles de langage*, et Pierre Lasserre, l'auteur des *Chapelles littéraires* (qu'il a fini par surnommer don Pedro de las Serras, puis don Pedro de las Vegas dans *Le Soulier de satin*...), s'étaient même fait une spécialité de le descendre en flammes. « Que voulez-vous ? dit-il à Amrouche, j'étais un aérolithe qui tombait du ciel et qu'ils ne savaient par où prendre... »

Est-ce la faute de la critique ? Ses pièces en tout cas, quand elles étaient jouées et elles l'étaient peu, n'attiraient pas le grand public.

Mais la plupart sont restées longtemps à l'état de livrets. Repoussées et boudées par les directeurs de théâtre, Claudel n'a que peu connu le bonheur de voir ses personnages portés sur une scène, d'entendre les dialogues qu'il a écrits pour eux ou les applaudissements de la salle. Ce n'est qu'en 1912 (il a quarante-quatre ans) – date de la première représentation de *L'Annonce faite à Marie* au théâtre de l'Œuvre –, que se déclenche sa notoriété. Mais elle ne touche encore qu'une élite : amateurs de poésie et de dramaturgie réputée difficile, metteurs en scène d'avant-garde, public gourmand d'un frisson de nouveauté ou de fureur poétique. *L'Annonce* est sa pièce jusqu'ici la plus connue et la plus répandue – ou, pour être plus exact, la moins secrète. Elle est l'une de ses premières émotions d'auteur dramatique.

Pour Claudel, de son propre aveu, le succès a été long à venir : « Il m'a fallu du temps, dira-t-il, pour briser le cercle d'incompréhension et de silence consterné qui m'entourait[1]. » En 1943, ce n'est pourtant pas un succès qui l'attend, mais un véritable triomphe. Et ce n'est pas *L'Annonce* que les gens viennent applaudir, mais sa pièce sans aucun doute la

---

1. *Mémoires improvisés, op. cit.*

plus complexe et la plus étrange, dont tous les directeurs de théâtre ont toujours dit qu'elle était « injoua-
ble » : *Le Soulier de satin*. Elle attend son heure depuis
1924.

Hommage à Jean-Louis Barrault : sans l'intervention
obstinée et fiévreuse de ce jeune homme de trente-
trois ans, à la fois acteur, metteur en scène et poète,
personnage déjà légendaire qui a interprété le Cid et se
prépare à prêter sa tête de Pierrot, ses yeux rêveurs,
sa candeur énigmatique au Debureau des *Enfants du
paradis*[1], la pièce attendrait peut-être encore... Il lui a
fallu d'abord convaincre Claudel lui-même, qui aurait
préféré qu'on s'intéresse une fois de plus à *L'Annonce*
– il est amoureux de sa pièce. Mais Barrault n'a en tête
que trois titres : *Tête d'or*, l'incomparable œuvre des
débuts, l'éblouissant *Soulier de satin* et le très intime
Partage de midi. Claudel tient à garder cette dernière
œuvre sous scellés : il craint d'une part les réactions de
sa famille au spectacle d'une histoire toute personnelle,
qui peut raviver bien des plaies ; de l'autre celles de
Rosie. Car Rosalie Vetch, encore bien vivante et toujours coquette, refuse obstinément d'être publiquement portée en scène, avec ses trahisons et ses
amours. A force de persuasion et d'insistance, Barrault
obtient non seulement l'accord de Claudel pour *Le
Soulier*, qui sera représenté dans une version abrégée
par l'auteur, mais celui du directeur du Français. Car
Le Soulier sera joué à la Comédie-Française : le rêve
de tous les auteurs dramatiques. Accord obtenu à l'arraché, après de longues négociations : Jean-Louis Vau-
doyer était lui-même convaincu de l'impossibilité de
mettre en scène une histoire aussi peu conforme à l'esprit cartésien. Ni assez logique, ni assez ordonnée, elle

---

1. Tourné par Marcel Carné en 1943, le film sera présenté au
public à la Libération, en 1944.

lui paraissait en un mot trop folle pour séduire un
public habitué aux tragédies classiques.

« L'ordre est le plaisir de la raison ; mais le désordre
est le plaisir de l'imagination », a écrit Claudel en
1924, en guise de préface à son œuvre.

Il s'agit d'un drame espagnol en quatre journées.
L'action se déroule au Siècle d'Or, englobe la découverte du Nouveau Monde et la Reconquête, sans trop
se conformer à la chronologie. Claudel, qui ne connaît
pas bien l'Espagne (il n'a passé que quelques jours à
Madrid) mais en savoure les chefs-d'œuvre (Cervantès
ou Vélasquez), s'est beaucoup inspiré du Brésil dans
cette peinture d'un univers trépidant et baroque. Il a
pris soin d'en préciser avec moult détails les décors, les
couleurs, le bruit, les atmosphères. C'est un théâtre qui
bouge et même qui déménage : tandis que les machi-
nistes trimbalent inlassablement leur matériel d'une
scène à l'autre, on est tour à tour transporté d'un jardin à une salle de palais, puis à une auberge, à un ravin
ou à « une région de rochers fantastiques et de sable
blanc », pareil au Geyn des enfances Claudel. L'Espagne elle-même s'élargit. Nous voici soudain à
Prague, à l'église de Saint-Nicolas de la Mala Strana ;
puis sur un bateau qui navigue entre Gênes et Panama ; l'Italie fait bientôt son apparition : voici la voie
Appienne ; se succèdent Cadix, Mogador et Saint-
Jacques-de-Compostelle, et même une forêt vierge en
Amérique du Sud.

On comprend l'effroi des directeurs de théâtre ! Car
les personnages sont tout aussi innombrables : trente-
trois, rien que pour la première partie (Journées I et II),
sans compter les figurants, soldats, commis, seigneurs
et cavaliers. La deuxième partie, avec les deux dernières journées, en apporte une bonne dizaine en plus,
pour une fin extravagante placée « sous le vent des îles
Baléares ».

Les héros s'appellent don Balthazar et don Rodrigue, don Pélage et don Luis ; les héroïnes doña Prouhèze, également dite doña Merveille – celle qui boite, parce qu'elle a offert un de ses souliers à la Vierge –, et doña Musique, surnommée doña Délices : on l'appelle ainsi « à cause d'une guitare dont heureusement elle ne joue jamais ». Mais il faut compter avec d'autres personnages qui, bien qu'épisodiques ou secondaires, n'en gravent pas moins leur passage dans l'imagination, comme la négresse Jobarbara :

> « *Vive maman jolie qui m'a faite si noire et si polie...*
> *C'est moi le petit poisson de la nuit !* »

Il y a un Chinois, un père jésuite, un archéologue et un vice-roi, un ange gardien, mais aussi une Ombre double – admirable ! – et la Lune, qui y va de son monologue, à faire tomber en extase les amateurs de poésie pure.

C'est énorme. C'est fou.

Résumer *Le Soulier de satin* ? L'histoire est en fait d'une étonnante simplicité : un homme et une femme s'aiment, sans pouvoir se rejoindre. L'Ombre double représente leur attirance et l'impossibilité de leur union. Il y a bien sûr autour de ce drame des intrigues annexes, d'autres amours, d'autres déchirements, dans un contexte de conquêtes, de guerres et de rivalités de clans.

Tonneau sans fond des Danaïdes, *Le Soulier* est un drame sur le désir et l'attente. Mais aussi une farce, où l'on rit souvent, où passent des silhouettes incongrues, où se disent des choses bizarres. C'est un roman picaresque, transposé au théâtre, qui conte des voyages périlleux avec des aventures en série, des rencontres sans lendemain, savoureuses et palpitantes. Entre la tragédie amoureuse et le parcours initiatique, se cale un comique de situation qui balance entre l'absurde et le surréalisme. Quoi d'autre ?

Sûrement beaucoup d'autres choses. *Le Soulier de satin* est un livre sans frontières, sans limites. On ne s'y installe pas confortablement. On y est secoué formidablement. Pas un moment tranquille : une émotion est toujours là qui succède à une autre : joie, tristesse, stupéfaction... Le registre en est inépuisable.

Comment ne pas vibrer quand parle l'Ombre double ? Comment ne pas avoir envie de fredonner, de danser avec Jobarbara ? Comment ne pas lutter avec don Rodrigue ? Pleurer, prier avec Prouhèze ?

Cette tour Eiffel, cet Arc de triomphe, pour la première fois en scène depuis sa création, vingt ans auparavant, va emballer le public.

Décors et costumes de Lucien Coutaud, préféré à José-Maria Sert. Musique d'Arthur Honegger, préféré à Darius Milhaud (mais Claudel, qui regrette ce dernier, l'a trouvée « molle », ni assez « tropicale », ni assez « vulgaire » [1] !).

L'auteur, par ses exigences, a donné beaucoup de mal à son metteur en scène. Au cours des répétitions, il s'est mêlé de tout : du jeu des acteurs, du moindre mouvement de leurs corps, de leurs lèvres, mais aussi des décors, de la lumière, et même des accessoires... Il n'a pas non plus ménagé sa peine, car il a récrit des passages entiers du *Soulier*, pour le rendre plus vivant, plus accessible, allant jusqu'à remanier la nuit ce que les acteurs interpréteraient le lendemain... Sans la patience de Jean-Louis Barrault, sans son amour pour cette pièce extraordinaire, rien n'aurait été possible. Ni surtout le bonheur de Claudel, en extase du lever au baisser de rideau, c'est-à-dire pendant deux heures et demie, et pleurant d'émotion à chaque réplique qu'il connaît et peut réciter par cœur.

---

1. Lettre à Marie Romain-Rolland, 14 novembre 1943.

1943 : beaucoup d'uniformes allemands dans la salle.
Le Soulier de satin n'est pas la seule pièce représentée
à Paris, cette année-là. L'Occupation n'empêche pas les
écrivains d'écrire, les acteurs de jouer, ni le public de se
divertir... 1943, c'est l'année de *La Reine morte* de
Montherlant, du *Malentendu* de Camus, de l'*Antigone*
d'Anouilh, des *Mouches* et de *Huis clos* de Sartre.

Claudel, qui a quitté Brangues pour assister à la première, est longuement acclamé. Appelé à rejoindre la
troupe sur la scène du Théâtre-Français, il prononce
quelques mots, d'une voix bredouillante – l'éloquence
n'est pas son fort. Il évoque Bismarck, déclare en des
termes pas très clairs que l'Allemagne n'a pas de pire
ennemi que le pangermanisme... Charles Maurras, avec
lequel il entretient des relations de parfaite inimitié –
Claudel déteste l'Action française qui le lui rend bien –,
l'accusera d'avoir « glorifié » le champion de l'unité
allemande devant les spectateurs du *Soulier de satin*.
Lorsque Maurras sera arrêté en 1944, jugé l'année suivante, Claudel se portera à charge au procès, se plaignant d'avoir été à deux reprises dénoncé aux autorités
d'Occupation par le chef d'un mouvement odieux – et
d'ailleurs, il aime le rappeler – excommunié par le pape.

On est loin là encore, très loin, des pures prières de
doña Prouhèze et du chemin de croix de Camille, dans
son asile avignonnais.

En dépit des remous nauséabonds qui tiennent à l'air
du temps – le procès Maurras, le procès Gnome et
Rhône –, Claudel est désormais au zénith. Immen-
sément célèbre, dans le monde entier, on parlera de lui
chaque année, au moment du Nobel.

Toutes ses autres pièces seront jouées non seulement
à Paris et en province, mais à Rio et à Buenos Aires,
à Londres, en Italie, en Suisse..., attirant dans leurs
théâtres respectifs un public nombreux et enthousiaste.
Aucune cependant n'aura le retentissement du premier
Soulier de satin. Seule la représentation de *Partage de*

midi – Claudel ayant passé outre à l'interdiction de Rosie – lui arrachera encore des larmes. Créée en 1948 au théâtre Marigny où vient de s'installer la toute jeune compagnie Madeleine Renaud-Jean-Louis Barrault, c'est pour lui un retour en arrière sur sa jeunesse et son plus grand amour. Une révélation aussi de ce que fut sa souffrance. Edwige Feuillère interprète à s'y méprendre l'héroïne à laquelle il est certainement le plus attaché : Ysé ou le beau fantôme de Rosie. Elle lui paraît plus belle encore qu'Eve Francis dans Violaine ou dans Prouhèze, à force de vérité. Tandis que Jean-Louis Barrault joue Mesa, chaque moment du *Partage* se pare pour Paul d'intensité. La pièce lui évoque des moments secrets, brûlants, et sans doute des regrets.

Rosalie Vetch n'assistera à aucune des représentations de *Partage de midi*. Elle mourra à Vézelay trois ans plus tard, sa fille ayant fait inscrire sur sa tombe l'une des *Cent phrases* de Claudel *pour un éventail* :

> « *Seule la rose*
> *est*
> *assez fragile*
> *pour exprimer*
> *l'Eternité.* »

Il n'assistera pas à ses obsèques. Le souvenir lui suffit : un souvenir presque plus vivant que la vie : « Une résurrection ! Cette femme, oui, c'était celle que j'avais rencontrée – avant-hier ! – sur le pont de l'*Ernest-Simons*. C'était le même costume, la même voix, la même démarche souple et onduleuse. Sur-le-champ, tout s'était organisé par rapport à elle[1]. »

L'émotion qu'Edwige Feuillère lui offre à Marigny, c'est bien le retour de ses vertes années : son cœur bat-

---

1. Lettre à Jean-Louis Barrault, 28 janvier 1954.

tant et malheureux de jeune homme, amoureux pour la première fois. « Je salue en vous un avènement », lui écrit-il au lendemain de la première.

En 1946, il est élu à l'Académie française. Il a soixante-dix-neuf ans. Dispensé de candidature et de visite, l'Académie lui a fait une élection de maréchal ! Il a été élu le 4 avril, à l'unanimité, moins une voix – il subodore qu'il s'agit de celle de Pierre Benoit.

Candidat malheureux en 1935, alors qu'il briguait le fauteuil de Louis Barthou, l'illustre compagnie lui avait alors préféré Claude Farrère, un ancien officier de marine, ami de Pierre Louÿs, auteur des *Civilisés* et de *Fumées d'opium*. Paul Léautaud notait dans son Journal qu'à chacune de ses visites, Claudel perdait une voix ! Il avait même réussi à perdre celles de la plupart des écrivains catholiques, dont la plus importante, celle du secrétaire perpétuel, le tout-puissant directeur de la *Revue des Deux Mondes*, René Doumic. Georges Duhamel et François Mauriac, en revanche, lui avaient apporté un chaleureux et fidèle soutien. « Qui dira le splendide isolement de Claudel ? » devait écrire Mauriac dans son Bloc-Notes.

Ecarté de l'Académie, il a dû se consoler en pensant à Victor Hugo, auquel les Quarante avaient déjà préféré, en 1836, un autre romancier officier de marine : Louis Dupaty.

Rendu amer, Claudel ne se gêne pas pour traiter les Verts de « macrobes » et de « goujats des lettres »[1]. Il évoque « l'ignoble compagnie » et déclare que quatre-vingts ans sont l'âge de « la puberté académique » !

Ces propos fielleux sont effacés, au jour de sa récep-

---

1. *Journal* II, *op. cit.*

tion lorsque le 12 mars 1947 il vient prendre place sous la Coupole. En habit vert, paré de toutes ses décorations (dont la médaille de Grand-Croix de l'ordre d'Isabelle la Catholique et celle de Grand-Croix de l'ordre de saint Grégoire le Grand), selon la tradition il prononce l'éloge de son prédécesseur au XIIIe fauteuil : Louis Gillet qui, par un de ces ironiques hasards dont l'Académie est familière, se trouve être le gendre de René Doumic. Se présentant comme « un homme qui ne va pas tarder à laisser la place à son souvenir », Claudel est très à l'aise pour célébrer chez ce shakespearien, ce joycien fervent, spécialiste des questions d'art à la *Revue des Deux Mondes* et auteur d'études sur la littérature anglaise, « la passion de connaître au service de la passion d'expliquer ». Son discours, selon Henri Mondor[1], est un chef-d'œuvre de plus.

C'est François Mauriac qui le reçoit : « J'appartiens à cette génération qui la première vous a compris et vous a aimé... » Il reconnaît à son égard « une dette de lumière ». S'attardant sur les beautés de l'œuvre claudélienne, il l'évoque tel « un massif, le plus étrange de notre littérature, qui ne se relie pas à l'ensemble du système français, qui a surgi tout à coup comme un archipel émergé de l'abîme marin ». Il y a dans le discours cette phrase enchâssée, très mauriacienne, qui a dû toucher Claudel au cœur : « Oui, les péchés aussi, les péchés surtout servent à la Grâce. »

A aucun moment des deux discours, le nom de Camille n'est évoqué. Alors qu'il est souvent d'usage, au milieu du commentaire de l'œuvre, de peindre la vie du nouvel élu, Paul ne dit pas un mot des siens. Et Mauriac, soit par discrétion, soit qu'il préfère se cantonner au théâtre, se dispense de toute évocation biographique. C'est Wladimir d'Ormesson, successeur de Claudel à ce même XIIIe fauteuil, qui, prononçant à

---

1. Henri Mondor, *Claudel plus intime*, Gallimard, 1960.

son tour son éloge le 21 mars 1957, fera retentir sous la Coupole le nom devenu tabou pour la famille : Camille ! « La sœur de Paul Claudel, Camille, sculpte. Elle est même douée d'un grand talent. » Ce sera la phrase la plus mémorable, de loin la plus audacieuse, d'un long panégyrique.

En attendant ce moment auquel – on veut le croire – il assistera depuis l'au-delà, Claudel garde la tête froide. Evoquant pour lui-même la cérémonie de réception dans son Journal, il la décrit avec humour comme « la réception du Sourd par le Muet » – le Sourd c'est lui, bien sûr, avec ses prothèses Zénith et le Muet c'est Mauriac, opéré d'un cancer de la gorge et dont la voix cassée est à peine plus audible que la sienne. Voici dans *Emmaüs* l'autoportrait qu'il nous laisse. Son ironie amère aurait plu à Camille, toujours prête à se moquer, surtout du petit frère : « Regardez voir ça dans sa triste souquenille d'académicien qui n'a plus d'yeux ni d'oreilles ni de dents, ni de jambes, et qui n'est plus capable de monter l'escalier tout seul, mais le cœur est celui d'un lion rugissant[1]. »

La vie paraît belle. Très belle. L'âge même n'a pas que des désavantages, puisqu'il peut enfin se consacrer à son travail d'écrivain : « Heureux cet âge de la vie qui s'étend, paisible et fructueux, entre les noces d'argent dont le vieillard a eu la possession et ces noces d'or dont il médite la promesse. » A Brangues, même si les tête-à-tête du Vieillard comme il s'appelle et de son épouse sont parfois trop lourds de silences, il y aurait presque autour de Paul Claudel un parfum de sérénité, sinon de bonheur.

Henri Guillemin, l'ami fidèle, en est frappé qui fait remarquer au châtelain de Brangues le caractère « douillet » de sa vie. Ce à quoi Claudel, sans s'offus-

---

1. *Emmaüs* II.

quer, de répondre : « Croyez-moi, il n'y a pas d'épargnés. Chacun reçoit la croix, la croix qu'il lui faut, sur mesure. »

La vie, point n'est besoin de le lui apprendre, ne donne jamais tout à la fois. La gloire et la vie de famille, l'Académie française et les petits-enfants, les décorations, le fantôme ressuscité de Rosie dans le corps souple et onduleux d'Edwige Feuillère. Et puis ce triomphe, moment inoubliable, où *Le Soulier de satin* représenté pour la première fois a tiré des larmes, non seulement à l'auteur mais à bien des spectateurs. Surtout quand doña Prouhèze dit :

> *« Alors, pendant qu'il est encore temps, tenant mon cœur dans une main et mon soulier dans l'autre,*
> *Je me remets à vous ! Vierge mère, je vous donne mon soulier ! Vierge mère, gardez dans votre main mon malheureux petit pied !*
> *Je vous préviens que tout à l'heure je ne vous verrai plus et que je vais tout mettre en œuvre contre vous !*
> *Mais quand j'essaierai de m'élancer vers le mal, que ce soit avec un pied boiteux ! la barrière que vous avez mise,*
> *Quand je voudrai la franchir, que ce soit avec une aile*
> *rognée !*
> *J'ai fini ce que je pouvais faire, et vous, gardez mon pauvre petit soulier,*
> *Gardez-le contre votre cœur, ô grande Maman effrayante ! »*

Il a pleuré d'une insoutenable émotion jusqu'à l'ultime réplique, à la dernière journée, quand frère Léon proclame – c'est le mot final :

> *« Délivrance aux âmes captives ! »*

Novembre 1943...

A cette date, ce que les spectateurs et la plupart de ses amis ignorent en l'acclamant, Paul Claudel est en deuil. Un deuil intérieur. Si profond, si secret, qu'aucun brassard, aucun costume noir n'en pourraient traduire le gouffre.

Au *Soulier de satin*, Paul porte le deuil de Camille. Sa sœur, tel « ce point de lumière dans le sable vivant de la nuit », n'est plus.

V

LE JUGEMENT DERNIER

1943. C'est l'Occupation, la France a faim... Le pain, les œufs, l'huile, le lait... Tout manque. Mais le rationnement alimentaire qui affecte l'ensemble de la population touche en particulier les asiles, où jamais les « remisés » n'ont autant mérité leur nom. Camille, malgré sa robustesse, est très affaiblie. L'âge venant – elle va avoir soixante-dix-neuf ans –, elle n'a plus toute sa tête. Les médecins ne parlent plus de folie, mais de « gâtisme ». Devinant peut-être que ce sont ses derniers jours, dans des éclairs de mémoire, elle réclame son frère : « Mon petit Paul ! » En septembre, le Dr Isaac, inquiet de l'état de sa patiente dont la santé se dégrade à vue d'œil, avertit Paul Claudel, à Brangues.

Celui-ci, souffrant, repousse son voyage, puis il descend en voiture, comme il en a l'habitude, jusque dans le Vaucluse. Il loge au Prieuré, à Villeneuve-lès-Avignon. Il trouve l'église fermée. Le 21 septembre, à dix heures du matin, il est à Montdevergues : « Le directeur me dit que ses fous meurent littéralement de faim : huit cents sur deux mille ! (...) Camille dans son lit, une femme de quatre-vingts ans et qui paraît bien davantage ! L'extrême décrépitude, moi qui l'ai connue enfant et jeune fille dans tout l'éclat de la beauté et du génie ! Elle me reconnaît, profondément touchée de me voir, et répète sans cesse : Mon petit Paul ! mon petit Paul !! L'infirmière me dit qu'elle est en enfance. Sur cette grande figure où le front est resté superbe, génial, on voit une expression d'innocence et de bonheur. Elle est très affectueuse. Tout le monde l'aime, me dit-on.

Amer, amer regret de l'avoir abandonnée[1] ! »

Il contemple une dernière fois le visage de sa sœur, dont la vieillesse et tant d'années d'internement ont fini par effacer l'air de majesté et de domination. Revenant chez lui, conduit par son chauffeur, à travers les montagnes, parmi les vignes et les noyers, « par cette longue route pareille au ruban d'or qui se rétracte[2] », il remâche douloureusement le passé. « Je revois émergeant de l'enfance, cette jeune figure triomphante, ces beaux yeux bleu foncé, les plus beaux yeux que j'aie jamais vus, qui se fixent avec moquerie sur ce frère maladroit ! »

Il repasse aussi, en pensée, l'œuvre de la vie de sa sœur : toutes ces sculptures, « dont chacune marque une étape de l'affreux Calvaire et dont la glaise a été pétrie avec de l'âme et du sang » – *La Valse* et *L'Age mûr*, *L'Abandon*, *La Cheminée*, *Persée* et *L'Implorante*. Alors jaillit l'inévitable question : « Avons-nous fait les parents et moi tout ce que nous pouvions ? Quel malheur que mon éloignement de Paris ! »

Le 20 octobre, un télégramme lui apprend la mort de Camille. Elle est décédée la veille d'un « ictus apoplectique » – en termes moins savants, une attaque cérébrale.

Paul, ni son épouse, ni aucun de ses nombreux enfants n'assistent à son enterrement, qui se déroule le lendemain – 21 octobre – en l'absence de sa famille.

---

1. *Journal* II, *op. cit.*
2. *Le Cantique des Cantiques*, Egloff, 1948.

Comme la plupart des morts de Montdevergues qui ont leur carré réservé au cimetière de Montfavet, elle est inhumée au carré n° 10, dans une tombe anonyme, surmontée d'une croix et portant un simple numéro : 1943 – 392.

Le directeur de l'asile notifie à Paul Claudel que sa sœur ne laisse « aucun effet personnel à la date de son décès ni aucun papier de valeur, même à titre de souvenir » : ni une chaîne, ni une médaille, ni une boucle d'oreille, ni un anneau ou un livre, ni même un petit cahier servant de journal intime. Camille ne possédait absolument plus rien.

Les années passant et la place manquant au cimetière de Montfavet pour les malheureux aliénés, son corps est transféré ultérieurement dans la fosse commune.

L'oubli le plus complet attend Camille : son nom ne figure sur aucune sépulture de ce cimetière de campagne, où le mistral quand il se met à souffler évoque les vents hurleurs de son pays natal.

L'artiste, déjà oubliée de son vivant, entre dans une nuit sans étoile – la terrible nuit des morts auxquels nul ne pense, auxquels jamais personne ne porte un bouquet de fleurs ou n'adresse la moindre prière.

Ses œuvres, au secret de quelques rares collections privées ou publiques, sont surtout le trésor de sa famille ; un trésor douloureux et même un peu honteux, au point que les petits-neveux ou nièces de Camille ignorent à peu près tout de la vie de leur grand-tante et méconnaissent son immense talent. Reine-Marie Paris témoignera elle-même de ce grand silence qui recouvrit longtemps chez les Claudel la mémoire ou même le seul souvenir de leur aïeule, le sculpteur.

Camille l'avait prédit à Paul, dans une lettre du 4 avril 1932, alors qu'elle venait de recevoir la visite exceptionnelle de ses neveux Pierre et Chouchette, accompagnée de son mari : « Je les ai reçus clopin-clopant, avec mon rhumatisme dans le genou, un vieux manteau râpé, un vieux chapeau de la Samaritaine qui me descendait jusqu'au nez. Enfin, c'était moi. Pierre se souvenait de sa vieille tante aliénée, voilà comme j'apparaîtrai dans leurs souvenirs dans le siècle à venir. »

Douze ans après la mort de Camille... Le 17 février 1955, à la Comédie-Française, Claudel qui a quatre-vingt-six ans assiste à la première de *L'Annonce faite à Marie*, dans une mise en scène de Julien Bertheau. En présence du Président de la République, René Coty, et d'un aréopage très parisien, il entend une dernière fois la dernière réplique :

> « *Que c'est beau de vivre et que la gloire de Dieu est immense !*
> *(...)*
> *Mais que c'est bon aussi*
> *De mourir alors que c'est bien fini et que*
> *S'étend sur nous peu à peu*
> *L'obscurcissement comme d'un ombrage très obs-cur.* »

Le 22 février, il déjeune chez lui, boulevard Lannes, avec son épouse, leur fille aînée et leur gendre, ainsi que leur fils aîné, Pierre. Au menu : de l'andouillette et, puisque c'est Mardi gras, des crêpes ! L'âge n'a pas entamé le sacré bon coup de fourchette de Claudel.

Son cœur donne depuis un an des signes de défaillance et il sait, sans pour autant trop se surveiller, que

« son abonnement à la vie va arriver à expiration ». Vers seize heures, alors qu'il lit le livre d'Henri Mondor sur Rimbaud – *Rimbaud ou le Génie impatient* –, se souvenant peut-être que sans *Les Illuminations*, découvertes à dix-huit ans, il n'aurait pas été lui-même, il ressent une violente douleur à la poitrine. On appelle le médecin, puis le curé de la paroisse de Saint-Honoré-d'Eylau, où il a l'habitude d'aller prier : « Je vous attendais », dit-il simplement au prêtre avant de se confesser, de communier et de recevoir, lucide, les derniers sacrements.

Il souffre beaucoup ; on lui injecte de la morphine. Son fils entend : « Je n'ai pas peur. »

Il rend l'âme le lendemain à l'aube, vers deux heures : c'est le Mercredi des Cendres. On l'habille d'un costume noir et on lui place entre les mains le chapelet qu'il a reçu du pape Pie XII.

Il a droit à des obsèques nationales – une classe en dessous des funérailles nationales. Moins bien que Hugo, que Valéry…

La garde républicaine l'accompagne jusqu'à la cathédrale Notre-Dame, au son de la *Marche héroïque* de Beethoven. La messe est dite par le curé de Saint-Honoré-d'Eylau, en présence du nonce apostolique. Le chœur interprète le *Magnificat*, qui l'avait bouleversé et amené à se convertir en 1886, cette même année où la revue *La Vogue* publiait *Les Illuminations*. On joue aussi le choral de Bach : *La Faute d'Eve*.

Assistance des plus recueillies, parmi laquelle nombre de ses confrères en habit vert : François Mauriac, Marcel Pagnol et même Pierre Benoit.

Eloges, sur le parvis et sous la pluie, de Robert d'Harcourt, au nom de l'Académie française. Et du ministre Jean Berthoin, au nom du gouvernement.

L'inhumation a lieu le 3 septembre, à Brangues.

Selon sa volonté, Claudel est enterré au fond du parc de son château, près de son petit-fils, Charles-Henri

Paris. Il a lui-même rédigé l'inscription qu'on a gravée dans la pierre :

> « *Ici*
> *reposent les restes*
> *et la semence*
> *de Paul Claudel.* »

Hommages du cardinal Gerlier, primat des Gaules. D'Edouard Herriot, qui évoque Eschyle et *L'Apocalypse*. Et de Jean-Louis Barrault, très ému. La religion, les Affaires étrangères et le théâtre l'ont accompagné jusqu'à la fin. C'est toutefois le général de Gaulle qui, au lendemain de la mort du poète, a adressé à Madame Claudel dans une lettre de condoléances les mots les plus forts. S'associant « de tout (son) esprit et de tout (son) cœur, au grand chagrin qui (la) frappe et frappe tous les (siens) », il trouve l'épitaphe : « En retirant de ce monde le génie de Paul Claudel, Dieu y a laissé son œuvre et je crois que c'est pour toujours[1]. »

Moins de trois ans avant sa mort, de mai à juillet 1951 puis d'octobre 1951 à février 1952, Paul Claudel a accepté de répondre aux questions de Jean Amrouche, sur sa vie et son œuvre. Ces entretiens, qui occupent quarante-deux longues émissions de radio, abordent d'innombrables sujets : l'interviewé s'y exprime à peu près sur tout – la diplomatie et la littérature, Dieu et le sens de la vie. On y trouve analysés et commentés le pourquoi, le comment de sa vocation de poète. Et le pourquoi, le comment de l'appel religieux

---

1. Lettre du 26 février 1955, publiée dans *Espoir*, n° 1, décembre 1889.

qui a transformé toute son existence. Il parle du théâtre et de son travail sur les textes sacrés. Il parle des hommes qu'il admire et des hommes qu'il exècre. De sa famille : ses parents, son épouse, ses enfants, ses petits-enfants...

C'est sincère, c'est lumineux. On ne s'ennuie pas un instant à la lecture de ce qui sera un gros livre de trois cent cinquante pages. Car Claudel joue le jeu devant le micro du journaliste : pareil à un homme au confessionnal, il délivre son message le plus intime, le plus personnel. Et l'on sent bien, à chacune de ses réponses dont aucune ne dévie ni n'esquive, mais se veut directe et précise, combien il tient à exprimer la vérité sans fards.

Une exception pourtant dans ce fleuve de confidences : sa sœur. Quelques traces par-ci par-là. Mais, alors qu'il est prolixe et atteint à des profondeurs inédites sur tous les autres thèmes abordés, sur ce sujet-là, il demeure vague. Il parle flou. Il évite surtout de creuser l'analyse, comme s'il avait peur de ce qui pourrait en ressortir... Les *Mémoires improvisés* avec Amrouche, si riches et si profonds, contournent le drame de Camille Claudel, ou ne font que l'effleurer. Ce n'est qu'à la toute fin du livre, dans le tout dernier entretien, in extremis en somme, que Jean Amrouche, conscient d'un manque dans la somptueuse matière qu'il a recueillie, repose une nouvelle fois la question de Camille. Ses précédentes tentatives n'ont abouti qu'à des résultats décevants. Cette fois, Claudel fait front. Il essaie de répondre. Et se découvre, brusquement.

Amrouche (p. 332) : « ... à propos de votre sœur Camille, je voudrais bien que vous m'en disiez davantage. »

Claudel : « De ma sœur Camille ! Ah, c'est un sujet terriblement triste et dont il m'est difficile de parler. (...)

La nature s'était montrée prodigue à son égard ; ma sœur Camille avait une beauté extraordinaire, de plus une énergie, une imagination, une volonté tout à fait exceptionnelles. Et tous ces dons superbes n'ont servi à rien : après une vie extrêmement douloureuse, elle a abouti à un échec complet. »

Passage terrible à lire. Terrible même à recopier.

Un frère juge sa sœur et prononce à propos de sa vie ce mot qui la condamne : « échec ». Il dit même : « échec complet ». Et ne s'arrête pas là. Il enfonce le clou devant le micro d'Amrouche :

« Moi, j'ai abouti à un résultat. Elle, elle n'a abouti à rien. Tous ces dons merveilleux que la nature lui avait répartis n'ont servi qu'à faire son malheur, et finalement elle a abouti à un asile psychiatrique, où elle a terminé, dans les ténèbres, les trente dernières années de son existence. (…) La vocation artistique m'impose une véritable terreur à ce point de vue-là. »

Amrouche lui-même en est choqué : « Il me semble que vous exagérez son échec, car elle laisse une œuvre très belle, très significative et je dirai, particulièrement exemplaire par son échec même, c'est-à-dire par son inachèvement. »

Est-ce que la vie de Rimbaud, avec ses errances et son trafic d'armes, sa mort de martyr à l'hôpital, n'est pas aussi un « échec complet » au regard d'une vie bourgeoise, réglée et prudente ? On s'étonne que Claudel n'ait pas songé au moins une fois à ce parallèle de deux génies fulgurants et foudroyés : le poète pour lui si proche et la sœur aimée ont eu l'un et l'autre des destins brisés ; ils ont connu l'âpre solitude et les saisons en enfer.

Mais le rapprochement ne lui vient pas. Il en reste à ce verdict par lequel il répond à Amrouche : « L'échec a flétri son existence. »

Il aurait pu penser en termes de souffrance, d'inaboutissement et de solitude. Mais c'est l'échec de sa sœur qui l'obsède : il le compare à sa propre réussite. « Moi, j'ai abouti à quelque chose. Elle, elle n'a abouti à rien. »

N'y a-t-il pas là chez ce poète hors normes, artiste inspiré et dionysiaque, un fond d'étroitesse, un héritage de pensées rigides et étriquées, qui lui a lié les mains et le cœur ? Ou est-il à ce point obnubilé par une volonté de victoire sur les forces obscures, les dangers, les démons qui l'ont tourmenté ?

On pense à sa foi de Chrétien. Au message d'amour et de pardon qu'enseigne le Christ. Aux enfants, aux pauvres, aux faibles, aux abandonnés que Jésus a voulu sauver et auxquels il garde la première place au paradis... Ce n'est pas à Claudel qu'on devrait rappeler les grands principes de la religion dont il a fait le cœur battant de sa vie. Il sait l'importance de la Charité. Du baiser au lépreux. De la main amie qui guérit.

Comment, ayant manifesté tant d'amour et d'admiration pour sa sœur, expliquer son impuissance à la secourir ? Certes, des visites fidèles, bon an mal an. Des mots de consolation. Et, après sa mort, de l'argent pour des messes. Mais chez ce grand Chrétien, tant de distance aussi. Tant de précautions prises pour se protéger, se tenir hors d'atteinte de ce qui dérange, de ce qui fait peur et peut nuire ? L'ombre de la folie entre eux. Et la crainte de ressembler à sa sœur, par la violence, par la démesure, ont creusé le fossé. A moins que ce ne soit un sentiment de culpabilité. Doña Honoria ne dit-elle pas à don Pélage, à propos de Prouhèze, où maints spectateurs retrouvent la figure de Camille : « C'est vous qui liez les mains de sa prière ! C'est vous qui la retranchez de Dieu et qui lui bouchez la bouche et qui l'enfermez comme une damnée dans une prison d'impuissance et de désespoir ! »

Ce frère, imprégné de l'esprit chrétien, qui adore la Vierge, l'auteur de *L'Annonce faite à Marie* et du *Soulier de satin*, dont les héroïnes suppliciées et malheureuses ressemblent étrangement à Camille, comment toutefois parvenir à comprendre qu'il ait pu confier à Jean Amrouche ce jugement ultime sur sa sœur : non la pitié ou la compassion, mais le regret de son échec ?

On ne peut pas, quelle que soit l'admiration qu'on porte à l'écrivain, ne pas se poser ces questions-là. Comment ce poète des plus subtils, des plus fervents, ce rimbaldien, ce shakespearien, a-t-il pu se montrer aussi inquiet des répercussions de la dérive, du « ratage » de sa sœur ? Au point d'interdire aux siens, et aux plus doués d'entre eux, toute carrière artistique. Comme si toute vie d'artiste contenait en soi sa propre damnation.

C'est l'énigme de Paul Claudel.

Sa plus étonnante contradiction.

Reste la voix du poète – l'un des plus grands quand il évoque les mystères de la vie, de la mort :

> *« O Tête d'or, toute peine est passée ! (...)*
> *C'est la joie qui est dans la dernière*
> *heure, et je suis cette joie même et le secret*
> *qui ne peut plus être dit. »*

Il ne connaîtra pas la gloire de sa sœur.

Ignorée du grand public, tenue par les spécialistes des Beaux-Arts comme une élève ou une émule de Rodin, Camille Claudel est longtemps considérée comme une artiste de seconde zone, voire d'arrière-plan, par ceux qui ont eu la chance d'entendre parler d'elle ou d'entr'apercevoir l'une de ses œuvres dans des musées de province comme Tourcoing ou Châteauroux, Poitiers, Clermont-Ferrand, Bagnols-sur-Cèze, ou à Paris au musée Rodin.

Conformément au vœu du sculpteur, une salle lui

est consacrée à l'hôtel Biron. Mais en 1951, l'exposition de ses œuvres, sous le parrainage de Paul Claudel qui publie « Ma sœur Camille » au catalogue et a offert quatre sculptures au musée, ne rameute pas les foules : au musée Rodin, on ne vient alors que pour Rodin.

Il faut attendre trente ans après la mort de Paul pour que Camille émerge enfin de la nuit, réalisant le vœu qu'Eugène Blot, son admirateur et son plus fidèle soutien, avait exprimé à Camille : « Le temps remettra tout en place [1]. »

Une pièce de théâtre jette en 1981 le premier rayon de lumière sur le destin et le génie méconnus de Camille Claudel : *Une femme, Camille Claudel*. Ecrite par Anne Delbée et Jeanne Fayard, elle est jouée successivement à La Cartoucherie puis au théâtre du Rond-Point (Jean-Louis Barrault et Madeleine Renaud). Anne Delbée en tire un roman ou plus exactement une biographie romancée, publiée l'année suivante aux Presses de la Renaissance. Le succès d'*Une femme* permet à de nombreux lecteurs de découvrir, avec la plus grande stupeur, que Paul Claudel avait une sœur... Que se serait-il passé si Anne Delbée, lectrice assidue et fervente de Paul Claudel, n'avait pas lu *L'œil écoute* et, parmi les œuvres en prose de Claudel, le texte « Camille Claudel statuaire » qui la consacre comme un grand sculpteur ?

Puis sortent en librairie les deux livres d'Anne Rivière et de Reine-Marie Paris. La première est une historienne de l'art, apparentée à la famille de Jacques

---

1. Lettre d'Eugène Blot à Camille, 3 septembre 1932.

Rivière ; c'est l'épouse de ce dernier, sœur d'Alain-Fournier, qui lui a d'abord parlé de « la croix de ce pauvre Paul ». Après plusieurs années de recherches, elle publie en 1983 une remarquable biographie chez Tierce, sous un titre éloquent : *L'Interdite*. La seconde est la fille de Reine Paris, née Claudel. Avertie du destin de sa grand-tante non pas par son grand-père ni par sa mère, mais par un ami amateur d'art, elle se prend de passion pour l'œuvre et le destin de Camille. Elle va lui dédier des années de travail passionné pour retrouver des traces de cette œuvre, de cette vie, en grande partie détruites. Elle publie en 1984 un *Camille Claudel*, chez Gallimard, qui est la somme de ses connaissances scrupuleusement réunies ; elle y adjoint divers documents inédits, dont un long article des professeurs François Lhermitte, membre de l'Institut, et Jean-François Allilaire, tous deux médecins de l'hôpital de la Salpêtrière, sur « Camille Claudel malade mentale » où, pour la première fois, des spécialistes se penchent sur « le cas Claudel » et fournissent les éclaircissements qui manquaient à propos du déclenchement mais aussi de la persistance de son délire paranoïaque.

Cette même année, comme si tous les exégètes s'étaient donné rendez-vous, la première grande rétrospective (bien plus complète que celle de 1951) est inaugurée au musée Rodin et présentée ensuite au musée Sainte-Croix de Poitiers : une révélation capitale. Le public français peut enfin contempler l'ensemble quasi complet de l'œuvre et, des bustes de son frère dans sa jeunesse aux sculptures de *L'Age mûr* ou de *L'Implorante*, en mesurer l'importance. L'Amérique prendra le relais avec d'autres expositions, dont celle de 1988 au National Museum of Women in the Arts, à Washington.

Il faut encore citer les noms de Bruno Gaudichon et d'Antoinette Le Normand-Romain, parmi les pionniers des travaux sur Camille : ces découvreurs érudits sont eux aussi des passionnés.

De même que celui de Jacques Cassar, décédé prématurément, mais aux travaux duquel tous les chercheurs précédemment cités sont redevables. Son *Dossier Camille Claudel*, publié chez Séguier de manière posthume, fait date en 1987.

En 1989, Camille entre au Petit Larousse qui ne connaissait jusque-là que son frère.

Viendra ensuite la publication du premier catalogue raisonné de l'œuvre, par Reine-Marie Paris et Arnaud de La Chapelle, chez l'éditeur Adam Biro en 1990. Un second catalogue raisonné et concurrent, montrant que le sujet passionne, paraît chez le même éditeur, six ans plus tard. Il est signé par Anne Rivière, Bruno Gaudichon et Danielle Ghanassia. Cette dernière est un des experts attitrés de l'œuvre de Camille. Une édition corrigée et augmentée du catalogue de Reine-Marie Paris paraît en 2004 aux éditions Aittouarès : *Camille Claudel re-trouvée*. Les sculptures sont désormais répertoriées, selon leur histoire et leur provenance. On connaît la date de leurs diverses versions en terre, en marbre, en plâtre ou en bronze, voire celle de leur destruction.

Si chacun de ces livres, articles ou expositions a contribué à révéler Camille Claudel, comme femme et comme artiste, c'est un film signé de Bruno Nuytten qui, en 1989, la propulse en plein soleil.

César du Meilleur Film, de la Meilleure Actrice, de la Meilleure Photographie, des Meilleurs Décors et des Meilleurs Costumes, cet immense succès populaire ne permet plus à quiconque d'ignorer le visage de Camille Claudel. Il se confond désormais avec celui d'Isabelle Adjani, qui interprète le rôle avec la fureur et la puissance espérées. Même ses yeux se confondent avec ceux de l'artiste puisqu'ils sont bleu marine et se parent de reflets selon les jeux de la lumière. C'est, avec Adèle H., l'un des plus grands rôles d'Adjani.

Gérard Depardieu est un Rodin fidèle aux grands traits du personnage : lourdeur, génie, tendresse aussi. Laurent Grevill est Paul Claudel : un rôle hélas falot dans le film, tout entier dédié aux « amants maudits ». Madeleine Robinson, avec ses yeux noirs et ses airs très comme il faut, incarne la sévère, inflexible Madame Claudel mère. Et Alain Cuny, qui a joué jadis dans *Tête d'or*, le vieux « chêne de Villeneuve », le père.

Tiré du livre de Reine-Marie Paris qui a conseillé le cinéaste et les acteurs sur le plan historique, il souligne le destin de l'artiste incomprise et mal aimée. C'est un film romantique, dont la beauté tient à la lumière très sombre et à la qualité du jeu d'Adjani, incomparable de justesse et d'émotion.

Camille Claudel est maintenant célèbre, en passe même de devenir une légende.

Les expositions se succèdent. L'une des plus marquantes, au Musée national des Beaux-Arts du Québec, met pour la première fois en parallèle le travail de Camille et celui de Rodin dans une magnifique mise en scène de leurs œuvres respectives. « Claudel et Rodin : la rencontre de deux destins[1] », présentée en 2005 au Canada et début 2006 en Suisse – à la Fondation Pierre-Gianadda, à Martigny, qui avait déjà organisé une très belle manifestation autour des œuvres de Camille Claudel seule en 1990 – permet au public d'admirer et de mieux comprendre le génie de ces deux sculpteurs, trop souvent réduits à leur antagonisme, au détriment de leur vérité. Cette exposition, de même que le temps, a « tout remis en place » ainsi que l'avait

---

1. Le catalogue de l'exposition organisée par le Musée national des Beaux-Arts du Québec avec le musée Rodin de Paris et en collaboration avec le Detroit Institute of Arts et la Fondation Pierre-Gianadda de Martigny, est publié par Hazan (2005). Nicole Barbier réalisa le catalogue de l'exposition *Camille Claudel* (1990, Fondation Pierre Gianadda).

prédit Eugène Blot. L'intérêt croissant d'innombrables visiteurs, venus voir ou revoir *La Valse*, *La Petite Châtelaine* ou les bustes de Paul Claudel à ses âges successifs, en sont la meilleure preuve.

C'en est fini de la malédiction.

Claudel, ce nom glorieux, a désormais deux visages.

BIBLIOGRAPHIE

Les livres que j'ai consultés figurent presque tous en note, au bas des pages de cette biographie.

Pour Camille

Outre les biographies essentielles ou principaux catalogues raisonnés, présentés dans le dernier chapitre de mon livre « Le Jugement dernier », j'ai consulté les ouvrages suivants :

La *Correspondance de Camille Claudel*, éditée par Anne Rivière et Bruno Gaudichon, Gallimard, 2003.

Le *Dossier Camille Claudel*, travail de Jacques Cassar, présenté par Jeanne Fayard, avec une introduction de Monique Laurent, conservateur au musée Rodin, Séguier, 1987.

Camille Claudel, le Tourment de l'absence, de Brigitte Fabre-Pellerin, Les Carnets de psychanalyse, 2005.

Camille Claudel, le génie est comme un miroir, d'Hélène Pinet et Reine-Marie Paris, Découvertes Gallimard, 2003.

Ma vie avec Bourdelle, de Cléopâtre Bourdelle-Sevastos, Paris-Musées/Editions des Cendres, 2005.

Judith Cladel, *Rodin, sa vie glorieuse et inconnue*, Grasset, 1936.

Camille Mauclair, *Auguste Rodin*, La Renaissance du livre, 1918.

La Sculpture, méthode et vocabulaire, de Marie-Thérèse Baudry et Dominique Bozo, Imprimerie nationale.

Michel Foucault, *Histoire de la folie à l'âge classique*, Gallimard, 1972.

Gladys Swain, *Le Sujet de la folie, Naissance de la psychiatrie*, Calmann-Lévy, 1997. Introduction de Marcel Gauchet intitulée « De Pinel à Freud ».

Pour Paul

La collection de la Bibliothèque de la Pléiade (Gallimard) : *Œuvres en prose, Œuvre poétique, Théâtre* et *Journal*.

J'ai eu également recours aux *Œuvres complètes* en 29 volumes, Gallimard, 1950-1986 et au *Supplément aux Œuvres complètes*, en quatre volumes, L'Age d'Homme, 1990-1997.

Les *Cahiers Paul Claudel* (I à XIV), Gallimard, où sont publiées de nombreuses correspondances (notamment celles avec Jacques Rivière ou Darius Milhaud), ainsi que les *Bulletins de la société Paul Claudel*.

Le Cahier de L'Herne consacré à Paul Claudel, 1997.

Les *Mémoires improvisés*, recueillis par Jean Amrouche, Gallimard, 1954.

Le catalogue Paul Claudel, publié par le ministère des Affaires étrangères en 1968 – pour le centième anniversaire de la naissance du poète –, ainsi que celui publié à l'occasion d'une exposition sur les diplomates écrivains, en 1962.

Outre la biographie de Gérald Antoine, ci-après citée :

Marie-Anne Lescourret, *Claudel*, Flammarion, 2003.

Pierre Brunel, *Claudel et Shakespeare*, Armand Colin, 1971.

Emmanuel Godo, *Paul Claudel, La vie au risque de la joie*, Editions du Cerf, 2005.

Yvette Scalzitti, *Le Verset claudélien : une étude de rythme*, Minard, 1965.

Voici les principaux souvenirs, études et témoignages, trop nombreux pour être tous mentionnés, mais dont les références sont données dans les notes :

Jean-Luc Barré, *Le Seigneur-chat, Philippe Berthelot 1866-1934*, Plon, 1988.

Thérèse Mourlevat, *La Passion de Claudel, La vie de Rosalie Scibor-Rylska*, Pygmalion/Gérard Watelet, 2001.

Paul Morand, *Mon plaisir en littérature*, Gallimard, 1967.

Léon Daudet, *Fantômes et vivants*, Grasset, 1914.

Le *Journal de l'abbé Mugnier*, Mercure de France, 1985.

Jean-Louis Barrault, *Souvenirs pour demain*, Seuil, 1972.

Eve Francis, *Un autre Claudel*, Grasset, 1973.

Evelyne Bloch-Dano, *Mes maisons d'écrivains*, Tallandier, 2005.

Mais aussi les souvenirs ou témoignages d'Octave Mirbeau ou d'Edwige Feuillère, de Jules Renard et d'Edmond de Goncourt, de Georges Cattaui, Louis Chaigne, Henri Guillemin, Jacques Madaule, Henri Mondor ou François Varillon.

Le *Paul Claudel* de Pierre Claudel, Bloud et Gay, 1965.

L'*Introduction à l'œuvre de Paul Claudel* d'Elisabeth Sainte-Marie Perrin, Bloud et Gay, 1926.

REMERCIEMENTS

Je tiens à remercier toutes les personnes qui m'ont aidée de leurs conseils : Renée Claudel-Nantet, fille de Paul Claudel et nièce de Camille ; Marie-Victoire Nantet, petite-fille de Paul Claudel ; Reine-Marie Paris, leur petite-fille et petite-nièce, et François de Massary, leur petit-neveu.

Gérald Antoine, auteur d'une biographie importante, *Paul Claudel ou l'Enfer du génie*, Robert Laffont, 1988.

Martine de Boisdeffre, aux Archives de France, Mireille Pastoureau, à la Bibliothèque de l'Institut, Isabelle Richefort aux archives historiques du ministère des Affaires étrangères, ainsi que Guillaume Papazoglou à la Fondation Charles-de-Gaulle.

Anne-Pascale Saliou, aux archives de l'hôpital de Ville-Evrard, et Henri Kuras, aux archives de l'hôpital de Montdevergues.

Christine Ouvrard, aux éditions Larousse.

Le sculpteur Emmanuelle Toesca.

Crédits photographiques du cahier d'illustrations

Page 1

1, 2, 3. © Rue des Archives.
4. Etienne Carjat, photographie sur papier albuminé, 16,5 x 10,5 cm.

Page 2

Coll. J. Beau Lintner.

Page 3

1 - Portrait de Camille, Cesar, Ph 1029, papier albuminé, 12,9 x 9,9cm, Musée Rodin, Paris.
2 - Portrait de Rodin coiffé en brosse, avec des lorgnons, Nadar, Ph 176, aristotype au collodion mat, 14,5 x 10,6 cm, Musée Rodin, Paris.
3 - Portrait de Rose Beuret, E. Graffe & A. Rouers, Ph 1443, aristotype au collodion mat, 14 x 10 cm, Musée Rodin, Paris.

Page 4

La Valse, Camille Claudel, S. 1013, Bronze, 43,2 x 23 x 34,3 cm.
Photo Adam Rzepka, Musée Rodin, Paris © ADAGP, Paris, 2006.

Page 5

Vertumne et Pomone, Camille Claudel, S. 1293, Marbre, 92 x 80 x 42,5 cm.
Photo Erik et Petra Hesmerg, Musée Rodin, Paris © ADAGP, Paris, 2006.
Camille Claudel travaillant à *Sakountala* dans son atelier, William Elborne, épreuve gélatinoargentique, 15,2 x 9,8 cm, Musée Rodin, Paris.

Page 6

1 - Roger-Viollet.
2 - Rue des Archives.

Page 7

1 et 2 - Photos Coll. Succession Paul Claudel / Diff. Editions Gallimard.
3 - Atelier René Jacques.

Page 8

L'Implorante, Camille Claudel, S. 1377, Bronze, 28,4 x 30,3 x 16,5 cm.
Photo Erik et Petra Hesmerg, Musée Rodin, Paris © ADAGP, Paris, 2006.

TABLE

Composé par Nord Compo
à Villeneuve-d'Ascq

Achevé d'imprimer par GGP Media GmbH, Pößneck
en Juillet 2007
pour le compte de France Loisirs,
Paris

N° d'éditeur: 49303
Dépôt légal: Août 2007

Imprimé en Allemagne